Hans von Przychowski

Luftbrücken nach Berlin

DC-4 der PanAm.
Landung noch auf Lochblechen in Tempelhof.
Foto: PanAm

Hans von Przychowski

Luftbrücken nach Berlin

Der alliierte Flugverkehr 1945 – 1990

Brandenburgisches Verlagshaus

Bildnachweis

Air France (3), Berliner Flughafengesellschaft GmbH (45), British European Airways (4), FBS (3), Lufthansa (4), PanAm (4), RAF (1), Sammlung Gründer (9), Sammlung Kuhnt (8), Sammlung Przychowski (8), Tagesspiegel (2), Tempelhof Airways (1).

Lektorat: Matthias Gründer, Fachjournalist für Luft- und Raumfahrt, Berlin

Schutzumschlag (großes Foto): Flughafen Berlin-Tempelhof.
Einflugschneise über Neukölln, Deutsche Presse-Agentur GmbH

Porträt Sir Colin Marshall (Seite 6): Christine Quick, London

Porträt Hans von Przychowski (Schutzumschlag hinten): Stefan Nowak/Der Tagesspiegel

Die Deutsche Bibliothek – CIP-Einheitsaufnahme
Przychowski, Hans von:
Luftbrücken nach Berlin: der alliierte Flugverkehr 1945 – 1990 /
Hans von Przychowski. – 1. Aufl. – Berlin: Brandenburgisches
Verl.-Haus, 1996
ISBN 3-89488-097-X

ISBN 3-89488-097-X
1. Auflage

Schutzumschlag: Morian & Bayer-Eynck, Coesfeld
Gestaltung und Satz: Typografik & Design – Ingeburg Zoschke
Reproduktion: LiSa Lithografie und Satz GmbH
Druck und Binden: Westermann Druck

Inhaltsverzeichnis

Der Luftverkehr spielte immer eine wichtige Rolle im Berlin des 20. Jahrhunderts – ganz besonders in der Zeit, in der die Stadt vom Territorium der früheren DDR umschlossen war und der freie Zugang nur durch den Luftverkehr gesichert werden konnte. Angefangen mit der berühmten Berliner Luftbrücke – ein heldenhaftes Beispiel für den Überlebenswillen des Menschen, allen Widerständen zum Trotz –, gewährte die kommerzielle Luftfahrt Berlin und seinen Bewohnern mehr als 40 Jahre lang ihren Beistand.

British Airways und ihre Vorgängergesellschaft British European Airways waren immer stolz auf die Rolle, die sie in der Aufrechterhaltung der lebenswichtigen Verbindungen der Stadt zur freien Welt gespielt haben. Von ihrer Basis Tegel aus entwickelte sie kontinuierlich ihr Streckennetz und setzte im Laufe der Jahre zahlreiche Marketinginitiativen um. So wurde British Airways – Internal German Services, kurz IGS genannt – zur Fluggesellschaft der Berliner.

Nach der Wiedervereinigung endete die Phase, in der Flugverkehr von und nach Berlin nur von ausländischen Gesellschaften angeboten werden durfte. So wurde der IGS schrittweise eingestellt. Die über 40jährige Präsenz von British Airways im innerdeutschen Markt wurde jedoch beibehalten durch die Gründung einer neuen Gesellschaft, der Deutschen BA, an der deutsche Anteilseigner die Mehrheit halten. Wir sind die einzige der großen Fluggesellschaften, die Berlin ab 1946 am Leben erhalten haben und so den Anschluß mit der Stadt aufrechterhielten.

Selbstverständlich verbinden die Flugdienste der Muttergesellschaft British Airways nach wie vor Berlin mit London und dort mit unserem weltweiten Streckennetz, dessen Nachfrage stets zunimmt.

Ich bin sehr erfreut darüber, daß Hans von Przychowski die Mühe auf sich genommen hat, die faszinierende Geschichte des Berlin-Verkehrs nachzuzeichnen. Diese Aufgabe hätte nicht in bessere Hände gelegt werden können.

Unter dem einfachen Kürzel »von P.« ist Hans von Przychowski in Luftfahrtkreisen bekannt und geschätzt. Als führender Luftfahrtexperte hat er sich mit seinem Engagement weltweit einen Namen gemacht. Die Entwicklung der Luftfahrt in Deutschland, besonders aber in Berlin, hat er als Leitender Redakteur der renommierten Berliner Tageszeitung »Der Tagesspiegel« viele Jahrzehnte lang zuverlässig berichtend und kommentierend begleitet.

Ich selbst hatte mehrfach die Gelegenheit, ihm als Gesprächspartner für seine sorgfältig vorbereiteten Interviews gegenüberzustehen. Jede Unterredung mündete in eine Diskussion über das Thema Luftverkehr im allgemeinen und über die Luftfahrtszene Berlin im besonderen. Sein großer Sachverstand und seine nicht nachlassende Begeisterung für das Thema machen das vorliegende Buch so wertvoll und interessant auch für eine breitere Öffentlichkeit.

Mit seinem objektiven Blick – sozusagen geschult durch die sich immer wieder verändernde Sicht aus zahllosen Cockpitfenstern – dokumentiert »von P.« den Wandel Berlins vom kriegszerstörten, geteilten Gemeinwesen der 40er Jahre zu der modernen, lebendigen Stadt von heute.

So ist sein Buch nicht nur unterhaltsam und lehrreich, sondern stellt gleichzeitig ein Stück Geschichte dar.

Sir Colin Marshall,
Chairman, British Airways

Zum Geleit

Als am 21. April 1945 die letzte Lufthansa-Maschine auf dem Zentralflughafen Tempelhof, einem europäischen Luftkreuz ersten Ranges landete, endete die deutsche Lufthoheit – die Luftherrschaft war schon lange zuvor an die Alliierten übergegangen. Das letzte Flugzeug, eine mächtige viermotorige Ju 290, war, gesteuert von Flugkapitän Gerstenkorn, in einem geradezu abenteuerlichen nächtlichen Tiefflug von Madrid über das längst befreite Frankreich nach Berlin gelangt. Einen Tag später startete die letzte Maschine von dem bereits unter sowjetischem Artilleriefeuer liegenden Flughafen. Und Berlin lag in Trümmern.

Der erste zivile Flug nach dem Kriege in das inzwischen besetzte und geteilte Berlin fand am 18. Mai 1946 statt: Eine viermotorige Douglas DC-4 der American Overseas Airlines (AOA) landete aus New York kommend in Tempelhof. Die Maschine mit nur vier Passagieren an Bord hatte die rund 6 200 Kilometer lange Strecke mit Zwischenlandungen in Gander (Neufundland), Shannon (Irland), Amsterdam und Frankfurt in 23 Stunden bewältigt. Zunächst einmal wöchentlich wurde diese Flugverbindung aufrechterhalten, die ausländischen Fluggästen vorbehalten war. Am 1. September 1946 eröffnete die British European Airways (BEA) ihren Berlin-Verkehr mit einem Flug von London über Hamburg zum britischen Militärflugplatz Gatow. Auf dieser sechsmal wöchentlich in beiden Richtungen beflogenen Strecke wurden zweimotorige Douglas DC-3 und Vickers »Viking« eingesetzt.

Diese Flugverbindungen nach Berlin – während der Blockade verkehrte nur die AOA mit ihren Passagierdiensten – waren vergleichsweise unbedeutend für deutsche Fluggäste, da sie diesen verschlossen blieben. Bedeutsam aber waren sie insofern, als die alliierten Zivilgesellschaften ihre Dienste mit Zustimmung der Sowjetunion durchführten und damit ein Gewohnheitsrecht geschaffen worden war. Dieses und ein ganzes Bündel von Viermächtevereinbarungen bildeten denn auch die beiden Pfeiler, auf denen der zivile Flugverkehr für die folgenden Jahrzehnte aufgebaut werden konnte. Geradezu penibel haben die drei Westmächte ihre Pflichten eingehalten, aber auch mit absoluter Festigkeit ihre Rechte verteidigt. Weder während der Blockade, noch in den folgenden Krisenzeiten konnte die sowjetische Seite jemals ernsthaft die von und nach West-Berlin führenden Flugverbindungen beeinträchtigen.

Dieser Flugverkehr in den mehr als 40 Jahren alliierter Verantwortung für Berlin ist ein wesentlicher Bestandteil der Geschichte dieser Stadt und ein hochinteressanter Abschnitt deutscher Nachkriegsgeschichte. Er war die einzige von der Sowjetunion und der DDR unkontrollierte Verbindung und damit eine wichtige Lebensader West-Berlins.

In der vorliegenden Dokumentation werden die Ereignisse zunächst zusammenfassend in vier jeweils zehn Jahre umfassenden Kapiteln geschildert und mit dem Jahr 1990 abgeschlossen, in dem die alliierten Hoheitsrechte endeten und das wiedervereinigte Deutschland seine volle Souveränität zurückerhielt. Die Flugpreispolitik, die zeitweilig selbst die Außenministerien und sogar die Regierungschefs der Westmächte beschäftigte, wird ebenso wie die Geschichte der West-Berliner Flughäfen, der Berliner Flugtouristik und der den Luftverkehr begleitenden Zwischenfälle gesondert behandelt.

Mein Dank gilt vielen Mitarbeitern der Berliner Luftfahrtszene, die mir beratend zur Seite standen, und der Berlin Brandenburg Flughafen Holding, die bereitwillig ihr umfangreiches Foto-Archiv zur Verfügung stellte. Er gilt auch Herrn Matthias Gründer, der das Manuskript kritisch lektoriert hat.

Berlin, im November 1995

Hans von Przychowski

Statt eines Vorworts

Am 24. Oktober 1992 wurde ohne jedes Zeremoniell der letzte innerdeutsche Flug einer alliierten Fluggesellschaft auf dem Flughafen Berlin-Tegel verabschiedet. Mit einer großen Träne am Bug startete die Boeing 737-200 »River Clyde« der British Airways unter der Flugnummer 3023 nach Köln/Bonn. Im Cockpit saß ein alter Hase des Berlin-Flugverkehrs, Flugkapitän Spinks, der 26 Jahre lang auf den innerdeutschen Routen geflogen war. Das 46jährige Engagement der British Airways in Berlin war beendet.

Schon am 30. April 1991 war, von Hunderten Mitarbeitern tränenreich verabschiedet, der letzte Inlandsflug der PanAm – bereits nur noch im Auftrag der Lufthansa und unter deren Flugnummer – abgewickelt worden. Als die Boeing 727-200 »Clipper Competitor« aus Frankfurt in Tegel gelandet war, zeigten nicht nur die Mitarbeiter und die Besatzung, sondern auch viele Passagiere echte Bewegung. Fünf Monate später wurde die letzte ATR-42 der PanAm Express nach ihrem Flug von Sylt in Tegel begrüßt; eskortiert von Vorfeldbussen rollte sie ein letztes Mal vor die Abfertigungshallen. Inzwischen hatten auch die britische Dan-Air ihre Flüge eingestellt und die amerikanische Tempelhof Airways sang- und klanglos ihre Aktivitäten beendet, ebenso wie die britische Berlin European UK. Die Air France hatte ihre letzten innerdeutschen Flüge der Euroberlin France übertragen. Offiziell aber war bereits mit Beginn des Winterflugplans 1990 die alliierte Verantwortung für den Berlin-Flugverkehr erloschen. Die 40jährige Geschichte des alliierten Luftverkehrs von und nach der einst geteilten Stadt war beendet.

Die alliierte Luftbrücke bezwang in den Jahren 1948 und 1949 die sowjetische Blockade, der Luftverkehr nach West-Berlin hat über vier Jahrzehnte die Insellage der Stadt durchbrochen und ihre Lebensfähigkeit garantiert. Von 1950 bis zum Herbst 1990 beförderten die alliierten Fluggesellschaften 138 Millionen Passagiere ohne einen einzigen schweren Unfall von und nach Berlin. Das war eine gewaltige Transportleistung, erbracht unter erschwerten politischen Bedingungen. Die Luftbrücke hatte die Existenz des freien Berlins gesichert, der zivile Flugverkehr schuf die Voraussetzungen, daß Berlin seine Position als deutsche Hauptstadt wiedererlangen konnte.

Mit Festigkeit gegenüber allen sowjetischen Pressionen und mit besonderem Engagement entsprachen die drei West-

Eine kleine Tafel an einem Pfeiler in der Haupthalle des Flughafens Tegel – vom Berliner Senat gestiftet – drückt einen bescheidenen Dank für die Leistungen der PanAm im Berlin-Verkehr aus. Alle anderen alliierten Airlines wurden nicht bedacht.
Foto: vP

mächte ihrer Verantwortung, und die beteiligten Fluggesellschaften waren sich der Bedeutung der Flugverbindungen stets bewußt, wenngleich sie – natürlich – auch ihre kommerziellen Interessen zu vertreten wußten. Die 40jährige Geschichte des alliierten Berlin-Flugverkehrs ist reich an Aufbauleistungen, an Kooperation und Pflichtgefühl, gleichwohl auch an politischen und verkehrspolitischen Auseinandersetzungen, an Mißverständnissen und unterschiedlichen Auffassungen. Im Widerstreit der Meinungen waren es immer wieder die Persönlichkeiten, die den Ausgleich suchten und fanden, wie George Werttembaker, der langjährige US-Administrator in Berlin, und Pierre Boisseau, der Luftfahrtberater der französischen Militärregierung, der sich vor allem um den Aufbau des Flughafens Tegel verdient machte. Unbeschadet aber von allen Meinungsverschiedenheiten, war man sich einig in der Bewertung des Berlin-Flugverkehrs, fand man zu kollegialer Zusammenarbeit, ja zu einem meist freundlichen Miteinander.

Untrennbar verbunden mit dem Aufbauwerk des Berlin-Flugverkehrs waren die Männer der ersten Stunden: Fred Beuttenmüller, liebevoll »Mister PanAm« genannt, der vornehm zurückhaltende Berlin- und Deutschland-Direktor der BEA, Patrick Gillibrand, der langjährige Verkaufsdirektor der BEA und später der British Airways, Rolf Jülich, John MacDonald, der als Vizepräsident zunächst der Saturn Airways und später der Modern Air den Berliner Ferienflugverkehr organisierte, Rudolph Joseph und Heinrich Mars, die als erste Flugreiseveranstalter auftraten, in späteren Jahren dann der Berlin-Direktor der British Airways, Wolfgang Grund, der langjährige Deutschland-Direktor der Air France und spätere Chef der Euroberlin France, Jean Signoret, der langjährige Berlin- und Deutschland-Direktor der PanAm, Jacoby, und der ideenreiche »Dick« Twomey, der sich um den Regionalverkehr bemühte. Nicht zuletzt aber auch die Flughafen-Direktoren Werner Loebermann, der die erste Aufbauarbeit für die Berliner Flughäfen leistete, und sein Nachfolger Robert Grosch, der das Werk fortsetzte. Nicht unerwähnt bleiben sollen auch, stellvertretend für viele, jene Mitarbeiterinnen, die hinter den Kulissen tätig waren und zum Gelingen des Flugverkehrs entscheidend beitrugen, wie Edith Drößler von der Air France und Helga Sönnichsen, die in der Deutschland-Direktion der BEA und später der British Airways die Flugpläne erarbeitete.

Ihnen und den vielen tausend Mitarbeiterinnen und Mitarbeitern der Fluggesellschaften, der Flughafen-Gesellschaft und der alliierten Dienststellen, nicht zuletzt aber auch den alliierten Verkehrspiloten soll diese Beschreibung der Geschichte des Berlin-Flugverkehrs gewidmet sein, die untrennbar mit der Geschichte Berlins verbunden ist.

Die Vereinbarungen der Vier Mächte

Die rechtlichen Grundlagen für den Berlin-Flugverkehr sind in zahlreichen Konferenzen und Vereinbarungen der Vier Mächte erarbeitet worden.

• In der Berliner Konferenz der vier Militärgouverneure am 29. Juni 1945 wurden als Verbindungslinien nach Berlin zunächst zwei nicht näher definierte Luftkorridore in Richtung Westdeutschland vereinbart. Aufgrund dieser provisorischen Regelung wurde zunächst der alliierte Flugverkehr abgewickelt.

• Im Herbst 1945 schlugen die Westmächte die Einrichtung von insgesamt sechs Luftkorridoren von und nach Berlin vor, drei in Richtung Westdeutschland und je einen in Richtung Prag, Warschau und Kopenhagen. Die sowjetische Seite lehnte diese Forderung ab, weil die drei letzteren Korridore zur Versorgung der westalliierten Garnisonen in Berlin nicht nötig seien.

• Am 30. November 1945 wurde dann das »Luftkorridorabkommen« geschlossen, in dem endgültig die drei Luftstraßen festgelegt waren, und zwar mit der Streckenführung Berlin-Hamburg, Berlin-Bückeburg und Berlin-Frankfurt am Main. Im Abschnitt I, Ziffer 2 des Abkommens hieß es dazu wörtlich: »Jeder der obigen Korridore ist 20 englische Meilen (32 Kilometer) breit, das heißt zehn Meilen (16 Kilometer) auf jeder Seite der Mittellinie«. Und in Ziffer 3a heißt es zur Luftkontrollzone Berlin und der alliierten Luftsicherheitszentrale: »Die Kontrollzone Berlin wird definiert als der Luftraum zwischen dem Boden und 10 000 Fuß (3 000 Meter) Höhe innerhalb eines Radius von 20 Meilen (32 Kilometer) vom Alliierten Kontrollratsgebäude, in dem sich die Luftsicherheitszentrale (Berlin Air Safety Center, BASC) befindet«.

• Im »Luftkorridorabkommen« wird eine mögliche Beschränkung des westalliierten Flugverkehrs auf die Notwendigkeiten zur Versorgung der militärischen Garnisonen nicht erwähnt. Dagegen heißt es wörtlich: »Flüge über diese Strecken (Korridore) sollen durch Luftfahrzeuge der Deutschland regierenden Nationen durchgeführt werden, ohne daß vorher eine Benachrichtigung ergeht«.

• Am 30. April 1946 bestätigte die sowjetische Seite ausdrücklich, daß »alle westalliierten Transportbedürfnisse« in den Korridoren befriedigt werden könnten. Die Westmächte hatten nämlich in der 29. Sitzung des Luftfahrtdirektorats abermals den Vorschlag gemacht, die Zahl der Luftkorridore von und nach Berlin zu erhöhen. Der sowjetische Vertreter lehnte diese Forderung mit der Erklärung ab: »Die sowjetische Delegation ist der Meinung, daß das vorhandene System der Luftwege durch die sowjetische Besatzungszone Deutschlands voll ausreicht, nicht nur um die Bedürfnisse der alliierten Truppen in dem Sektor Groß-Berlin zu befriedigen, sondern auch um alle alliierten Transportbedürfnisse für Handelsfrachten – ohne Rücksicht auf ihren Umfang – erfolgreich zu erfüllen«. Diese Stellungnahme wurde am 5. Februar 1947 bekräftigt, als der sowjetische Vertreter im alliierten Kontrollrat einen weiteren westalliierten Vorstoß wie folgt beantwortete: »Es wurde eine Entscheidung dahingehend erreicht, drei Luftkorridore zuzuteilen...zu unbeschränkten Flügen alliierter Flugzeuge über der sowjetischen Besatzungszone Deutschlands.«

• Im »Luftkorridorabkommen« vom 30. November 1945 war deutlich definiert worden, daß nur die Flughöhe in der Luftkontrollzone Berlin auf 3 000 Meter begrenzt sei, nicht aber die Flughöhe in den drei Luftkorridoren. Dennoch behauptete die sowjetische Seite immer wieder, die Höhenbegrenzung gelte auch für diesen Bereich, was von den Westmächten stets abgelehnt wurde. Es kam wiederholt zu Luftzwischenfällen sowie zum Austausch von Protestnoten, als westalliierte Militärmaschinen höher als 3 000 Meter flogen. Die Zivilflugzeuge hingegen haben sich bis zur Rückgabe der vollen Souveränität an Deutschland stillschweigend an diese Begrenzung gehalten. Zunächst hatte sich das Problem nicht ergeben, da die eingesetzten Propellerflugzeuge noch ohne Druckkabinen flogen und daher gar nicht höher fliegen konnten. Als dann jedoch die Air France im Jahre 1960 als

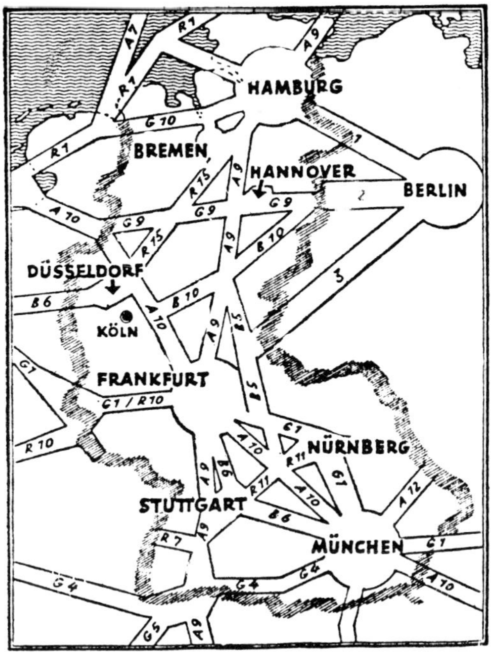

Die Karte zeigt die Berliner Luftkorridore und deren Anschlüsse an das Luftstraßennetz der Bundesrepublik. Wegen der akzeptierten Flughöhenbegrenzung in den Korridoren benutzten die Piloten häufig den kürzesten, mittleren Korridor auch auf Flügen nach Frankfurt, Nürnberg, Stuttgart oder München, weil sie dann über Westdeutschland schneller wirtschaftliche Flughöhen erreichen konnten.
Zeichnung: Der Tagesspiegel

erste Fluggesellschaft in Berlin Düsenflugzeuge einsetzte, wurden bereits die Probeflüge nach Berlin nicht höher als 3 000 Meter durchgeführt. Damit war ein folgenschwerer Präzedenzfall geschaffen worden, weil die begrenzte Flughöhe für Strahlflugzeuge völlig unwirtschaftlich war. Die sonst so energischen Franzosen aber verzichteten auf eine Durchsetzung ihrer Rechte offensichtlich deshalb, um weitere Konflikte zu vermeiden, die schließlich auf dem Rücken der Passagiere ausgetragen worden wären.

• Das Luftfahrtdirektorat gab am 22. Oktober 1946 erläuternde Hinweise über die Abwicklung des Flugverkehrs in der Luftkontrollzone Berlin und über die Aufgaben der Berliner Luftsicherheitszentrale (BASC). In Kapitel 3, Abschnitt b hieß es: »Die Berliner Kontrollzone ist eine Zone für freie Flüge für alle Flugzeuge, die in die Zone einfliegen, um auf Berliner Flughäfen zu landen oder dort zu starten.« (Aus dieser Festlegung leiteten die drei Westmächte 1972 ihr Recht ab, auch Flugzeugen nichtalliierter Fluggesellschaften eine Landeerlaubnis zu erteilen, wenn diese eine Überflugerlaubnis über das Gebiet der DDR erhielten).

Unter Kapitel 4 wurde festgehalten, daß die Berliner Luftsicherheitszentrale, besetzt mit den Vertretern der Vier Mächte, die Aufgabe habe, die Flugsicherheit aller in der Luftkontrollzone Berlin und in den Luftkorridoren fliegenden Flugzeuge zu gewährleisten. Der Zentrale sollten daher alle notwendigen Wetter- und anderen Informationen zugänglich gemacht werden, und unter Abschnitt g wurde betont, die Zentrale solle alle Flughäfen in der Kontrollzone Berlin über bevorstehende Landungen informieren und von den Flughäfen die Landeerlaubnis einholen.

Die alliierte Luftsicherheitszentrale hatte nach den interalliierten Vereinbarungen ein Recht auf alle Informationen über Flugbewegungen in den Korridoren und in der Luftkontrollzone und mußte jeden Flug genehmigen, jedoch konnte ein Flug nur verweigert werden, wenn flugsicherungstechnische Gründe vorlagen. Das heißt auch, der sowjetische Vertreter in der Zentrale hatte ein Recht auf Information, aber kein Mitspracherecht bei der Genehmigung oder Ablehnung westalliierter Flüge, wenn die flugsicherungsmäßigen Voraussetzungen erfüllt waren. In Zeiten west-östlicher Spannungen versuchte die sowjetische Seite wiederholt, westalliierte Flüge mit der Begründung abzulehnen, die Flugsicherheit sei nicht gegeben. In den meisten Fällen wurden dann sowjetische Militärflüge als Grund genannt. Die Einsprüche wurden indessen von der westlichen Seite stets abgelehnt und der sowjetische Vertreter darauf hingewiesen, daß er für die Sicherheit der Flüge einzustehen habe.

Das alliierte Luftfahrtregime

Zivile alliierte Fluggesellschaften, die sich am Berlin-Verkehr beteiligen wollten, mußten zunächst von den nationalen Luftfahrtbehörden ihrer Länder eine Genehmigung einholen und anschließend den Flug bei den westalliierten Luftfahrtattachés beantragen, die gemeinsam als oberste Luftfahrtbehörde für den Berlin-Flugverkehr fungierten. Sie waren den jeweiligen Botschaften in Bonn zugeteilt und weisungsgebunden; ihre Beschlüsse mußten einstimmig gefaßt werden. Die Luftfahrtattachés waren zuständig für die Genehmigung der Berlin-Flüge und der jeweiligen Flugpläne, für die Ausnahmegenehmigungen seit der Einführung des Nachtflugverbots sowie für die Genehmigung der Flugpreise und der Gebühren auf den West-Berliner Flughäfen.

Die in Berlin operierenden Fluggesellschaften unterlagen der nationalen Gesetzgebung und den Sicherheitsbestimmungen ihrer Heimatländer. Den Militärregierungen der Westmächte in Berlin waren Luftfahrtbeauftragte zugeteilt, die in enger Verbindung mit den Luftfahrtattachés arbeiteten. Bei den Amerikanern war der Luftfahrtadministrator in Berlin zugleich ein Vertreter der amerikanischen Bundesluftfahrtbehörde FAA, die über die Einhaltung der Sicherheitsbestimmungen im US-Luftverkehr wacht, wie die britische zivile Luftfahrtbehörde und die entsprechende französische Einrichtung auch. Die Flugsicherung unterstand ebenfalls alliierter Kontrolle.

Zweimal jährlich tagte das Berlin Air Coordinating Committee, dem die Luftfahrtbeauftragten der Alliierten in Berlin und die drei Luftfahrtattachés angehörten, und das alle aktuellen Fragen des Berlin-Flugverkehrs zu diskutieren hatte. In Bonn wurde eine deutsch-alliierte Arbeitsgruppe mit beratender Funktion geschaffen. Ihr gehörten neben den Luftfahrtattachés Vertreter des Bundesaußen-, des Bundesverkehrs- und des Bundesfinanzministeriums an. In den Beratungen wurde die deutsche Seite über wichtige Fragen des Berlin-Flugverkehrs informiert und konsultiert, Entscheidungsbefugnisse hatte sie indessen nicht. Eine Ausnahme bildeten die Flugpreise insofern, als allein die Bundesregierung über die Höhe der Fluggast-Subvention zu befinden hatte, die seit 1962 den Passagieren gewährt wurde. Informationen der Fluggesellschaften über die Flugpläne und die Flugpreise wurden der deutschen Seite über die Luftfahrtattachés mitgeteilt.

Die sichersten Luftstraßen der Welt

Gestützt auf die vierseitigen Abkommen und ihre Auslegung durch die westlichen Alliierten wurde der Berlin-Flugverkehr ausgebaut. Für den Linienverkehr zugelassen waren zunächst je eine Airline der USA, Großbritanniens und Frankreichs: Die American Overseas Airlines (AOA), die später in der PanAm aufging, die British European Airways (BEA), die dann mit der BOAC zur British Airways fusionierte, und die Air France.

Für alle Bewegungen in den Luftkorridoren waren Instrumentenflüge vorgeschrieben, damit Navigationsfehler ausgeschlossen werden konnten. Die Piloten der Zivilflugzeuge mußten spezielle Berlin-Lizenzen erwerben und mit den Verhältnissen im Luftraum der Korridore und in der Luftkontrollzone Berlin vertraut sein. Die Flughäfen Tempelhof und Tegel unterstanden der Berliner Flughafen-Gesellschaft, die sie aber nur betreiben konnte. Die letzte Verantwortung trugen die alliierten Flughafenkommandanten, zu deren Bereichen die Sicherheit, einschließlich der Feuerwehren, gehörte. Der Flughafen Gatow diente ausschließlich dem Militärflugverkehr oder Flügen im Auftrag der westlichen Alliierten.

Krisen im Verhältnis zwischen Ost und West berührten das isolierte West-Berlin stets in besonderem Maße. Um so wichtiger war es für die drei Westmächte, den Berlin-Flugverkehr zuverlässig und sicher abzuwickeln, um der östlichen Seite keinen Vorwand für etwaige Gegenmaßnahmen geben zu können. Diese Haltung der Westmächte bescherte Berlin die modernste Flugsicherung der Welt, und so war sie organisiert:

• Das Berlin Air Route Traffic Control Center (BARTCC) mit Sitz am Zentralflughafen Tempelhof, das mit Fluglotsen der drei Westmächte besetzt war, überwachte alle Flugbewegungen in den drei

Luftkorridoren, und ihm oblag auch die An- beziehungsweise die Abflugkontrolle in der Luftkontrollzone Berlin.

• Dem BARTCC beigeordnet, ebenfalls mit Sitz in Tempelhof, war die Berlin Aeronautics Unit (BAU), die der amerikanischen Mission unterstand, aber vorwiegend mit deutschen Mitarbeitern besetzt war. Sie war zuständig für die Betreuung der Computersysteme und der Navigationsanlagen, für den Flugberatungsdienst in Tempelhof sowie für die Einhaltung der Lärmvorschriften durch die Piloten.

• Die Kontrolltürme der Flughäfen Tempelhof, Tegel und Gatow leiteten den Endanflug der Flugzeuge. In Tegel waren französische, in Gatow britische Fluglotsen beschäftigt, in Tempelhof stellte die BAU die Fluglotsen, zu denen auch deutsche gehörten. Die Flughafenfeuerwehren mit deutschem Personal waren in Tegel und in Gatow den jeweiligen Flughafenkommandanten unterstellt, in Tempelhof ebenfalls der BAU, deren Chef der US-Administrator for Aeronautics war.

• Der alliierten Flugsicherung standen modernste Geräte zur Verfügung. Alle Berlin-Flüge unterlagen ständiger Radarkontrolle. Rechnergesteuerte UKW-Funkfeuer und Doppler-VOR-Anlagen gaben den Piloten in den Luftkorridoren jederzeit exakte Daten über Standort und Kurs. Der Flughafen Tegel wurde mit modernen Instrumenten-Landesystemen (ILS) ausgestattet; die längere Nordpiste war in beiden Richtungen für Schlechtwetterlandungen nach der Kategorie 3 zugelassen. Die Lotsen auf dem Kontrollturm erhielten zusätzlich ein Bodensichtradar, mit dem die Rollbewegungen auf dem Flughafen überwacht werden können. Zusätzlich wurden spezielle Radargeräte als Landehilfen angeschafft. Auf dem Zentralflughafen Tempelhof ist die südliche Hauptstartbahn von beiden Seiten mit ILS ausgerüstet, die Landungen ebenfalls nach der Kategorie 3 zulassen. Indessen darf dort der Zivilverkehr nur unter den Bedingungen der Landekategorie 1 stattfinden, weil die Anflugwinkel wegen der dichten Bebauung in der Umgebung steiler als normal sind. Auf dem Flughafen Gatow schließlich waren Landungen nach der Kategorie 3 möglich, zusätzlich wurde ein Landeradar installiert.

Jeder Flug war genehmigungspflichtig

In der Öffentlichkeit weitgehend unbekannt war die umständliche Prozedur eines Berlin-Fluges. Bis zuletzt mußte jeder einzelne Flug ausdrücklich von der alliierten Luftsicherheitszentrale, die bis zur Rückgabe der vollen Souveränität an Deutschland die letzte Viermächte-Einrichtung geblieben war, genehmigt werden. Zur Sicherung des Flugverkehrs und zur Beschleunigung des Flugablaufs waren die elektronischen Einrichtungen von den westlichen Alliierten ständig verbessert worden. Sozusagen der letzte Schrei der Entwicklung war das Flightplan Processing and Coordination System (FLIPCO), das nach siebenjähriger Entwicklungsphase 1983 in Betrieb genommen worden war und sogar in das Guiness-Buch der Rekorde Einzug fand. In diesem System waren die Flugpläne abzulesen, der jeweilige Standort eines Flugzeugs in den Luftkorridoren, die voraussichtliche Landezeit und vor allem der Status des Flugzeugs, das heißt, die Fluggenehmigung durch die Luftsicherheitszentrale. Die Bildschirme von

FLIPCO standanden nicht nur in der Zentrale, sondern auch bei den Fluglotsen, die alle Daten des Systems mit ihren eigenen Radardaten vergleichen konnten, sowie auf den Flughäfen, deren Verkehrsleitungen dadurch vorab über die Landezeiten exakt informiert waren und rechtzeitig die notwendigen Abfertigungsmodalitäten organisieren konnten.

Die Flugpläne der Liniengesellschaften, jeweils für ein halbes Jahr aufgestellt, sowie die Flugketten der Feriengesellschaften, die ebenfalls jeweils für eine Saison erarbeitet worden waren, mußten zunächst von den westalliierten Luftfahrtattachés genehmigt werden. Danach wurden sie mit der deutschen Bundesanstalt für Flugsicherung und dem westdeutschen Flugplan-Koordinator abgestimmt. Waren diese Voraussetzungen erfüllt, mußten die Flüge von der BASC abgesegnet werden, wobei die westlichen Vertreter ihrem sowjetischen Kollegen die Pläne vorlegten, jedoch keine Entscheidungsbefugnis zubilligten. Zivile Einzelflüge von und nach Berlin wurden nach derselben Prozedur abgewickelt.

Vor dem Start einer Verkehrsmaschine nach Berlin holte der Pilot vom Flugberatungsdienst die notwendigen Informationen über den bevorstehenden Flug ein. Der Flugplan wurde nun über das Flugfernmeldenetz an die einzelnen Flugsicherungsbereiche, die das Flugzeug passieren mußte, sowie an den Zielflughafen übermittelt. Etwa 15 Minuten vor Erreichen eines der drei Luftkorridore mußte der Pilot die Erlaubnis des BASC zum Einflug einholen. Erst wenn diese Erlaubnis erteilt war, konnte der Einflug beginnen. Danach wurde die Maschine von den Lotsen des BARTCC übernommen und den gesamten Streckenflug über geleitet. Bei Erreichen der Luftkontrollzone Berlin übernahmen die Lotsen der Anflugkontrolle des BARTCC das Flugzeug bis zum Endanflug auf den Flughafen. Dieser wurde dann von den Lotsen der Kontrolltürme überwacht.

Ähnlich vollzog sich der Abflug von Berlin in Richtung Westdeutschland. Erst wenn die Startgenehmigung des BASC erteilt war, konnten die Lotsen des Flughafen-Kontrollturms dem Piloten die Starterlaubnis geben. Nach dem Start übergaben die Lotsen die Maschine der Abflugkontrolle des BARTCC, die die Maschine an ihre Lotsen zur Streckenkontrolle weiterreichten. Nach Verlassen des Luftkorridors wurde das Flugzeug von der zuständigen westdeutschen Flugsicherungsstelle empfangen und geleitet.

Abrupt unter deutscher Verantwortung

Mit der Rückgabe der vollen Souveränität an Deutschland und dem Erlöschen der westalliierten Verantwortlichkeit für den Berlin-Flugverkehr mußte die Bundesanstalt für Flugsicherung kurzfristig den gesamten Bereich der Berliner Flugsicherung und jenen der DDR übernehmen. Ohne Hilfe der Alliierten war das unmöglich. Daher wurde die westalliierte Flugsicherung mit dem größten Teil ihres alliierten und deutschen Personals sowie die der DDR übernommen, und die Bundesanstalt stand nun vor der schwierigen Aufgabe, nicht nur die unterschiedlichen Kontrollstellen in Berlin und der DDR zu koordinieren, sondern auch den nunmehr möglichen Nord-Süd-Verkehr und den Ost-West-Überflug zu integrieren.

Zunächst wurden die bisherigen drei Luftkorridore zu normalen Luftstraßen deklariert und in ihrer Flughöhe bis auf 14 Kilometer freigegeben. Die alliierte Flugsicherung in Tempelhof kontrollierte weiter alle Flugbewegungen in west-östlicher Richtung, zusätzlich den Überflugverkehr, während die Flugsicherung in Schönefeld den Luftraum über Ostdeutschland einschließlich des Nord-Süd-Verkehrs sowohl nach Berlin als auch im Überflug koordinierte. Im Dezember 1991 wurde dann eine neue Luftraumstruktur eingeführt, mit der die Kapazität der Flugbewegungen erheblich gesteigert werden konnte. Der bisherige südliche Korridor, nunmehr die Luftstraße »Rot 10«, wurde zur »Einbahnstraße« in Richtung Berlin umgewandelt. Für den Gegenverkehr in Richtung Westen wurde die neue Luftstraße »Weiß 98« geschaffen, die nördlich von »Rot 10« verläuft und über ein neues Funkfeuer bei Magdeburg führt. »Weiß 98« reicht von Berlin bis Ansbach. Der bisherige mittlere Korridor, nunmehr die Luftstraße »Grün 9«, darf ebenfalls nur noch in Richtung Berlin beflogen werden. Um den Gegenverkehr aufzunehmen und damit auch »Weiß 98« zu entlasten, wurden vom Funkfeuer Magdeburg aus zwei neue Luftstraßen eingerichtet, »Weiß 95« nach Warburg und »Weiß 96« nach Leinen bei Hannover. Der frühere Nordkorridor, jetzt die Luftstraße »Rot 6«, kann wie bisher in beiden Richtungen beflogen werden. Mit der neuen Struktur wurde auch eine Anbindung von Leipzig und Dresden geschaffen. Dieser quer durch den Ost-West-Verkehr laufende Flugbetrieb wird ebenfalls von der Flugsicherung Tempelhof kontrolliert.

Übergangslösung für die Russen

Für die russischen Luftstreitkräfte mußten bis zu ihrem Abzug aus Deutschland Freiräume zur Verfügung gestellt werden. Mit der Wiedervereinigung Deutschlands waren zudem die fliegenden Verbände der Nationalen Volksarmee (NVA) der Bundeswehr unterstellt worden. Zu diesem Zeitpunkt wurde das ganze Maß der Luftrüstung auf dem Territorium der DDR deutlich. Nicht weniger als 35 Militärflugplätze waren errichtet worden, auf denen die Luftstreitkräfte der Sowjetunion und der DDR operierten. Zur Koordinierung der Flüge der russischen Luftstreitkräfte wurde in deren Hauptquartier in Zossen die Luftraumkoordinierungsstelle (LUKO) geschaffen, die einem Offizier der Bundesluftwaffe und einem Vertreter der Bundesanstalt für Flugsicherung unterstand. Sie hatte bis zum Abzug der Russen die Sicherheit der militärischen Flüge zu gewährleisten. In der Nacht vom 9. zum 10. November 1994 wurde die neue Regionalkontrollzentrale Ost der Deutschen Flugsicherung auf dem Flughafen Tempelhof in Betrieb genommen und zugleich der Luftraum über den neuen Bundesländern abermals neu eingeteilt. Ihn durchziehen jetzt zusätzliche Luftstraßen, die eine optimale Nutzung des Luftraums zur Beschleunigung des Flugverkehrs ermöglichen.

Die Polen in den Korridoren

Der besondere Status von Berlin, die Vermischung von Politik und Geschäft im Flugverkehr, der 40 Jahre währende Ost-West-Konflikt – das alles hat zu manchen Kuriosa im Berlin-Flugverkehr geführt, zu Ereignissen, die heute kaum noch exakt nachvollziehbar sind. Ein solches Kuriosum waren die Flüge der polnischen Fluggesellschaft LOT.

Ohne daß es besondere Aufmerksamkeit erregt hätte – in Berlin war man mit dem Wiederaufbau so beschäftigt, daß Luftverkehrsfragen zunächst nicht von großem Interesse waren – hatte die LOT bereits 1946 eine Flugverbindung zwischen Warschau und dem DDR-Flughafen Schönefeld eröffnet. Aber erst im Sommer 1959 wurde in West-Berlin bekannt, daß die LOT als einzige nichtalliierte Fluggesellschaft regelmäßig die alliierten Luftkorridore benutzen konnte, und zwar als nicht nur die Lufthansa, sondern auch die belgische Sabena und die niederländische KLM mit diesen Flügen geworben hatten. Die LOT verkehrte nämlich von Warschau mit Zwischenlandungen in Schönefeld inzwischen nach Amsterdam, Brüssel, London und Paris. Ihre Maschinen starteten in Schönefeld zum Weiterflug in Richtung Westen, indem sie bereits in der Luftkontrollzone Berlin bis auf 2 000 beziehungsweise 4 000 Meter stiegen und von der westalliierten Flugsicherung dann durch den mittleren Korridor geleitet wurden. Die LOT setzte Verkehrsflugzeuge des Typs Convair 240 mit Druckkabinen ein, die regelmäßig deutlich über 3 000 Meter Höhe flogen. Flugsicherungsmäßig funktionierte das ohne Probleme, obwohl es zwischen dem Kontrollturm Schönefeld und dem BARTCC keine direkte Verbindung gab. Nach Bekanntwerden dieser Flüge hielten sich sowohl die Westmächte als auch die Sowjetunion in seltener Übereinstimmung äußerst bedeckt. Nur soviel wurde bekannt, daß der Flugverkehr der LOT nach 1945 als Gegenleistung für die Zulassung amerikanischer und britischer Kurierflüge zwischen Berlin und Warschau vereinbart worden sei, die allerdings längst eingestellt worden waren; an den Rechten der LOT indessen hatte sich nichts geändert. Die alliierte Luftsicherheitszentrale genehmigte jeden Flug.

Ohne Publizität wurden diese Flüge der LOT Ende 1982 eingestellt. Nachdem die alliierten Fluggesellschaften Nonstop-Verbindungen nach Amsterdam und zeitweise auch nach Brüssel eröffnet hatten, und die Zahl der Flüge nach London und Paris erheblich verstärkt worden war, gab es kaum noch Passagiere aus West-Berlin, die für die LOT-Flüge ab Schönefeld gebucht hätten. Die LOT flog fortan nonstop von Warschau in die westeuropäischen Hauptstädte, ohne das Gebiet der DDR zu berühren.

Am 17. Juli 1951 wurde auf dem Platz vor dem Zentralflughafen Tempelhof zur Erinnerung an die Opfer der Luftbrücke in den Jahren 1948/49 das Lufbrückendenkmal eingeweiht.
Foto: Gründer

Die alliierte Luftbrücke 1948/49

Der zivilen Luftbrücke in Form des alliierten Luftverkehrs ging die militärische Luftbrücke in den Jahren 1948/49 voraus, mit der ein sowjetischer Versuch vereitelt wurde, die drei Westsektoren unter ihre Kontrolle zu bringen. Diese Aktion zur Versorgung einer Millionenbevölkerung stellte eine Meisterleistung des Lufttransports dar.

Die Vorgeschichte

In den ersten Apriltagen des Jahres 1948 häuften sich Schikanen der sowjetischen Besatzungsmacht gegen die westalliierten militärischen Verbindungen nach Berlin. Alliierte Transportzüge wurden blockiert, durchsucht, auf Abstellgleise gebracht, alliiertes Personal wurde schikaniert. Die Amerikaner reagierten zunächst mit dem Einsatz von Transportflugzeugen, die auf dem Landweg blokkierte Güter in die drei Westsektoren Berlins beförderten.

Im Juni spitzten sich die Ereignisse zu. Am 16. Juni 1948 stellte die alliierte Kommandantur ihre gemeinsamen Sitzungen ein, nachdem der sowjetische Vertreter ausgezogen war. Am 18. Juni fand in den drei Westzonen die Währungsreform statt, weil eine solche für Gesamtdeutschland am sowjetischen Widerstand gescheitert war, und am 22. Juni wurden Viermächte-Besprechungen über eine gemeinsame Währungsreform für Gesamtberlin abgebrochen. Am 23. Juni ordnete Marschall Sokolowski die Reform für die sowjetische Zone und Gesamtberlin an, doch die drei westlichen Stadtkommandanten setzten diese Verfügung für ihre Sektoren außer Kraft (erst am 25. Juni wurde für die drei Westsektoren die westdeutsche D-Mark, aber mit dem Zusatz B, eingeführt).

Die Blockade

Am 23. Juni verbreitete die Ost-Berliner Nachrichtenagentur ADN folgende Meldung: »Die Transportabteilung der sowjetischen Militärverwaltung sah sich gezwungen, aufgrund technischer Schwierigkeiten den Verkehr aller Güter- und Personenzüge von und nach Berlin ab morgen früh, 6 Uhr, einzustellen ... Der Verkehr auf den Wasserstraßen wird unterbrochen ...« Die Blockade der drei Westsektoren Berlins hatte begonnen. Auch auf den Straßen fielen die Schlagbäume, alle Kohlentransporte wurden angehalten, die Stromversorgung abgeschaltet. 2,1 Millionen Einwohner waren mit Hunger, Dunkelheit und Kälte bedroht.

Die Luftbrücke

Der amerikanische Militärgouverneur in Deutschland, General Lucius Clay, forderte die Blockade gewaltsam mit einem Panzerzug zu durchbrechen, doch Washington lehnte ab. Daraufhin schlug der sich zufällig in Deutschland aufhaltende Chef des Planungsstabes im amerikanischen Generalstab, Generalmajor Wedemeyer, Clay vor, die Westsektoren mit einer Luftbrücke zu versorgen. Clay reagierte sofort, alarmierte seinen Stab und erhielt die Zustimmung Washingtons. Bereits zwei Tage später, am 26. Juni 1948, starteten die ersten in Westdeutschland stationierten DC-3 »Dakota« beziehungsweise ihre Transportversionen C-47 mit Versorgungsgütern für Berlin. Unverzüglich wurden weltweit alle verfügbaren Transportstaffeln der US-Streitkräfte alarmiert und nach Deutschland beordert, und am 28. Juni starteten auch die ersten britischen Militärmaschinen in Richtung Berlin.

Vom 7. Juli an wurden neben Lebensmitteln auch Kohlesäcke befördert, da die Westsektoren nur Vorräte für wenige Tage hatten; am 16. Juli waren es bereits 2 000 Tonnen auf 426 Flügen nach Tempelhof und Gatow. Zu diesem Zeitpunkt beteiligten sich 110 »Dakotas« und 54 »Skymaster« (die Transportversion der DC-4) an der Luftbrücke; hinzu kamen an die hundert britische Flugzeuge der Royal Air Force und durch die Streitkräfte eilends verpflichteter Privatgesellschaften. Eingesetzt wurden auch große britische Flugboote, die auf der Havel wasserten.

Die Militärgouverneure nach der Übergabe der Frankfurter Dokumente am 1. Juli 1948. Ganz rechts der Vater der Berliner Luftbrücke General Lucius D. Clay

Alliierte Transportflugzeuge versorgen das eingeschlossene West-Berlin vom Juni 1948 bis Oktober 1949

Am 29. Juli übernahm der amerikanische Luftwaffengeneral Tunner das Oberkommando über die Luftbrücke. In den Luftkorridoren operierten Wetterflugzeuge, um die Piloten mit exakten Informationen beliefern zu können. Die Luftbrücke funktionierte nach exakten Vorgaben: Die Maschinen benutzten für den Flug nach Berlin den südlichen und den nördlichen Korridor, während sie für den Rückflug durch den nördlichen und den mittleren Korridor geleitet wurden. Da die verschiedenen Flugzeugtypen unterschiedliche Geschwindigkeiten entwickelten, waren für sie besondere Flughöhen vorgeschrieben. Verfehlte ein Pilot in Berlin die Landebahn, mußte er durchstarten und sofort voll beladen den Rückflug antreten, um das System nicht zu gefährden. Alle 90 Sekunden sollte ein Flugzeug in Berlin landen oder starten.

In aller Eile wurden in Gatow und Tempelhof weitere Pisten angelegt, und am 5. August 1948 begann der Bau eines neuen Flughafens im französischen Sektor in Tegel, der in einer Rekordzeit von 85 Tagen betriebsbereit war. Da dort ein Sendemast des von Ost-Berlin kontrollierten Berliner Rundfunks die Flugsicherheit gefährdete, ließ ihn der französische Stadtkommandant Ganeval kurzerhand sprengen. Auf die Frage des empörten sowjetischen Stadtkommandanten, wie er das habe tun können, antwortete Ganeval lapidar: »Mit Dynamit, Herr General!«

Der 13. August 1948 ging als Schwarzer Freitag in die Geschichte der Luftbrücke ein. Über Berlin lag eine dicke

Bis zu 180 Kohlensäcke konnte ein Flugzeug während der Luftbrücke nach Berlin transportieren

»Waschküche«, und das Flugsicherungspersonal war dem Ansturm der Flugzeuge nicht mehr gewachsen, die Piloten wurden nervös, es gab Bruchlandungen, schließlich ein Durcheinander von Flugzeugen. General Tunner, der sich ebenfalls im Anflug auf Berlin befand, griff entschieden ein und beorderte alle Flugzeuge zu ihren westdeutschen Ausgangsbasen zurück. Die Luftbrücke wurde drei Stunden unterbrochen und dann wieder normal in Betrieb genommen. Tunner forderte sofort mehrere Radarspezialisten an, die das Berliner Flugsicherheitspersonal verstärkten.

Am 18. September, dem Tag der US-Luftwaffe, demonstrierten die Amerikaner mit einer einmaligen Lufttransportleistung ihre Stärke: US-Transporter beförderten auf 651 Flügen 5 500 Tonnen Kohle in die Stadt, die Briten führten weitere 244 Flüge aus.

Im Dezember 1948 betrug die durchschnittliche Tagesleistung 600 Landungen mit mehr als 6 000 Tonnen Fracht, und am 31. Dezember fand die 100 000. Landung eines Luftbrückenflugzeuges statt. Die millionste Tonne Fracht wurde am 18. Februar 1949 erreicht. Trotz einiger Schlechtwetterperioden setzte man die Flüge planmäßig fort, nicht nur mit Kohle oder Lebensmitteln, sondern auch mit Treibstoff und Einzelteilen für das Kraftwerk Reuter, das in West-Berlin errichtet wurde. Am 16. April setzte das Luftbrückenkommando alles auf eine Karte, um der Welt die Leistungsfähigkeit des Unternehmens zu demonstrieren, an dem nun auch immer größere und modernere Flugzeuge teilnahmen: An diesem Tage landete alle 63 Sekunden ein Flugzeug auf einem der drei Berliner Flughäfen; 515 Landungen fanden in Tempelhof statt, 467 in Gatow und 362 in Tegel. 12 940 Tonnen Fracht wurden befördert, und die Westmächte hatten bewiesen, daß sie die Stadt aus der Luft versorgen und ihre Lebensfähigkeit sichern konnten.

Ohne den Durchhaltewillen der Bevölkerung in den drei Westsektoren wären allerdings die Leistungen der Luftbrücke erfolglos geblieben. Die Berliner akzeptierten ein Leben mit zahlreichen Einschränkungen: Die Straßenbahn stellte um 18.00 Uhr den Betrieb ein, binnen 24 Stunden gab es zu wechselnden Zeiten nur jeweils zweimal zwei Stunden Strom, die Gaszufuhr war drastisch gedrosselt. 12,5 Kilo Kohle mußten den ganzen Winter über reichen. In ihrem Überlebenskampf - auch das sollte man nicht vergessen - wurde die Bevölkerung von Einwohnern des Ostsektors tatkräftig unterstützt. Mit ihrer Hilfe beschmuggelten die West-Berliner Brennholz und Gemüse über die zwar offene, aber stark kontrollierte Sektorengrenze.

Das Ende der Blockade

Ende April 1949 streckten die Sowjets zum ersten Mal die Fühler aus um die Blockade zu beenden, obwohl sie stets beteuert hatten, eine Blockade habe es nie gegeben. Nach amerikanisch-sowjetischen Vorgesprächen und einer Viermächte-Konferenz hieß es am 5. Mai in einem amtlichen Kommuniqué in New York: »Die vier Großmächte haben beschlossen, die Blockade Berlins genau am 11. Mai um Mitternacht zu beenden. Alle Verkehrs- und Handelseinschränkungen in Deutschland werden von beiden Seiten aufgehoben.«

Am 12. Mai hoben sich die Schranken, der Zugang zu den Berliner Westsektoren war frei. Die Luftbrücke allerdings wurde mit bis zu 1 000 Landungen täglich fortgesetzt, um in der Stadt Vorräte anzulegen. Solche Vorräte hielt man dann für alle Fälle bis zur Wiedervereinigung bereit. Erst am 6. Oktober 1949 fand das Unternehmen sein Ende, mit einem aufsehenerregenden Ergebnis: Bei 277 728 Flügen wurden 2 326 205 Tonnen lebenswichtiger Güter nach West-Berlin befördert. 39 britische und 31 amerikanische Piloten sowie sechs deutsche Mitarbeiter fanden bei Unfällen im Verlauf der Luftbrücke den Tod. Zu ihren Ehren wurde am 17. Juli 1951 das Luftbrückendenkmal vor dem Zentralflughafen Tempelhof enthüllt, das die Berliner sogleich liebevoll als »Hungerharke« titulierten.

Die Dramatik in den Wochen und Monaten der Blockade ist vielfach in bemerkenswerten Veröffentlichungen beschrieben worden. Allein die Aufstellung der beteiligten Luftfahrtunternehmen und Fliegerstaffeln sowie die bis dahin einmalige logistische Leistung würden ganze Bände füllen.

Das wohl wichtigste Ergebnis der Luftbrücke aber war die Tatsache, daß für die West-Berliner die Besatzungsmächte zu Schutzmächten geworden waren.

Der alliierte Linienflugverkehr nach Berlin

Das erste Jahrzehnt des Aufbaus

Die sowjetische Blockade war bezwungen. Energisch begannen die alliierten Fluggesellschaften mit dem Aufbau des Linienverkehrs. Der enorme Aufschwung dokumentiert sich in nüchternen Fakten: Die Zahl der beförderten Passagiere stieg von 110 886 im Jahre 1950 auf 1 264 809 im Jahre 1959. Nachdem am 5. Januar 1950 die Air France ihre Berlin-Dienste eröffnet hatte, war nun je eine Fluggesellschaft der westlichen Alliierten am Berliner Linienflugverkehr beteiligt. Sie blieben über vier Jahrzehnte die Hauptträger dieser Verbindungen.

Die American Overseas Airlines (AOA), seit 1946 erste zivile Fluggesellschaft in Berlin, flog von Tempelhof nach Frankfurt und Hamburg. Am 25. September 1950 wurde sie von der

Sud-Est »Languedoc« der Air France, deren Erstflug bereits 1939 stattgefunden hatte. Jedoch begann die Produktion erst nach Kriegsende, und 40 Exemplare des 375 km/h schnellen Flugzeuges wurden gebaut. Der Typ hatte eine Spannweite von 29,4 Metern, eine Länge von 24 Metern, eine Startmasse von 20,5 Tonnen und konnte 33 Passagiere über eine Strecke von 3 100 Kilometern befördern.
Foto: Air France

Die AOA begann ihre Berlin-Flüge mit der viermotorigen, 365 km/h schnellen DC-4, und auch die PanAm setzte den Typ bis 1960 auf diesen Strecken ein. Das Flugzeug hatte bereits 1939 den Erstflug absolviert, doch wurde während des Krieges nur die militärische Frachtversion C-54 gebaut, die auch die Hauptlast der alliierten Luftbrücke trug. Erst nach 1945 begann die Zivilproduktion, und insgesamt entstanden 1 242 DC-4/C-54. Die Maschine hatte eine Spannweite von 35,8 Metern, eine Länge von 28,6 Metern, eine Startmasse von 33,1 Tonnen und konnte 44 Passagiere mit einer Reichweite von 2 200 Kilometern befördern.
Foto: PanAm

Vickers »Viking« der BEA. Die zweimotorige Maschine absolvierte am 22. Juni 1945 ihren Jungfernflug, hatte eine Spannweite von 27,2 Metern, eine Länge von 19,8 Metern sowie eine Startmasse von 15,4 Tonnen und konnte mit maximal 354 km/h 38 Passagiere über Distanzen von 2 050 Kilometern befördern. Für zivile Fluggesellschaften wurden 161 Exemplare gebaut, das Militär erhielt weitere 400. Nach dem Rückzug aus dem Linienverkehr flog die »Viking« noch mehrere Jahre für Reiseveranstalter.
Foto: BEA

Luftaufnahme des Flughafens Gatow, auf dem von 1946 bis 1951 die BEA operierte, und der bis zur Entwidmung am 30. Juni 1994 noch als Militärflugplatz genutzt wurde.
Foto: RAF

PanAm übernommen, die sogleich mehrere ihrer viermotorigen Transatlantik-Maschinen vom Typ Douglas DC-4 für den Kurzstreckenverkehr modifizierte und als erste Amtshandlung die ersten deutschen Stewardessen einstellte. Bald darauf erweiterte die PanAm ihre Dienste und flog nun auch nach Düsseldorf, München und Bremen. Sie beförderte 1950 insgesamt 90 726 Passagiere.

Die Air France eröffnete ihren Berlin-Verkehr am 5. Januar 1950 zunächst mit viermotorigen Sud-Est »Languedoc« und flog ebenfalls von Tempelhof nach Frankfurt, Paris, Düsseldorf, Nürnberg und München. Noch vor dem Jahresende wurden die »Languedoc« durch DC-4 ersetzt, wodurch die Kapazität je Flugzeug von 33 auf 64 Plätze stieg. Die British European Airways (BEA), die zunächst noch vom Flughafen Gatow aus operierte, bot mit täglich zehn Flugpaaren auf den Linien nach Hamburg, London, Hannover, Köln und Düsseldorf die meisten Berlin-Flüge an.

Der Berliner Senat unter Ernst Reuter und seinem Verkehrssenator Theuner bemühte sich erfolgreich, die Amerikaner zur Aufgabe eines Teils des Tempelhofer Flughafens zu bewegen, damit der zivile Verkehr entwickelt werden konnte. Am 1. Juni 1950 wurde eine deutsche Verwaltung für den zivilen Flughafenbereich zugelassen; die Berliner Flughafen-Gesellschaft war wiedererstanden. Ihr erster Direktor wurde Werner Loebermann, der sogleich mit dem Bau ziviler Abfertigungseinrichtungen begann.

In der »kommerziellen Luftbrücke« flog auch die Bristol 170 MK 32, die unter anderem Pferde nach Berlin brachte, da diese wegen angeblicher Gefahr der Maul- und Klauenseuche nicht auf den Interzonenstraßen durch die DDR transportiert werden durften. Die zweimotorige MK 32 »Wayfarer« war im Januar 1953 als Zivilversion zum Erstflug gestartet, hatte eine Spannweite von 32,9 Metern, eine Länge von 20 Metern, eine Startmasse von 19,9 Tonnen und konnte mit 360 km/h 1 600 Kilometer weit fliegen. 214 zivile und militärische Exemplare wurden gebaut und unter anderem auch als Autotransporter eingesetzt. *Foto: Sammlung Kuhnt*

Auch diese für zivile Zwecke umgebaute Avro »Lancaster« flog in der »kommerziellen Luftbrücke«.
Foto: Sammlung Autor

Im Herbst 1950 unterstützten die Fluggesellschaften die erste Industrie-Ausstellung in West-Berlin und beförderten fast 7 700 Passagiere auf zahlreichen Sonderflügen in die Stadt. Mit Hilfe der Bundesregierung wurde bis zum Ende des Jahrzehnts als Antwort auf zunehmende Behinderungen auf den Transitstrecken eine »kommerzielle Luftbrücke« ins Leben gerufen. Zahlreiche kleine Anbieter, unter ihnen der später bekannt gewordene Freddy Laker, beteiligten sich an den Frachtflügen, meist mit umgerüsteten Militärmaschinen, wie der Avro »Lancaster«, der Avro »Tudor« und der Avro »York«. Diese Luftfrachtbrücke erreichte übrigens 1953 mit einer Beförderungsleistung von 51 000 Tonnen ihren Rekord, der bis heute nicht mehr überboten wurde.

Eröffnet und schon zu eng

Der Umzug der BEA, die ihr tägliches Angebot auf 14 Flugpaare erhöht hatte, fand am 8. Juli 1951 statt. Einen Tag später wurden im westlichen Teil des Tempelhofer Flughafens die zivilen Abfertigungsanlagen in Betrieb genommen. Sie waren für jährlich 240 000 Passagiere konzipiert und erwiesen sich schon am Ende des Jahres als viel zu klein, da sich die Zahl der Fluggäste um 188 Prozent erhöht hatte.

Für den Sommer 1951 wies der Flugplan täglich insgesamt 14 Flugpaare der BEA aus, bis zu acht der PanAm und drei der Air France, die inzwischen ihre Dienste auf die Routen nach Frankfurt-Paris, München und Nürnberg reduziert

Nach dem Umzug nach Tempelhof setzte die BEA noch die zweimotorige DC-3 »Dakota« ein. 10 550 zivile und militärische Exemplare wurden von dem am 17. Dezember 1935 erstmals geflogenen Muster hergestellt. Bei einer Spannweite von 28,9 Metern, einer Länge von 19,6 Metern und einer Startmasse von 11,8 Tonnen konnte die Maschine 24 Passagiere bis zu 2 650 Kilometer weit befördern, wobei sie eine Geschwindigkeit von 330 km/h erreichte. *Foto: BFG*

1954 ersetzte die BEA ihre veralteten »Viking« und DC-3 durch die speziell für sie entwickelte »Elizabethan«. Der elegante Hochdecker verfügte über eine Druckkabine und konnte 47 Passagiere 400 km/h schnell über Distanzen von 1 630 Kilometern befördern. Das Flugzeug hatte eine Spannweite von 35,1 Metern, eine Länge von 24,7 Metern und eine Startmasse von 23,8 Tonnen, doch trotz ihrer guten Flugeigenschaften wurden nur 23 Exemplare – 20 davon für die BEA – gebaut. *Foto: BEA*

hatte. Auch die BEA stellte ihre ersten deutschen Stewardessen ein, die allerdings nur auf den innerdeutschen Routen arbeiten durften.

Mit Beginn des Sommerflugplans 1952 erhöhte die BEA ihr Angebot auf täglich 16 Flugpaare. Allein die Hannover-Route wurde bis zu siebenmal in beiden Richtungen bedient. Mit täglich sechs Flugpaaren folgte die PanAm; die Air France mit fünf. Alle drei Airlines führten ein gespaltenes Tarifsystem aus Tages- und Nachtflügen ein, das auch noch in den folgenden Jahren zu manchen Irritationen führen sollte.

Am 29. April 1952 schlug die Nachricht wie eine Bombe ein, daß eine DC-4 der Air France im südlichen Luftkorridor von sowjetischen Jägern beschossen worden sei: Die Maschine mit elf Passagieren und sechs Besatzungsmitgliedern wurde über Dessau von zwei MiG-15 angegriffen und dabei erheblich beschädigt, zwei Passagiere schwer, zwei weitere und ein Steward leicht verletzt. Dem Piloten gelang es, in eine Wolkenbank zu entkommen und in Tempelhof zu landen. Ein scharfer westalliierter Protest in Moskau erntete nur Gegenbeschuldigungen. Für den Berlin-Flugverkehr hatte der Zwischenfall jedoch keine Folgen, weder Fluggesellschaften noch Passagiere ließen sich durch diese Provokation beeinflussen.

Die Folgen des 17. Juni

Der Sommerflugplan 1953 wies täglich 30 Flugpaare aus (BEA 14, PanAm elf, Air France fünf). Am 17. Juni kam es zum Volksaufstand in der DDR, und es strömten mehr Flüchtlinge in den Westteil der Stadt. Immer mehr West-Berliner scheuten zudem die DDR-Kontrollen auf den Transitstrecken. Auch die »kommerzielle Luftbrücke« verzeichnete einen Rekord im Frachtumschlag. Dankbar registrierten die Berliner im Sommer eine Geste der US-Luftwaffe, die 1 500 Kinder kostenlos zu Gasteltern nach Westdeutschland und nach Ferienende zurück beförderte.

1956: Eine »Elizabethan« der BEA und dahinter eine DC-4 der Air France werden unter dem Hallendach in Tempelhof startbereit gemacht.
Foto: BFG

Tempelhof auf Platz 1

Im Sommerflugplan 1954 bot die PanAm nunmehr täglich 15 Flugpaare an; die BEA fiel an die zweite Stelle mit elf Flugpaaren zurück. Ursache war die Ausmusterung der alten DC-3 und Vickers »Viking«, die durch die moderneren Airspeed »Ambassador« – bei der BEA als »Elizabethan« bezeichnet – ersetzt wurden. Sie waren größer und schneller als die DC-3 und verfügten über eine Druckkabine. Die Einführung dieses Flugzeugtyps, der nicht die Robustheit der Flugzeug-Veteranen aufwies, führte allerdings zu zahlreichen »Kinderkrankheiten«, die den Flugplan der BEA kräftig durcheinander brachten, und Flugzeugmangel war der Hauptgrund für das reduzierte Angebot.

Mit Stolz konnte die BFG zum Jahresende melden, daß der Flughafen Tempelhof mit insgesamt 671 555 Flugpassagieren nunmehr auf Platz 1 in Deutschland und auf Platz drei in Europa hinter London und Paris rangierte. Dank der »kommerziellen Luftbrücke« lag Tempelhof mit einem Luftfrachtumschlag von 39 000 Tonnen sogar noch vor Paris und London. Mit großer Überraschung allerdings wurde auch registriert, daß im Jahr darauf die Zahl der Berlin-Passagiere um 19,4 Prozent abgenommen hatte. Über die Gründe dafür rätselten die Experten vergeblich.

Gültig ab 1. Februar 1956

PAA

PAN AMERICAN WORLD AIRWAYS

PAA-BÜROS in Deutschland und Österreich

STADT	ADRESSE	TELEFON
Berlin	Kurfürstendamm 227	91 91 11
Bonn	Wesselstraße 16	5 26 55
Bremen	Bahnhofsplatz 5-6	2 94 41
Düsseldorf	Königsallee 88	1 00 12
Frankfurt/M.	Am Hauptbahnhof 12	3 32 91
Hamburg	Colonnaden 1	35 11 01
Hannover	Luisenstraße 1	8 56 81
München	Lenbachplatz 3	5 81 71-75
Nürnberg 30	Flughafen	3 26 10
Salzburg	Makartplatz 1	35 81
Stuttgart	Königstraße 20	9 39 80
Wien	Kärntnerring 5	B 3 45 20

Wegen Auskunft und Buchungen wenden Sie sich bitte an Ihr REISEBÜRO oder PAN AMERICAN

Gedruckt in Deutschland / Printed in Germany / G. Lohse Frankfurt a. M.

Gültig ab 1. Februar 1956

PAA

PAN AMERICAN WORLD AIRWAYS

FLUGPLAN FÜR DEUTSCHLAND UND ÖSTERREICH

BERLIN

The System of the Flying Clippers

PASSAGIERE POST FRACHT

Billigpreis nach Hannover

Im Sommerflugplan 1955 mußte die BEA wegen ihrer Flottenprobleme das Angebot abermals auf nur noch sieben tägliche Flugpaare verringern. Dafür erhöhten PanAm (16 Flugpaare plus eine Verbindung nach New York) und Air France (sechs Flugpaare) die Zahl ihrer Flüge. Auf Drängen des Senats, der für politisch gefährdete Personen immer wieder eine preiswerte Flugverbindung nach Hannover verlangt hatte, reduzierten BEA und PanAm am 1. Juni 1955 die Preise auf dieser Route auf 65 DM für den Hin- und Rückflug. BEA bot hier täglich drei Flugpaare an, die PanAm vier. Alsbald setzte eine starke Nachfrage ein.

Abflug — ZENTRALFLUGHAFEN BERLIN

Luftverkehrsgesellschaft	Flug Nr.	Uhrzeit	Flugstrecke (nach:)	Flugdaten	Flugpreise in DM Einfach	Hin- u. Rückfl. 1 Jahr gültig	Verbilligte Flüge
PA	091*	**06.30**	**Hannover** (07.35)	täglich	62.—	—	75.—
BE	086*	**07.10**	**Düsseldorf** (09.00) **London**	täglich	▬ 115.—	—	▬ 145.—
AF	767*	**07.20**	**Frankfurt** (09.00)	täglich	89.—	—	130.—
PA	183*	**07.20**	**Frankfurt** (09.00)	täglich	89.—	—	130.—
PA	193*	**07.45**	**Hamburg** (09.00)	1 - 6	65.—	—	82.—
PA	185	**09.30**	**Frankfurt** (11.10)	1 - 6	89.—	159.—	
BE	096	**09.30**	**München** (11.45)	täglich	112.—	183.—	
AF	775	**09.45**	**München** (12.10)	täglich	112.—	183.—	
PA	195	**10.30**	**Hamburg** (11.45)	täglich	65.—	106.—	
BE	052	**11.30**	**Hamburg** (12.35)	täglich	65.—	106.—	
PA	093	**11.30**	**Hannover** (12 35)	1 - 6	62.—	102.—	
PA	179	**12.00**	**München** (14.30)	täglich	112.—	183.—	
AF	781	**12.40**	**Nürnberg** (14.30) **(Stuttgart** 15.55)	tägl. (1-5)	83.—	149.—	
PA	187	**13.45**	**Frankf.** 15.25 **(Stuttg.-Münch.** 17.30)	tgl. (a.Di.)	89.—	159.—	
BE	076	**14.00**	**Hannover** (15.25)	täglich	62.—	102.—	
PA	095	**15.00**	**Hannover** (16.05)	täglich	62.—	102.—	
PA	197	**16.00**	**Hamburg** (17.15)	2 - 6	65.—	106.—	
BE	058	**16.00**	**Hamburg** (17.05)	1 - 6	65.—	106.—	
PA	145	**16.30**	**Hamburg** (17.30) **New York**	nur 1	▬ 65.—	106.—	
AF	763	**16.05**	**Frankfurt** (17.45) - **Paris**	täglich	▬ 89.—	▬ 159.—	
BE	078	**16.20**	**Hannover** (17.25)	täglich	▬ 62.—	▬ 102.—	
PA	189	**17.45**	**Frankfurt** (19.25)	täglich	89.—	159.—	
BE	080	**18.00**	**Hannover** (19.25)	täglich	62.—	102.—	
PA	199	**18.15**	**Hamburg** (19.30)	täglich	65.—	106.—	
BE	092*	**20.00**	**Köln/Bonn** (21.50)	täglich	115.—	—	145.—
PA	097*	**20.00**	**Hannover** (21.05)	täglich	62.—	—	75.—
AF	771*	**20.00**	**Düsseldorf** (21.50)	täglich	115.—	—	145.—
PA	191*	**20.00**	**Düsseldorf** (21.45) **Frankfurt** (22.40)	1 - 6	115.—	—	145.—
BE	084*	**20.10**	**Hannover** (21.15)	täglich	62.—	—	75.—
PA	099*	**22.00**	**Hannover** (23.05)	1 - 6	62.—	—	75.—

1 = Montag, 2 = Dienstag, 3 = Mittwoch usw. * = Verbilligte Nachtflüge.
AF = Air France / BE = British European Airways / PA = Pan American World Airways.
( ) = Ankunftszeit. / ▬ = Flugpreis ausschließlich Weiterflug in das Ausland.

Luftverkehrsgesellschaft	Flu[g] Nr.
BE	06
PA	19
BE	09.
PA	09
AF	77
PA	19
PA	18
AF	76
PA	19
PA	18
PA	09
BE	05
BE	09
AF	77
PA	18
AF	78
BE	07
PA	09
PA	17
PA	14
BE	06
BE	08
PA	19
PA	19
BE	08
PA	18
BE	08
AF	76
PA	09
PA	09

…eis: Ankünfte erfo…

Air-France Tel. 9…
Kurfürstendamm

EMPELHOF *Ankunft*

eit	Flugstrecke (von:)	Flugdaten
45	**Hannover** (07.45)	täglich
55	**Frankfurt** (06.15) **Düsseldorf**	1 - 6
00	**Köln/Bonn** (07.30)	täglich
00	**Hannover** (07.55)	täglich
00	**Düsseldorf** (07.15)	täglich
45	**Hamburg** (09.30)	1 - 6
10	**Frankfurt** (09.30)	täglich
35	**Frankfurt** (10.00)	täglich
25	**Hamburg** (12.10)	täglich
25	**Frankfurt** (11.45)	1 - 6
20	**Hannover** (13.15)	1 - 6
00	**Hamburg** (14.00)	täglich
00	**München** (12.55)	täglich
15	**München** (13.00)	täglich
25	**Frankfurt** (14.45)	täglich
55	**Nürnberg** (15.10) (**Stuttgart** 13.30)	tägl. (2-6)
15	**Hannover** (16.00)	täglich
35	**Hannover** (16.30)	täglich
45	**München** (15.15)	täglich
30	**Hamburg** (17.30) von New York	nur 7
45	**Hamburg** (17.45)	1 - 6
00	**Hannover** (18.00)	täglich
00	**Hamburg** (17.45)	2 - 6
15	**Hamburg** (20.00)	täglich
40	**Düsseldorf** (20.00)-**London**	täglich
40	**Frankfurt** (20.00)	täglich
45	**Hannover** (20.30)	täglich
50	**Frankfurt** (20.15) - **Paris**	täglich
35	**Hannover** (21.30)	täglich
35	**Hannover** (23.30)	1 - 6

il 15 bis 20 Minuten vor der planmäßigen Landezeit. Änderungen vorbehalten!

British European Airways
BEA Kurfürstendamm 16, T. 66 00 12

Pan American World Airways
Kurfürstendamm 227, T. 91 91 11

Mariendorf

NÄCHSTE RENNTAGE

Donnerstag 1. Juli / Montag 5. Juli / Donnerstag 8. Juli Sonntag 11. Juli **(Berliner Pokal)** / Donnerstag 15. Juli Sonntg. 18. Juli **(Präsidenten-Preis)** / Donnerstag 22. Juli Sonntag 25. Juli **(Deutsches Traber-Derby)** / Donnerstag 29. Juli

Zu politischen Auseinandersetzungen kam es, als die Sowjetunion am 20. September 1955 in einem Briefwechsel mit der DDR ihren Beschluß vom 25. März 1954 bekräftigte, mit dem der DDR die volle Souveränität bescheinigt worden war. In ihrem Schreiben, das den westlichen Alliierten zur Kenntnis gebracht wurde, erklärte die Sowjetunion, der Verkehr zwischen Berlin und Westdeutschland auf dem Luftwege und damit das Überfliegen des Territoriums der DDR in den Luftkorridoren, soweit er nicht der Versorgung der alliierten Garnisonen in West-Berlin diene, werde von keinerlei Abmachungen berührt. Im Klartext hieß das, dieser Verkehr falle in die Zuständigkeit der DDR, die ein Mitspracherecht habe. Die drei Westalliierten antworteten mit der Feststellung, daß Abkommen zwischen der Sowjetunion und der DDR keinen Einfluß auf die Wirksamkeit der Viermächte-Vereinbarungen hätten. Die Westmächte würden keine Beschränkungen für die Nutzung der Flugkorridore anerkennen und die Sowjetunion für die Luftsicherheit verantwortlich machen, die Moskau zu gewährleisten habe. Eine irgendwie geartete Mitsprache der DDR gäbe es nicht. Tatsächlich blieb die Auseinandersetzung zwischen der Sowjetunion und den Westmächten ohne Einfluß auf den Berlin-Flugverkehr.

Der erste Ferienflug

Ohne Besonderheiten verlief das Jahr 1956. Mit täglich 18 Flugpaaren und der Eröffnung einer weiteren Linie nach Stuttgart stärkte die PanAm ihre Position in Berlin. Der Sommerflugplan der BEA verzeichnete täglich acht Flugpaare, jener der Air France sechs.

Eine »Viscount« der BEA und eine »Super-G-Constellation« (rechts) der Air France auf dem Vorfeld in Tempelhof.
Foto: BFG

Am 15. April veranstaltete das Reisebüro Mars als erstes West-Berliner Unternehmen einen Ferienflug nach Mallorca. Für die Flüge wurde die britische Fluggesellschaft Independent verpflichtet, die eine Vickers »Viking« in Tempelhof stationierte. Das Flugzeug bewältigte die Strecke nach Palma mit einer Zwischenlandung in Basel (später in Lyon) in sieben Stunden. Eine 15tägige Pauschalreise kostete damals übrigens 497 DM inklusive Vollpension.

Erstmals Millionengrenze überschritten

BEA und PanAm verstärkten im Jahr 1957 ihren Flugplan weiter. Die PanAm bot täglich 21 Flugpaare an, davon allein sieben auf der Frankfurt-Route. Die BEA erweiterte ihr Angebot auf täglich 13 Flugpaare, acht davon auf der Hannover-Strecke. Nur die Air France reduzierte auf täglich vier Flugpaare nach Frankfurt, Paris, München und Düsseldorf. Nunmehr bahnte sich auch eine Modernisierung der Flotten an. Die BEA gab das erste Turbopropflugzeug, die Vickers »Viscount«, in Auftrag, das auch auf den Berlin-Strecken zum Einsatz kommen sollte. Die Air France ersetzte zunächst auf der Linie Berlin–Frankfurt–Paris die DC-4 durch die größeren und komfortableren Lockheed »Super Constellations«, die bei den Triebwerkprobeläufen vor dem Start in Tempelhof die Scheiben erzittern ließen.

Am Ende des Jahres konnte die BFG melden, daß in Tempelhof 1 092 510 Passagiere abgefertigt worden seien. Dies war ein Plus von 2,3 Prozent gegenüber 1956.

Die Air France setzte auf ihren Berlin-Flügen auch die »Super-G-Constellation« mit 99 Sitzen ein, die eigentlich von Lockheed als Interkontinental-Flugzeug konzipiert worden war und 1955 zum ersten Mal flog. Sie hatte eine Spannweite von 37,6 Metern, eine Länge von 34,6 Metern, war 62,3 Tonnen schwer und flog mit 550 km/h 9 400 Kilometer weit. 149 Exemplare dieser Version wurden gebaut, und auch bei der Capitol Airways flogen vier Maschinen für Berliner Reiseveranstalter. *Foto: BFG*

Im November 1957 begann die BEA mit der Umrüstung ihrer Berlin-Flotte auf die hochmoderne Vickers »Viscount 800«, das erste Turboprop-Flugzeug der Welt. Die 500 km/h schnelle 800er Version hatte erst 1957 ihren Erstflug absolviert, war 26,1 Meter lang und 32,8 Tonnen schwer, hatte eine Spannweite von 28,5 Metern und eine Druckkabine für 75 Passagiere. 429 »Viscounts« aller Versionen wurden gebaut. *Foto: BEA*

BEA fliegt mit der »Viscount«

Weiterhin steigende Nachfrage veranlaßten BEA und PanAm 1958, ihre Flugpläne zu verstärken. Mit einer Flotte von sieben DC-4 legte die PanAm täglich 26 Flugpaare auf und steuerte nun alle wichtigen westdeutschen Flughäfen an. Die BEA meldete täglich 14 Flugpaare, die Air France vier. Sie beflog jetzt alle Berlin-Strecken mit den größeren »Constellations«.

Am 1. November begann die BEA mit der Umrüstung ihrer Berlin-Flotte auf die »Viscount«. Damit erhöhten sich Komfort und Sitzplatzangebot überdurchschnittlich. Allerdings beugte sich die Gesellschaft der fiktiven Flugobergrenze von 3 000 Metern in den Luftkorridoren, obwohl die »Viscounts« mit ihren Druckkabinen erst in größeren Höhen wirtschaftlich operieren konnten.

Als der sowjetische Parteichef Chruschtschow am 27. November 1958 das sogenannte Berlin-Ultimatum verkündete und die Umwandlung West-Berlins in eine »freie Stadt« forderte, kam es hier zu erheblichen Erschütterungen. Im Vertrauen auf die Standhaftigkeit der westlichen Alliierten blieb aber die Lebensfähigkeit West-Berlins erhalten. Der Flugverkehr verlief reibungslos, wenngleich nunmehr die Zahl der Flüchtlinge stieg, die ausgeflogen werden mußten.

Tempelhof wird ausgebaut

Mit täglich nunmehr 90 Flugbewegungen allein im Linienverkehr war die Kapazität der Flughafen-Anlagen im Sommer 1959 überfordert. Der Berliner Senat mit seinem aktiven Verkehrssenator Theuner, aber auch die Bundesregierung drängten nun die Amerikaner, die im Kriege nicht mehr ausgebaute große Abfertigungshalle freizugeben, damit sie für den zivilen Betrieb hergerichtet werden konnte. Im September 1959 erteilten diese ihre Zustimmung, und die Arbeiten, die sich über mehrere Jahre erstreckten, konnten beginnen.

Am 3. Oktober überraschte die Air France die BFG mit der Mitteilung, sie wolle von 1960 an auch in Berlin das erste französische Strahlverkehrsflugzeug, die zweistrahlige Sud-Est »Caravelle«, einsetzen. Dieses Flugzeug, das in seiner ersten Version bei der Landung noch einen Bremsschirm nutzte, konnte auf den verhältnismäßig kurzen Bahnen in Tempelhof nicht operieren. Nur zu gerne gaben die Franzosen ihren in der Blockadezeit gebauten Flughafen Tegel frei, damit die Air France dort fliegen konnte. In aller Eile ließ die BFG nun, beginnend mit dem 9. November, provisorische Abfertigungsanlagen in Tegel-Nord errichten.

Inzwischen fand auch die Flugtouristik immer mehr Anhänger. Der neu gegründete Berliner Flug Ring verpflichtete die britische Overseas Aviation, die eine viermotorige »Argonaut« in Tempelhof stationierte. Auf dem Ferienflugprogramm standen Ziele in Spanien, Italien, Tunesien und Österreich. Auch andere Veranstalter traten auf den Plan, die ihrerseits alliierte Fluggesellschaften unter Vertrag nahmen.

Obwohl sich die Passagierflugzeuge bei ihren Korridorflügen an die fiktive Höhenbegrenzung von 3 000 Metern hielten, beharrten die Amerikaner auf dem Recht, die Korridore in jeder Höhe zu nutzen. Als am 1. April 1959 eine US-Transportmaschine Lockheed »Hercu-

Mit dem Sommerflugplan 1958 setzte die Air France auf der Paris-Route die »Super-G-Constellation« und auf innerdeutschen Strecken die kleinere »Constellation« ein. Dieses Muster der amerikanischen Lockheed-Werke hatte im Januar 1943 seinen Erstflug absolviert und konnte 65 Passagiere bis zu 4 800 Kilometer weit befördern. Die Spannweite betrug 37,4 Meter, die Länge 29 Meter, die Startmasse 43,5 Tonnen, und die Geschwindigkeit lag bei 450 km/h. Insgesamt wurden 135 Maschinen gebaut.
Foto: Air France

les« demonstrativ in 9 000 Metern Höhe nach Berlin flog, kam es zu einem ersten Zwischenfall – sowjetische Jäger bedrängten sie mehrfach, und in den nächsten Tagen folgten weitere Aktionen. Bereits am 4. April protestierte die Sowjetunion in einer Note an Washington gegen die »grobe Verletzung der Flugordnung in den Luftkorridoren«. Am 13. April 1959 antwortete die amerikanische Regierung mit der Feststellung, Flüge amerikanischer Flugzeuge in den Luftkorridoren bedürften keiner vorherigen Genehmigung des sowjetischen Vertreters in der alliierten Luftsicherheitszentrale. Die USA würden keine Beschränkung ihres Rechts dulden, in den Korridoren in jeder beliebigen Höhe zu fliegen. Die britische Regierung schloß sich am 20. April 1959 der amerikanischen Auffassung an, obwohl in der britischen Öffentlichkeit das demonstrative Vorgehen der USA teilweise kritisiert worden war.

Die Bilanz des ersten Jahrzehnts des Berlin-Flugverkehrs verzeichnete 7,6 Millionen Passagiere. Der zivile Luftverkehr von und nach Berlin war trotz aller Beschränkungen zur Normalität geworden.

Die ereignisreichen sechziger Jahre

Dem Berlin-Flugverkehr standen in den sechziger Jahren zahlreiche Ereignisse bevor: Der Mauerbau und daraus resultierend die Einführung der Fluggast-Subvention, die Inbetriebnahme des Flughafens Tegel-Nord und der Beginn des Strahlflugverkehrs. Die Fluggesellschaften vervollständigten ihre Flugpläne; immer deutlicher wurde die Vormachtstellung der PanAm.

Blumengruß für den ersten Passagier

Die mit einem Aufwand von 200 000 DM erstellten Abfertigungsanlagen in Tegel-Nord wurden am 2. Januar 1960 mit der Landung der ersten »Super Constellation« der Air France eröffnet, und in Anwesenheit zahlreicher Prominenz erhielt der erste Passagier der aus Düsseldorf gekommenen Maschine einen Blumenstrauß. Die Air France allerdings konnte sich des neuen Flughafens nicht so recht erfreuen. Obwohl sie bereits am 24. Februar mit der Umrüstung auf die »Caravelle« begann, ließ die Nachfrage aufgrund des mageren Angebots – fünf Flugpaare täglich nach Frankfurt, Paris, München und Düsseldorf – zu wünschen übrig. Übrigens flog auch die »Caravelle« in 3 000 Metern Höhe weit unter der Grenze eines wirtschaftlichen Betriebs, obwohl sich dadurch die Betriebskosten erheblich erhöhten.

Bereits kurz nach der Eröffnung von Tegel-Nord kam es zu interalliierten Auseinandersetzungen, weil die Luftfahrtbehörden Großbritanniens und der USA ihren Fluggesellschaften untersagt hatten, Tegel als Ausweichflughafen zu nutzen. Grund für das Landeverbot war die Tatsache, daß sich die Hausherren weigerten, detaillierte Auskunft über die Hindernissituation in der Flughafenumgebung zu geben. Die US-Luftfahrtbehörde FAA wollte daraufhin durch ihr Vermessungsflugzeug die Tegeler Landehilfen überprüfen, was die Franzosen mit der Begründung ablehnten, sie setzten ihr eigenes Vermessungsflugzeug ein, und das müsse reichen. Zur Farce wurde die Angelegenheit, als die FAA erklärte, ein einziger Flug reiche aus, jedoch müßten die Franzosen die Kosten in Höhe von 5 000 DM übernehmen. Diese bezeichneten den Flug wiederum als überflüssig. BEA und PanAm sagten, die Flugsicherheit sei nicht ihr Problem, und der Senat verwies auf die alleinige Zuständigkeit der Alliierten im Flugverkehr. Der öffentliche Streit berührte diese nun doch unangenehm, und sie lösten den Konflikt in aller Stille. Jetzt konnten

Ab 1960 setzte die Air France die »Caravelle« auch in Berlin ein. Der Typ hatte am 25. Mai 1955 seinen Jungfernflug absolviert und war einer langen Flugerprobung unterzogen worden, bevor er die Zulassung erhielt. Die Maschine konnte 99 Passagiere 805 km/h schnell über 3500 Kilometer befördern. Ihre Spannweite betrug 34,3 Meter, die Länge 32 Meter und die Startmasse 46 Tonnen. Von den einzelnen Versionen der »Caravelle« wurden 280 Exemplare gebaut. *Foto: BFG*

Die ersten Versionen der »Caravelle« waren mit einem Bremsschirm ausgerüstet, da es noch keine Schubumkehr gab. Der Pilot zog den Schirm, wenn die Landegeschwindigkeit zu hoch war.
Foto: BFG

Im Sommer 1960 rüstete auch die PanAm ihre Berlin-Flotte um und stellte die DC-6 mit Druckkabine in Dienst. Der Typ, der 84 Passagiere befördern konnte, hatte am 15. Februar 1946 den Erstflug absolviert und konnte dank seiner geringen Landegeschwindigkeit auch auf kurzen Pisten landen. Die Spannweite betrug 35,8 Meter, die Länge 33,2 Meter, die Startmasse 45,5 Tonnen, die Reichweite lag bei 5 000 Kilometern und die Reisegeschwindigkeit bei 460 km/h. Insgesamt wurden mehr als 700 Maschinen gebaut.
Foto: PanAm

Eine DC-6 der PanAm wird in Tempelhof gewartet.
Foto: BFG

Am 16. September 1960 wurde erstmals ein Lufthansa-Flugzeug getauft, und der Regierende Bürgermeister von West-Berlin, Willy Brandt, gab der Boeing 707 D-ABOC den Namen »Berlin«.
Foto: Lufthansa

alle Flugzeuge ungehindert in Tegel operieren.

BEA und PanAm, nunmehr allein in Tempelhof, verdichteten ihre Flugpläne weiter: BEA mit täglich 16, PanAm mit 29 Flugpaaren. Die PanAm sah sich jetzt auch in der Flottenpolitik vor einer Herausforderung, weil die BEA mit der »Viscount« und die Air France sogar mit Strahlflugzeugen verkehrten, und sie ersetzte ihre betagten DC-4 durch die größeren DC-6 mit Druckkabine. Am 30. Juli fand der letzte Flug einer DC-4 der PanAm statt.

Anfang 1960 scheiterte der Versuch britischer Kaufleute, die eine Fluggesellschaft mit dem Namen Air Berlin gegründet hatten, eine Auto-Luftbrücke zwischen Tempelhof und Braunschweig zu errichten. Mit Flugzeugen des Typs Bristol 170, die jeweils drei PKW und 20 Passagiere befördern konnten, sollten täglich 17 Flugpaare aufgelegt werden. Die Zustimmung der britischen zivilen Luftfahrtbehörde und der drei Luftfahrtattachés lag bereits vor, doch die deutschen Behörden verweigerten die beantragte Fluggast-Subvention mit der Erklärung, Mittel stünden nur für die Hannover-Strecke, nicht aber für einen Dienst nach Braunschweig zur Verfügung. Auch eine Ermäßigung der Landegebühren, wie sie bei ähnlichen Flügen über den Ärmelkanal üblich waren, lehnte man ab. So wurde die Air Berlin wieder aufgelöst, bevor sie abgehoben hatte.

Einbruch nach dem Mauerbau

Mit täglich 32 Flugpaaren der PanAm und 19 der BEA lag 1961 ein attraktiver Sommerflugplan vor. Der ständig steigende Flüchtlingsstrom sorgte dafür, daß nunmehr alle Sitze in den Flugzeugen belegt waren. Doch am 13. August schloß die DDR-Regierung die bis dahin offene Grenze zu West-Berlin und begann mit dem Bau der Mauer. Das brachte die Wende für den Berlin-Luftverkehr: Bereits im September wurde ein Minus von 13,7 Prozent in den Passagierzahlen registriert, im November waren es sogar 18,3 Prozent. BEA und PanAm schränkten zum Winterflugplan die Zahl ihrer Flüge deutlich ein.

Die rückläufigen Passagierzahlen und die Verringerung der Flüge ließen in Berlin und Bonn die Sorge aufkommen, daß die Rentabilität des Flugverkehrs gefährdet werden könnte. Die Bundesregierung erklärte, sie sei bereit, mit einer Fluggast-Subvention helfend einzugreifen. Es begannen schwierige Beratungen mit den Fluggesellschaften, in welcher Form die unterschiedlichen Tages- und Nachttarife subventioniert werden könnten. Bis zum Jahresende wurde jedoch keine Einigung erzielt.

Die Fluggast-Subvention

Die Fluggast-Subvention, für die Bonn zunächst 25 Millionen DM bereitgestellt hatte, wurde zum 1. März 1962 eingeführt. Unverzüglich setzte eine starke Nachfrage nach Berlin-Flügen ein. Die Zahl der Passagiere stieg bis zum 30. Juni bereits um 25 Prozent. Die Fluggesellschaften reagierten sofort, und noch im

Laufe des Sommerflugplans erhöhten sie die Zahl der Flüge: Die BEA auf täglich 23 Flugpaare, die PanAm auf 34. Nur die Air France begnügte sich mit einem zusätzlichen Flugpaar in Tegel. Mit zum Teil identischen Startzeiten auf den einzelnen Linien lieferten sich BEA und PanAm eine heftige Konkurrenz und legten zur Jahreswende angesichts einer stürmischen Nachfrage 200 Sonderflüge ein, für die sie zusätzliche Maschinen nach Tempelhof beorderten. Die PanAm verhängte sogar eine Urlaubssperre für ihre Mitarbeiter.

Auch der Flughafen Tempelhof war nun für einen höheren Passagieransturm gerüstet, denn am 2. Juli 1962 ging die große Abfertigungshalle in Betrieb. Nach den sechs Millionen DM teuren Bauarbeiten verfügte Tempelhof über eine Tageskapazität für 10 000 Passagiere.

Ein Sommer der Rekorde

Angesichts weiter steigender Nachfrage erhöhten die Fluggesellschaften 1963 erneut ihr Angebot: BEA mit täglich 28 Flugpaaren, PanAm mit 38 und Air France mit sieben. Allein in den Sommermonaten beförderten sie 778 000 Passagiere. Die BEA hatte in Tempelhof neun »Viscounts« stationiert, die PanAm neun DC-6. Nun trieb die BFG ihre Pläne für den Bau neuer Abfertigungsanlagen in Tegel-Süd voran, die das Provisorium in Tegel-Nord ersetzen sollten. Am 24. Juli übergab der Senat den französischen Militärbehörden den Generalausbauplan mit einer Kapazität von jährlich drei Millionen Passagieren in der ersten Baustufe. Bereits am 10. September gaben die Franzosen ihre Zustimmung.

Die Airlines schaffen sich Probleme

Mit täglich 44 Flugpaaren der PanAm und 38 der BEA verschärften die beiden Fluggesellschaften 1964 ihren Wettbewerb in Tempelhof. Auch die Air France ging nun in die Vollen: Die Düsseldorf-Route wurde gestrichen, dafür aber täglich acht Flugpaare nach Frankfurt und vier nach München aufgelegt. In der

Am 31. Mai 1964 eröffnete die PanAm eine Linie von Tegel nach New York, für die sie eine vierstrahlige DC-8 einsetzte. Das Konkurrenzmuster zur Boeing 707 hatte im Mai 1958 den Jungfernflug absolviert und konnte 173 Passagiere mit 893 km/h über 6 630 Kilometer befördern. Die Spannweite betrug 43,4 Meter, die Länge 45,8 Meter und die Startmasse 123,8 Tonnen. Von allen Versionen wurden 294 Exemplare hergestellt. *Foto: BFG*

Hauptsache spielte sich der Konkurrenzkampf auf den Linien nach Frankfurt (täglich 25 Flugpaare) und nach Hannover (22) ab, doch die Airlines bezahlten diese Ausweitung des Verkehrs mit sinkender Auslastung.

Am 31. Mai eröffnete die PanAm ihre erste Direktlinie nach New York. Eine DC-8 startete in Tegel und flog dreimal wöchentlich über Glasgow in die amerikanische Metropole. Die Sowjetunion bezeichnete diesen Flug in einer Protestnote vom 22. Juni als rechtswidrig, weil die Zustimmung der DDR nicht eingeholt worden sei. Am 22. August antworteten die USA mit der Feststellung, sie bestünden auf ihrem uneingeschränkten Flugrecht in den Luftkorridoren. Als am 1. November 1964 die BEA ihren ersten Nonstop-Flug von Tempelhof nach London eröffnete, schickte Moskau zunächst die DDR vor, die in London protestierte. Nach der Zurückweisung erhob der sowjetische Vertreter in der Luftsicherheitszentrale Einspruch und erklärte, er könne die Sicherheit dieser Flüge nicht garantieren. Die drei Westmächte machten ihn jedoch darauf aufmerksam, daß er alle alliierten Flüge flugsicherheitsmäßig zu garantieren habe. Die Auseinandersetzungen über die Nonstop-Flüge zogen sich noch über Jahre hin, ohne daß es tatsächlich zu Problemen kam.

Nachdem nun auch in den USA mit der Boeing 727 und in Großbritannien mit der BAC 1-11 Kurz- bis Mittelstrekken-Strahlflugzeuge entwickelt worden waren, stellten die Amerikaner vertrauliche Überlegungen an, wie der Flughafen Tempelhof erweitert werden könne. Zur Diskussion stand der Bau einer neuen Startbahn quer über das Tempelhofer Feld bis in die Hasenheide. Die Pläne wurden jedoch alsbald wieder zu den Akten gelegt. Immerhin bewies der Probeflug einer Boeing 727 des Herstellerwerkes am 2. Dezember nach Tempelhof, daß dieser Typ auf innerstädtischen Flughäfen problemlos operieren konnte.

Ruf nach Kapazitätskontrolle

Das Überangebot vor allem auf der Frankfurt-Route nahm 1965 der Deutschland-Direktor der BEA zum Anlaß, eine Kapazitätskontrolle im Berlin-Flugverkehr zu fordern, da anderenfalls eine kräftige Flugpreiserhöhung drohe. Indessen waren die Passagiere nicht die richtige Adresse dafür, denn das Problem war von den Airlines hausgemacht, die schließlich die Zahl der Flüge nach Frankfurt verringerten. Dennoch stieg das tägliche Angebot der drei Airlines im Sommerflugplan auf 99 Flugpaare. Mitte April traten dann weltweit die PanAm-Piloten in den Streik, nur der Berlin-Verkehr wurde aus Rücksicht auf seine politische Bedeutung von diesem Arbeitskampf ausgenommen. Am 19. März bereits hatte die PanAm einen Kaufvertrag mit den Boeing-Werken abgeschlossen und für die Berlin-Dienste acht Boeing 727 bestellt, die ab April 1966 die nunmehr 17 in Tempelhof stationierten DC-6 ersetzen sollten. Die BEA kündigte daraufhin an, sie werde weiterhin mit ihren »Viscounts« fliegen, dafür aber einen Erster-Klasse-Service anbieten.

Am 1. Juli veröffentlichte die BFG eine Ausschreibung für den Bau des neuen Flughafens Tegel-Süd, während in Tegel-Nord zunächst drei weitere Abfertigungspavillons mit einem Aufwand von 1,5 Millionen DM errichtet wurden.

1966 rüstete die PanAm ihre Berlin-Flotte auf die Boeing 727 um, das erste amerikanische Mittelstrecken-Strahlverkehrsflugzeug, das dank eines neuartigen Klappensystems auch auf kleineren Flughäfen operieren konnte. Der Prototyp war am 9. Februar 1963 erstmals geflogen und hatte im Dezember 1963 die Zulassung erhalten. Die Spannweite betrug 32,9 Meter, die Länge 41,9 Meter und die Startmasse 73,2 Tonnen. Die Maschine konnte 128 Passagiere mit 870 km/h über 3 300 Kilometer befördern. Auch zahlreiche andere Airlines setzten diesen Typ im Berlin-Verkehr ein. *Foto: PanAm*

Komfort gegen Geschwindigkeit

Mit Beginn des Sommerflugplans 1966 setzte die PanAm die Boeing 727 auf den Berlin-Strecken ein. Mit gewisser Besorgnis wurde aber registriert, daß zugleich die Zahl der Flüge sank, weil die Düsenmaschinen nicht nur schneller waren, sondern auch erheblich mehr Sitzplätze aufwiesen. Die PanAm legte insgesamt 40 Flugpaare auf. Zum 1. Mai begann dann bei der BEA der »Silver-Star-Service«. Die »Viscounts« wurden umgerüstet, die Zahl der Sitze von 66 auf 53 reduziert. Nach dem Motto Komfort gegen Geschwindigkeit führte man zudem den angekündigten Erster-Klasse-Bordservice ein und erhöhte die Zahl der Flüge auf 84.

Diese Maßnahmen führten bei der noch allein in Tegel operierenden Air France zu starken Passagiereinbußen. Die Auslastung der »Caravelle« ging auf 44,9 Prozent zurück, und die Deutschland-Direktion konstatierte: »Die Air France bringt die hohen finanziellen Opfer für den Berlin-Verkehr nur in Anbetracht der außergewöhnlichen menschlichen und politischen Lage Berlins.« Indessen war auch der BEA klar, daß sie auf Dauer mit ihren »Viscounts« nicht konkurrenzfähig bleiben konnte. Nachdem am 29. Januar der Demonstrationsflug einer BAC 111 in Tempelhof stattgefunden hatte, bestellte die Fluggesellschaft am 18. November 18 Flugzeuge der modifizierten Version BAC 111-500 für die Berlin-Dienste.

Der Strahlbetrieb der PanAm wurde

von den Passagieren begrüßt, von den Anwohnern des Flughafens Tempelhof jedoch mit gemischten Gefühlen betrachtet, denn beträchtlichen Lärm verursachten vor allem nächtliche Probeläufe nach Triebwerkwechseln. Der Ruf nach einer Lärmschutzhalle wurde laut, doch der Senat winkte ab; die nötigen 14 Millionen DM für eine solche Halle stünden nicht zur Verfügung. Unübersehbar war dabei der Hintergedanke, daß mindestens ein Teil des Strahlverkehrs in absehbarer Zeit zum neuen Flughafen Tegel-Süd verlegt werden könnte. Hier war man inzwischen vorangekommen und hatte den Architekten von Gerkan und Marg den Zuschlag für ihr Projekt gegeben. Zunächst sollte eine erste Ausbaustufe für jährlich drei Millionen Passagiere in Angriff genommen werden. Niemand ließ sich damals träumen, daß dieses Konzept zwanzig Jahre später mit einigen Umbauten für mehr als acht Millionen Passagiere herhalten müßte.

Für Berlin und seinen Flugverkehr waren auch die deutsch-sowjetischen Verhandlungen über ein Luftfahrtabkommen bedeutsam, die bereits 1965 begonnen hatten. Im Mai 1966 wurden sie vertagt, nachdem die Sowjetunion verlangt hatte, die Route von Frankfurt nach Moskau müsse über den Flughafen Schönefeld geführt werden. Mit Rücksicht auf den alliierten Berlin-Flugverkehr wurde diese Forderung zurückgewiesen.

Der 15-millionste PanAm-Passagier

Mit leichten Kapazitätserhöhungen in Tempelhof bei BEA (täglich 46 Flugpaare) und PanAm (43) begann der Sommerflugplan 1967. Air France indessen reduzierte in Tegel auf täglich zehn Flugpaare. Zusammen mit dem verstärk-

1967/68 flog im Berlin-Verkehr der BEA die »Comet IV«, die bereits im April 1958 zum Erstflug gestartet war. Sie konnte 102 Passagiere bis zu 2 960 Kilometer weit befördern und erreichte eine Geschwindigkeit von 856 km/h. Sie hatte eine Spannweite von 32,8 Metern, eine Länge von 35,9 Metern und eine Startmasse von 71,6 Tonnen. Von den 46 produzierten Flugzeugen flogen 14 in den Farben der BEA und einige auch bei Airlines, die am Berliner Flugtouristik-Markt beteiligt waren, darunter bei der Dan-Air.
Foto: BFG

ten Flugplan im Ferienflugverkehr kamen die Airlines in Tempelhof auf täglich bis zu 220 Starts und Landungen. Der Passagierandrang veranlaßte – in Absprache mit den Alliierten – die BFG zu einem zunächst unpopulären Schritt: Sie verfügte den Umzug der gesamten Flugtouristik für das Jahr 1968 nach Tegel-Nord. Der Ärger gleichermaßen bei Fluggesellschaften wie bei den Urlaubern verflog, nachdem sich die beiden größten Flugreiseveranstalter, der Berliner Flug Ring und die Flug Union Berlin, entschlossen hatten, gemeinsam zu fliegen und für die Saison 1968 die Modern Air zu engagieren, die mit modernen Convair »Coronado« flog. Für diese großen und schnellen Flugzeuge waren die Pisten in Tempelhof ohnehin zu kurz.

Die BEA, die auf ihrer Nonstop-Linie von Tempelhof nach London vom 26. April an die vierstrahlige »Comet IV« einsetzte, verlegte ihre Deutschland-Direktion von Hamburg nach Berlin und unterstrich damit die Bedeutung des Berlin-Flugverkehrs. Tempelhof war für sie der wichtigste Flughafen auf dem Kontinent geworden.

Am 23. September gab der französische Stadtkommandant den Abschluß von Ausbaumaßnahmen in Tegel bekannt. Die Startbahnen waren verlängert und für Schlechtwetterlandungen nach der Kategorie II modernisiert worden. Die US-Behörden ließen unterdessen in Tempelhof neue Rollwege für mehr als eine Million Dollar bauen, damit die schweren Strahlflugzeuge gefahrlos operieren konnten.

Das Jahr 1967 endete mit einer höchst unterschiedlichen Bilanz. Die PanAm konnte mit 2 040 820 Passagieren einen Zuwachs von 14,5 Prozent erzielen; die Auslastung der Flugzeuge lag bei 54,8 Prozent. Die BEA verlor mit ihren Turboprops trotz des Erster-Klasse-Dienstes 1,8 Prozent ihrer Passagiere und beförderte 1 041 130 bei einer Auslastung von immerhin 64,8 Prozent. Die Air France registrierte nur noch 222 015 Fluggäste in Tegel, ein Minus von 22 Prozent. Die Auslastung der »Caravelle« verringerte sich auf 39,4 Prozent.

Run auf die Hannover-Strecke

Die PanAm erhöhte 1968 ihren Flugplan auf täglich 45 Flugpaare, während sich bei der Air France angesichts der mangelhaften Auslastung in Tegel Krisenerscheinungen zeigten. Nur auf Druck der französischen Regierung, die auf einer Präsenz in Berlin bestand, wurden die Flüge aufrechterhalten, allerdings auf nunmehr sieben Flugpaare täglich gekürzt. Die Gesellschaft verhandelte insgeheim mit der Lufthansa über die Vercharterung von einigen Boeing 727, die dann mit französischen Kennzeichen in Tempelhof operieren würden. Nachdem sich diese Gespräche zerschlagen hatten, vereinbarte man mit der BEA, daß man die innerdeutschen Strecken vom 1. April 1969 an gemeinsam ab Tempelhof befliegen werde. Die BEA setzte hier zunächst die »Comet« ein und begann am 17. November 1968 mit der Umrüstung auf die BAC 111-500. Wegen des erhöhten Sitzplatzangebots der größeren Flugzeuge wurde die Zahl der Flugpaare leicht auf täglich 43 zurückgenommen. Das Unternehmen stellte für den Gemeinschaftsdienst mit der Air France die BAC 111 zur Verfügung, die die Embleme beider Airlines tragen sollten; wobei eine Beschränkung auf die Linien nach Frankfurt und München ge-

Im November 1968 rüstete die BEA ihre Berlin-Flotte auf die BAC 111-500 um, die speziell für diese Linien entwickelt worden war und im Verhältnis zum Grundmodell einen längeren Rumpf, größere Spannweite und stärkere Triebwerke hatte. Die BAC 111-500 kam mit einer Landebahn-Länge von 1 560 Metern aus und konnte so problemlos in Tempelhof operieren. Das Flugzeug, das im August 1968 den Erstflug bestanden hatte, beförderte 99 Passagiere 815 km/h schnell über 1 530 Kilometer, hatte eine Spannweite von 28,5 Metern, eine Länge von 32,6 Metern und eine Startmasse von 47,4 Tonnen. *Foto: BFG*

plant war. Die Air France selbst sollte noch mit nur einem Flugpaar nach Paris in Tegel präsent bleiben.

Im Sommer sahen sich die BEA und PanAm einer großen Herausforderung gegenüber: Am 12. Juni 1968 hatte die DDR die Visumpflicht auf den Transitstrecken eingeführt und forderte für die Hin- und Rückfahrt zwischen Berlin und Westdeutschland zehn DM von jedem Reisenden. Die Bundesregierung beantwortete diese Aktion mit der Erhöhung der Fluggast-Subvention auf der Hannover-Linie von bisher 28 DM auf 45 DM für den Hin- und Rückflug. Sogleich setzte ein wahrer Ansturm der Passagiere auf dieser Route ein, worauf die Fluggesellschaften sofort reagierten und die Zahl der Flugpaare um zusammen vier erhöhten. Allein zwischen Juli und August wurden zusätzlich 300 Sonderflüge eingelegt. Die PanAm verringerte die Zahl ihrer Flüge im Berlin-Netz und setzte die Maschinen nach Hannover ein. Für die Zeit zwischen Weihnachten und Neujahr legte sie 612 Sonderflüge ein, davon allein nach Hannover 440.

Am 13. Dezember 1968 beschloß der BFG-Aufsichtsrat den Baubeginn des neuen Flughafens Tegel-Süd für das Frühjahr 1969. Für die erste Baustufe wurden zunächst 14,6 Millionen DM bereitgestellt, und das Terminal für 3,5 Millionen Passagiere jährlich sollte 1973 betriebsbereit sein. Der Senat hatte schon am 6. Februar den Baubeginn empfohlen, für eine Nutzung des neuen Flughafens aber keine Empfehlung gegeben. Man beschränkte sich auf die Feststellung, der »wachsende Druck in Tempelhof« werde die Airlines schon zu einer Verkehrsaufteilung zwingen. Die Fluggesellschaften sahen das anders: Während die PanAm erklärte, sie könne sich einen Umzug nach Tegel vorstellen, betonte die BEA, sie werde nicht allein auf einem Flughafen bleiben.

Erster Spatenstich in Tegel-Süd

Air France und BEA eröffneten am 1. April 1969 ihren Gemeinschaftsdienst auf den Linien von Tempelhof nach Frankfurt und München mit täglich 15 Flugpaaren. Die BEA hatte zudem weitere 30 Flugpaare auf den übrigen Linien im Flugplan, während sich die Air France auf einen täglichen Nonstop-Flug von Tegel nach Paris beschränkte. Die PanAm erhöhte die Zahl ihrer Flugpaare auf 54, auf der nach wie vor stark gefragten Hannover-Route gab es von BEA und Pan-Am täglich 24 Flugpaare.

Am 12. Juni 1969 fand der erste Spatenstich in Tegel-Süd statt. Naturgemäß intensivierte sich die Diskussion, wie der neue Flughafen einmal genutzt werden solle. Ein Vorschlag der BEA, den Flugverkehr nach einzelnen Strecken aufzuteilen, wurde von der PanAm mit der Begründung zu hoher Kosten abgelehnt. Die BEA ihrerseits hielt daran fest, auf keinen Fall alleine auf einem der beiden Flughäfen zu operieren.

Die Konzentration des Linienverkehrs auf Tempelhof veranlaßte die BFG zunächst, die große Eingangshalle zu modifizieren; für 750 000 DM wurden die Abfertigungsanlagen und die Warteräume erweitert. Allerdings erschwerte die standhafte Weigerung von BEA und PanAm, Platzkarten einzuführen, die Bewältigung des Passagieransturms, weshalb vor jedem Flug eine heftige Drängelei um die günstigsten Plätze in den Flugzeugen entstand.

Mit einer gewissen Sorge wurden in West-Berlin Bemühungen der DDR registriert, den »West-Verkehr« zum Flughafen Schönefeld umzuleiten. Als erste westeuropäische Airline machte die niederländische KLM den Versuch und legte »bei Bedarf« auf dem Flug von Amsterdam nach Moskau eine Zwischenlandung in Schönefeld ein. In Bonn erkannte man nicht die Brisanz einer solchen Entwicklung. Das Bundesverkehrsministerium wollte den Vorgang »entpolitisieren«, wie man dem Berliner Senat mitteilte.

Das letzte Jahr des zweiten Jahrzehnts des alliierten Berlin-Flugverkehrs endete mit erheblichen Zuwächsen, nur die Air France konstatierte lapidar, sie habe vom 1. Januar 1961 bis zum 31. Dezember 1969 im Berlin-Verkehr einen Verlust von 73,4 Millionen Franc erlitten.

Krisen und Konflikte in den Siebzigern

Die Jahre 1970 bis 1979 standen im Zeichen eines zunächst starken Passagieranstiegs und dann eines ebenso schnellen Niedergangs infolge der deutsch-deutschen Abkommen. Ölkrisen und Fluglotsenstreiks beutelten die Fluggesellschaften und führten zu einer Serie von Flugpreiserhöhungen. Zudem blockierte Uneinigkeit unter den westlichen Alliierten wichtige Entscheidungen, und inmitten der turbulenten Ereignisse wurde der neue Flughafen Tegel-Süd in Dienst gestellt.

Dem Passagierrekord entgegen

Angesichts steigender Passagierzahlen legte die PanAm im Sommerflugplan 1970 insgesamt 55 Flugpaare mit elf Boeing 727 auf, darunter 13 nach Hannover, elf nach Frankfurt und zehn nach Hamburg. Die BEA bot mit einer Flotte von acht BAC 111-500 und zwei »Viscounts« täglich 32 Flugpaare an, darunter sieben nach Hannover; zusätzlich wurden im Gemeinschaftsdienst Air France/BEA täglich zehn Flugpaare auf der Frankfurt-Route und fünf auf der Strecke nach München veranstaltet. Die Air France startete indessen nur noch einmal täglich in Tegel nach Paris, und ebenfalls von Tegel aus flog die PanAm mit einer DC-8 mehrmals wöchentlich nach New York.

Als Tegel-Nord am 2. Januar das zehnjährige Bestehen feierte, fand das Ereignis ohne Anwesenheit eines Flugzeugs statt, da der Air-France-Flug auch noch gestrichen worden war. Auf dem aus den Nähten platzenden Zentralflughafen Tempelhof begannen am 10. März 1970 Erweiterungsbauten, die bis Weihnachten abgeschlossen waren. Zudem wurde mit einem Aufwand von 2,8 Millionen DM die Hauptstartbahn durch Überrollstrecken verlängert. In Tegel-Süd fand am 27. April 1970 die Grundsteinlegung für die erste Baustufe statt, die im Frühjahr 1974 mit einer Kapazität von jährlich fünf Millionen Passagieren betriebsbereit sein sollte.

Die in Tegel stationierte Modern Air erwarb mit der zwölfsitzigen HFB »Hansa Jet« eine zweistrahlige Maschine deutscher Produktion und eröffnete im Juli 1970 »einen Bedarfsdienst zu festen Zeiten« nach Sylt. Er währte indessen nur einen Sommer, und erst im Frühjahr 1972 richtete die BEA einen echten Linienverkehr zu der beliebten Nordseeinsel ein. Am 31. Oktober 1970 beantragte die Modern Air Linienrechte nach Saarbrücken. Obwohl sich die anderen Airlines an dieser Strecke uninteressiert

Für den Linienverkehr zwischen Tegel und Saarbrücken setzte die Modern Air eine »Hansa-Jet« ein. Die von den Hamburger Flugzeugwerken konstruierte Maschine war das erste deutsche Serien-Strahlverkehrsflugzeug und absolvierte am 4. April 1964 den Jungfernflug. Die Maschine konnte zwölf Passagiere 815 km/h schnell über eine Distanz von 2 370 km/h befördern. Die Spannweite betrug 14,4 Meter, die Länge 16,6 Meter und die Startmasse 9,2 Tonnen. Allerdings setzte sich der Typ auf dem internationalen Markt nicht durch, und es wurden nur 24 Exemplare gebaut. *Foto: BFG*

zeigten, lehnte der britische Luftfahrtattaché ab und gab seine Zustimmung erst am 1. Dezember. Der Start sollte am 1. März 1971 stattfinden.

Mehr als die deutsche Seite wurden die Alliierten aufgeschreckt, als die DDR bekanntgab, die Interflug werde vom 11. November an einen Liniendienst von Schönefeld nach Wien beginnen. Die Aufnahme des Flugverkehrs auch ohne diplomatische Beziehungen und ohne zweiseitiges Luftverkehrsabkommen wurde ermöglicht, weil die DDR-Regierung der Interflug die Verhandlungen mit der österreichischen AUA übertrug, und die Wiener Regierung stellte sich auf den Standpunkt, es handele sich nur um ein »privatrechtliches Abkommen« zwischen zwei Luftfahrtunternehmen ohne staatliche Beteiligung. In westlichen alliierten Kreisen wurde daraufhin überlegt, den Auslandsverkehr mit der Konstruktion eines »Auftragsverkehrs« zu erweitern, indem man daran dachte, die alliierten Airlines im Auftrag und im Pool mit anderen Carriern zu ausländischen Zielen starten zu lassen. Diese Bemühungen blieben jedoch zunächst ohne Erfolg.

Als die Fluggesellschaften 1970 Bilanz zogen, konnte die PanAm mit 3 393 228 Passagieren ein Plus von 14,7 Prozent verzeichnen. Air France und BEA meldeten 10,3 Prozent mehr Fluggäste, nämlich 1 724 302.

Die Sechs-Millionen-Grenze und das Transitabkommen

Zum Sommerflugplan 1971 erhöhte die PanAm mit einer auf zwölf Boeing 727 verstärkten Flotte ihr tägliches Angebot auf 58 Flugpaare. Die BEA, die inzwischen zehn BAC 111-500 und zwei »Viscounts« in Tempelhof zur Verfügung hatte, legte 39 Flugpaare auf, und Air France und BEA hatten mit ihrem Gemeinschaftsdienst zusätzlich täglich 17 Flugpaare nach Frankfurt und München im Plan.

Am 30. April wurde »Mister PanAm« Fred Beuttenmüller, der Berlin-Direktor der amerikanischen Fluggesellschaft, verabschiedet. Unter seiner Leitung hatte sie sich zur stärksten Kraft im Berlin-Verkehr entwickelt. Am 1. November 1971 verließ die letzte »Viscount« Tempelhof. Mit diesem Flugzeugtyp hatte die BEA seit November 1958 insgesamt zehn Millionen Passagiere auf 245 000 Flügen unfallfrei befördert.

Im August 1971 beschäftigte sich der Senat mit der Frage, wie der im Bau befindliche Flughafen Tegel-Süd genutzt werden könne. Er schlug vor, daß BEA und PanAm ihre Flüge nach Hamburg, Bremen, Hannover, Düsseldorf und Köln/Bonn von Tegel-Süd und die Routen nach Stuttgart, Nürnberg, Frankfurt und München von Tempelhof aus bedienen sollten. Die Fluggesellschaften nahmen diesen Vorschlag kommentarlos zur Kenntnis.

Im Frühjahr 1971 überraschten die Franzosen ihre Alliierten mit einem Alleingang: In aller Stille verordneten sie für Tegel-Nord ein Nachtflugverbot von 24.00 bis 6.00 Uhr. Betroffen waren allein die Chartergesellschaften, die zu diesem Zeitpunkt ihre Flugpläne bereits festgelegt hatten. Das kuriose Ergebnis: Nachts eintreffende Flugzeuge durften in Tegel nicht mehr landen und wurden daher nach Tempelhof umgeleitet. Ein Schelm, der da denkt, die Franzosen hätten nur bewirken wollen, daß ihre in der Umgebung von Tegel wohnenden Landsleute vom Fluglärm verschont werden sollten. Erst im März 1972 wurde das Nachtflugverbot offiziell auf beide Flughäfen ausgedehnt.

Die unendliche Saarbrücken-Geschichte

Am 1. März hatte die Modern Air den Linienverkehr von Tegel nach Saarbrücken eröffnet. Damit der geneigte Leser den Überblick über die nun folgende, unendliche Geschichte dieser Flugverbindung nicht verliert, sollen die Ereignisse zusammengefaßt und vorweggenommen werden: Angesichts schnell steigender Nachfrage erwies sich die »Hansa Jet« bald als zu klein, und die Modern Air beantragte daher die Erlaubnis, auf dieser Strecke die vierstrahlige Convair »Coronado« mit 134 Sitzplätzen einsetzen zu dürfen. Die Luftfahrtattachés entschieden, daß die »Coronado« fliegen dürfe, indessen sollte die Passagierzahl auf jene zwölf Plätze begrenzt bleiben, die auch die »Hansa Jet« bot. Also flog die »Coronado« vom 5. November an tatsächlich mit nur zwölf Fluggästen, während alle übrigen Sitze leer bleiben mußten, obwohl viel mehr Passagiere fliegen wollten. Einen solchen kuriosen Betrieb wollte die Fluggesellschaft aber nicht aufrechterhalten und stellte ihn daher bereits am 22. November wieder ein. Alle Bemühungen, die sinnlose Verfügung zu ändern, blieben erfolglos. In der angerufenen Vierergruppe legte der britische Luftfahrtattaché sein Veto ein, und die deutsche Seite schloß sich dem an, weil sie der Lufthansa nicht schaden wollte, die sonst alle Saarbrücken-Passagiere via Frankfurt verloren hätte.

Ende 1978 eröffnete die TAT mit einer Fokker F.27 den Linienverkehr zwischen Berlin und Saarbrücken. Das Flugzeug konnte 52 Passagiere über Distanzen bis zu 2 000 Kilometer befördern und hatte 1955 den Erstflug absolviert. Seine Spannweite betrug 29 Meter, die Länge 23,5 Meter, die Startmasse 19 Tonnen, und die Geschwindigkeit lag bei 470 km/h. 372 Maschinen wurden gebaut. *Foto: BFG*

Nach der Einstellung der Flüge drängten die Amerikaner die PanAm, auf dieser Linie einzuspringen. Plötzlich waren sich alle einig, und am 11. Februar 1972 fand der erste Saarbrücken-Flug der PanAm mit einer Boeing 727 statt. Wegen mangelnden Bedarfs wurde zunächst in Köln, später auch in Frankfurt eine Zwischenlandung eingelegt. Nachdem sich die Auslastung der Flüge – sie lag bei nur 18,8 Prozent – nicht gebessert hatte, stellte die PanAm die Linie am 1. April 1973 wieder ein. Erneut trat die Modern Air auf den Plan und erhielt, für die Alliierten ungewöhnlich schnell, bereits am 9. Mai 1973 die Starterlaubnis für die »Coronado«, diesmal ohne Sitzplatzbeschränkungen. Am 1. Juli 1973 fand der erste Flug statt, doch die sich abzeichnende Ölkrise machte dem Flug wiederum den Garaus, denn weil die »Coronados« viel Treibstoff verbrauchten, waren sie nicht mehr rentabel einzusetzen. Am 17. April 1974 wurde der Betrieb eingestellt.

Im Juni 1975 bewarb sich die Chartergesellschaft Aeroamerica um den Saarbrücken-Flug. Obwohl sie die Zulassung erhalten hatte, kam sie aus den verschiedensten Gründen nicht vom Boden ab. Am 17. September 1976 trat die französische Fluggesellschaft Air Alsace auf den Plan und kündigte an, sie wolle mit der zweistrahligen VFW 614 nach Saarbrücken fliegen. Sie erhielt die Zulassung der Luftfahrtattachés und die Zusage des Saarlandes, den Flugbetrieb finanziell zu unterstützen, wenn sie sich verpflichtete, mindestens zehn Jahre lang zu fliegen. Doch auch Air Alsace kam nicht in die Luft. Nach längerer Pause bewarb sich die französische Regionalfluggesellschaft TAT um Streckenrechte, und sie begann tatsächlich am 13. November 1978 mit dem Flugbetrieb. Eingesetzt wurde eine zweimotorige Fokker F.27.

Nach jahrelanger erfolgreicher Operation kam es 1983 überraschend zu einem Passagierrückgang auf der Linie, und die TAT kündigte an, sie wolle den Betrieb zum 31. Dezember einstellen. Die Luftfahrtattachés lehnten dies ab und verwiesen den Carrier auf seine Betriebspflicht, doch die TAT setzte sich durch und zog sich am 3. Januar 1984 aus Berlin zurück. Sie stand bei verschiedenen Stellen, darunter dem Flughafen Tegel, in der Kreide, und das Saarland hatte seinen Zuschuß storniert. Die britische Dan-Air zeigte sich an der Nachfolge interessiert, erhielt die finanzielle Zusage des Saarlandes und im Eilverfahren die Zulassung der Attachés. Erst nach dem Abbau des alliierten Engagements im Berlin-Verkehr zog sich die Dan-Air aus dieser Linie zurück. Sie hatte die Route schließlich erfolgreich betreiben können, zunächst mit einer BAe 748 und später mit der BAe 146.

Verbesserungen auf der Straße – Verschlechterungen in der Luft

Doch zurück zu den Ereignissen des Jahres 1971: Politisch stand es im Zeichen deutsch-deutscher Verhandlungen und von Gesprächen der Vier Mächte. Sie mündeten in die Berlin-Abkommen, die deutliche Verbesserungen der Transitverbindungen zur Folge und dementsprechend negative Wirkungen für den Flugverkehr hatten. Die Bemühungen der DDR, weiteren Westverkehr nach Schönefeld zu ziehen, wurden von den westlichen Alliierten mißtrauisch beobachtet. Bereits Anfang 1971 bedeuteten sie den skandinavischen Regierungen auf diplomatischem Wege, sie sollten die Aufnahme von Flügen der SAS nach Schönefeld verhindern. Auch die Linienverbindung zwischen Schönefeld und Wien, nach wie vor nur von der Interflug bedient, kam wieder in die Diskussion, nachdem die AUA offiziell bei den Alliierten um eine Landeerlaubnis in Tempelhof nachgesucht hatte. Zudem wurde am 11. November 1971 das deutsch-sowjetische Luftfahrtabkommen geschlossen, das der Aeroflot das Recht gab, von Moskau über Schönefeld nach Frankfurt zu fliegen, während die Lufthansa nonstop zwischen Frankfurt und Moskau fliegen sollte, aber eine Option für eine spätere Zwischenlandung in West-Berlin erhielt.

Aufsehen erregte ein Nonstop-Flug des bundesdeutschen Verhandlungsführers Egon Bahr von Westdeutschland aus direkt nach Schönefeld. Es wurde der Verdacht geäußert, die Bundesregierung könnte mit der DDR nicht nur die Verbesserungen der Landverbindung diskutieren, sondern auch deutsch-deutsche Luftfahrtfragen, jedoch unter Ausklammerung der alliierten Lufthoheit. Aber es blieb bei dieser Demonstration. Immerhin war nunmehr die Diskussion über den Berlin-Verkehr voll entbrannt. Westliche Fluggesellschaften, vor allem aber die Lufthansa, drängten auf Beteiligung am Berlin-Verkehr. Auf westlicher Seite sah man die Gefahr, daß ein möglicher Parallelverkehr zu den Luftkorridoren über die DDR die Rentabilität des alliierten Flugverkehrs gefährden würde. Vor allem sollte vermieden werden, der östlichen Seite durch das Angebot von Verhandlungen ein Mitspracherecht im Korridorverkehr einzuräumen. In dieser Situation legte BEA-Deutschlanddirektor Gillibrand ein interessantes Konzept vor: Danach sollten die drei alliierten Liniengesellschaften eine Holdinggesellschaft Air Berlin gründen, an der sich auch andere Unternehmen beteiligen könnten. Während Air France, BEA und PanAm ihren bisherigen Linienverkehr aufrechterhielten, hätten die anderen Airlines im Auftrag weiterer westeuropäischer Fluggesellschaften zusätzliche europäische Ziele ansteuern können. Die nichtalliierten Airlines würden in einem solchen »Pool« somit finanziell an den Flügen beteiligt, die nur alliierten Maschinen vorbehalten waren. Der Vorschlag verlor sich indessen leider in diversen Amtsstuben.

1972: Dramatischer Passagierrückgang

Die Transiterleichterungen führten bereits mit Beginn des Jahres 1972 zu einem spürbaren Passagierrückgang, von dem vor allem die kürzeren Strecken betroffen waren. Obwohl sich die durchschnittliche Auslastung der Flugzeuge auf 50 Prozent verringerte, erhöhte die PanAm ihr Angebot auf täglich 66 Flugpaare. Air France und BEA legten 18 Flugpaare im Gemeinschaftsdienst ein, und die BEA verringerte zwar ihr Angebot auf 34, da aber nur noch Strahlflugzeuge eingesetzt wurden, erhöhte sich auch bei ihr das Sitzplatzangebot.

Am 13. Februar 1972 kündigten Air France und BEA überraschend an, daß der Gemeinschaftsdienst zum 1. November beendet werde. Die Air France begründete diesen Schritt mit steigenden Verlusten im Berlin-Verkehr. Mit Beginn des Winterflugplans flog sie wieder selbständig ab Tegel, allerdings nur mit zwei Flugpaaren täglich nach Paris, von denen eines über Köln/Bonn geführt wurde. Mit dieser Zwischenlandung sollte demonstriert werden, daß die Air France weiter am innerdeutschen Korridor-Verkehr beteiligt sei.

Als am 5. April 1972 der 50-millionste Flugpassagier in Berlin seit der Eröffnung des Flughafens Tempelhof im Jahre 1924 gefeiert wurde, war das Ereignis überschattet von einem dramatischen Passagierrückgang, der nicht nur auf das Transitabkommen, sondern auch auf die weltweite Rezession zurückzuführen war. Zudem wurden die Airlines im Sommer von Arbeitskämpfen westdeutscher Fluglotsen gebeutelt, so daß die Pünktlichkeitsrate zeitweise auf nur noch 30 Prozent sank.

Am 17. Juni eröffnete die BEA ihre neue Linie nach Sylt, und nach 13jähriger Tätigkeit in Berlin wurde ihr Deutschlanddirektor Gillibrand verabschiedet. Als erste Amtshandlung führte die neue Direktion Platzkarten auf ihren innerdeutschen Routen ein.

Zum Winterflugplan wurde die Zahl der Flüge reduziert und erstmals auch an den Wochenenden ausgedünnt, denn inzwischen hatte sich eine Passagierumschichtung gezeigt: Die Zahl der Privatreisenden ging zurück, und Geschäftsreisende flogen nicht an den Wochenenden. Als Ende 1972 Bilanz gezogen wurde, hatte die PanAm rund 400 000 Passagiere verloren. Diesem Rückgang um 11,4 Prozent entsprach auch das Ergebnis der anderen Airlines.

Alliierte legen ihre Position fest

Die deutsch-deutschen Erleichterungen im Transitverkehr konnten bedauerlicherweise nicht auf den Flugverkehr ausgedehnt werden. Die Westalliierten genehmigten am 1. März 1972 den Antrag der AUA, in Tempelhof landen zu dürfen. Zugleich erhielt auch die SAS eine entsprechende Erlaubnis. Bei dieser Gelegenheit stellten die Westmächte klar, daß die Flugzeuge der AUA und der SAS natürlich nicht die Luftkorridore benutzen könnten. Bis zum Einflug in die Luftkontrollzone Berlin benötigten sie eine Überflugerlaubnis der DDR, die sie sich selbst zu beschaffen hätten. Im Gegensatz zur Haltung der Sowjetunion und der DDR betonten sie ihre Rechtsauffassung, der Einflug in die Luftkontrollzone Berlin sei jedem Flugzeug möglich, das auf einem in der Luftkontrollzone liegenden Flughafen eine Landeerlaubnis habe, das heißt: Flugzeuge, die über das Gebiet der DDR einfliegen wollten, bedürften einer Überflugerlaubnis der DDR und einer Landegenehmigung der Luftfahrtattachés. Ein Mitspracherecht beim Regime in der Luftkontrollzone gäbe es für die Sowjetunion nicht.

AUA und SAS erhielten von der DDR keine Überflugerlaubnis, daher eröffnete die AUA ihre Linie von Wien nach Schönefeld am 1. April 1972; die SAS landete hier aus Kopenhagen kommend erstmals am 4. April. West-Berlin hatte das Nachsehen, übrigens auch beim Eröffnungsflug der Lufthansa von Frankfurt nach Moskau Anfang April, als es Vertretern aus West-Berlin, auch Journalisten, auf sowjetischen Druck verwehrt wurde, daran teilzunehmen. Die Aeroflot eröffnete ihren Dienst nach Frankfurt mit einer Zwischenlandung in Schönefeld am 4. April 1972. Von hier aus flog sie in südlicher Richtung bis Eger und drehte dann in Richtung Westdeutschland ein. Am 1. Januar 1974 wurde die Zwischenlandung indessen wieder aufgegeben. Sie lohnte nicht, weil kaum Passagiere in Schönefeld nach Frankfurt zustiegen.

1973: Mehr als 700 000 Passagiere weniger

Die Abwärtsbewegung hielt 1973 unverändert an. Insgesamt verlor der Berlin-Flugverkehr in diesem Jahr mehr als 700 000 Passagiere. Die PanAm reduzierte ihren Sommerflugplan auf täglich bis zu 50 Flugpaare, und die BEA veranstaltete nun 43, da ja ihr Gemeinschaftsdienst mit der Air France nicht mehr existierte. Ölkrise und neue Streikaktionen westdeutscher Fluglotsen erhöhten die Schwierigkeiten. Nach einem sechswöchigen »Bummelstreik« schloß das Bundesverkehrsministerium am 3. Juli 1973 den Luftkontrollraum Hannover und den Flughafen der Stadt. Es kam zu chaotischen Verhältnissen im bundesdeutschen Flugverkehr. Auch der Berlin-Verkehr war empfindlich betroffen, weil der mittlere Luftkorridor zunächst nicht mehr beflogen werden konnte. Die westlichen Alliierten reagierten sofort: Unter diskretem, aber deutlichem Hinweis auf die im Deutschlandvertrag niedergelegten alliierten Vorbehaltsrechte erklärten sie in Bonn, daß sie eine Störung des Berlin-Flugverkehrs nicht hinnehmen würden. So wurde Hannover am 5. Juli wieder geöffnet, aber am 24. September probten die Fluglotsen abermals den Aufstand. Prompt folgte eine zweite alliierte Demarche in Bonn, und der Berlin-Verkehr konnte fortgeführt werden. Erst im November beendeten die Fluglotsen ihre Kampfaktionen.

Bereits am 21. Mai 1973 hatte die PanAm eine neue Auslandsstrecke nach Amsterdam eröffnet, die zunächst aber-

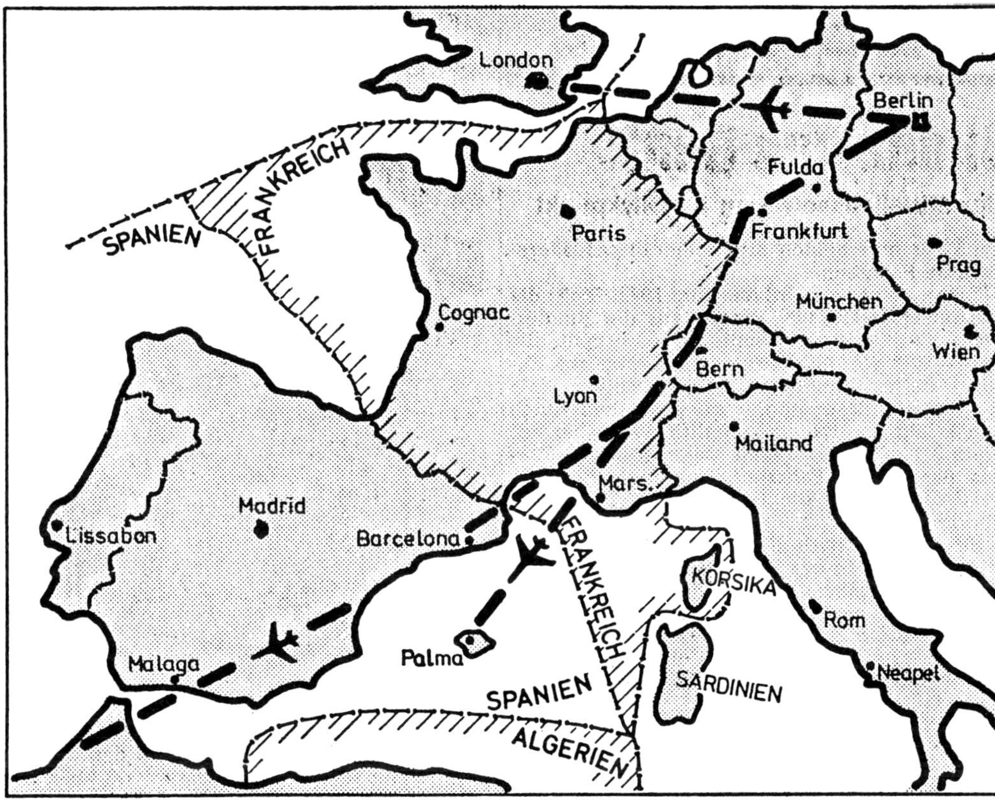

Im Frühjahr 1973 wurde wegen eines Fluglotsenstreiks vorübergehend der französische Luftraum geschlossen, und die Flugzeuge des Ferienflugverkehrs mußten von Berlin nach Mallorca extreme Umwege einschlagen. Die Karte zeigt, daß sich der französische Luftraum bis tief über das Mittelmeer erstreckt. Die Flugzeuge aus Mitteleuropa mußten zunächst über Italien fliegen, bevor sie südlich Sardiniens durch den algerischen Luftraum mit Nordwestkurs Mallorca ansteuern konnten. Im Gegensatz dazu zeigt die gestrichelte Linie den normalen Flugverlauf nach Mallorca und zum spanischen Festland.
Karte: Der Tagesspiegel

mals durch Bonner Einwendungen verzögert worden war. Auch in Schönefeld hatte die »Westausdehnung« Erfolg: Am 3. April führte die Finnair einen Dienst von Helsinki ein, und am 28. September folgte die türkische THY, die alsbald für Furore sorgte, weil sie mit Billigstpreisen in den West-Berliner Gastarbeitermarkt einzudringen versuchte.

Die Ölkrise führte im Herbst zu einer Kürzung der Treibstofflieferungen auf dem Flughafen Tegel. Die PanAm verfügte eine Begrenzung der Reisegeschwindigkeiten und konnte dadurch täglich 11 700 Liter Kerosin einsparen. Den Senat drückten unterdessen andere Sorgen. Je näher der Termin für die Eröffnung von Tegel-Süd herankam, desto brennender war die Frage zu beantworten, wer denn nun eigentlich von dort aus operieren sollte. Die BEA machte unmißverständlich klar, daß sie keinesfalls ohne die PanAm nach Tegel umziehen oder in Tempelhof bleiben wolle.

Nachdem ein Vermittlungsgespräch bei Verkehrssenator König ergebnislos geblieben war, machte die BEA den Vorschlag, sie und PanAm sollten gemeinsam nach Tegel-Süd umziehen. Der Senat indessen argumentierte, Tegel-Süd sei als Ergänzungsflughafen konzipiert, nicht aber als Hauptflughafen der Stadt. Die Berliner Flughafen-Gesellschaft dachte ganz pragmatisch und verschob den Eröffnungstermin erst einmal vom Frühjahr auf den Herbst 1974.

Der Traum einiger Berliner Politiker, Berlin könne wieder zu einem »Luftkreuz« avancieren, hatte bereits im Frühjahr 1973 einen Dämpfer erhalten. Die deutsch-deutschen Verhandlungen über ein Luftverkehrsabkommen kamen nicht voran. Bei den Alliierten, aber auch in Politikerkreisen war ohnehin die Frage diskutiert worden, ob ein solches Abkommen überhaupt nützlich sei, nur um der Lufthansa einen Anflug Berlins zu ermöglichen. Immerhin bestand die Gefahr, daß das westalliierte Luftfahrtgefüge erschüttert werden könnte. Zudem hatte die Sowjetunion klargemacht, daß ein Anflug West-Berlins durch die Lufthansa der vorherigen Zustimmung Moskaus bedürfe. Dieser Standpunkt wurde von den Westalliierten abgelehnt. Inzwischen winkte auch die Lufthansa ab, denn an einer Zwischenlandung einmal am Tag auf dem Fluge nach Moskau sei man nicht mehr interessiert. Die Kosten wären höher als die Einnahmen durch zusteigende Berliner Passagiere, wurde argumentiert.

1974: Die Eröffnung von Tegel-Süd

Sinkende Passagierzahlen, steigende Ölpreise, weltweite Rezession – die Fluggesellschaften hatten 1974, nicht nur in Berlin, schwer zu kämpfen. Zum Sommerflugplan strich die BEA sechs Flugpaare und beschränkte sich auf täglich 37, die PanAm kürzte um fünf auf bis zu 45 Flugpaare. Die Saarbrücken-Flüge der Modern Air wurden am 4. April, die Amsterdam-Flüge der PanAm am 1. Dezember eingestellt, weil die Auslastung nur noch 30 Prozent betrug. Angesichts der Schwierigkeiten beschlossen die BEA, die im Mai mit der BOAC zur British Airways zusammengeschlossen worden war, und die PanAm eine »Flugplan-Koordinierung«. Zum Winterflugplan reduzierten beide Airlines ihr Angebot »koordiniert« um je acht Flugpaare täglich.

Vor dem Hintergrund der schwierigen Lage des Flugverkehrs stand die Eröffnung des Flughafens Tegel-Süd bevor. Als die Berliner Flughafen-Gesellschaft am 20. Mai 1974 ihren 50. Geburtstag feierte, stand dieser ganz im Zeichen der Frage, wie Tegel nun tatsächlich genutzt werden könne. Die Verhandlungen des Senats mit den Fluggesellschaften waren schwierig und zunächst erfolglos. Erst nachdem den Airlines zugesichert worden war, einen Gesamtumzug von Tempelhof nach Tegel mit einer Umzugshilfe von zehn Millionen DM zu versüßen und die Mieten in Tegel niedrig zu halten, bequemten sich die British Airways und die PanAm zum Umzug. Den Schwarzen Peter aber hatte die Flughafen-Gesellschaft in der Hand, die nun den »Ergänzungsflughafen« doch noch zum Hauptflughafen umfunktionieren mußte. Als Termin für den Gesamtumzug wurde zunächst der 1. April 1975 festgelegt, und am 23. Oktober 1974 war es dann soweit: Tegel-Süd wurde mit einem großen Fest, zu dem die Airlines erstmals auch ihre Großraumflugzeuge schickten, eingeweiht. Als einzige Liniengesellschaft operierte jedoch neben den Charterunternehmen vorerst nur die Air France von hier aus.

Alliierte uneinig

Im Frühjahr 1974 diskutierten die Alliierten die Frage, wie Berlin stärker in den internationalen Verkehr eingebunden werden könne. Zunächst stellte die BA den Antrag auf eine Zürich-Linie. Die PanAm zog sogleich nach und beantragte ebenfalls Flüge nach Zürich, aber auch nach Wien und Kopenhagen. Während die USA generell für eine Genehmigung waren, traten die Briten auf die Bremse und erklärten, daß ein »zügelloser Wettbewerb« vermieden werden müsse. Der britische Luftfahrtattaché forderte von der PanAm den Verzicht auf die Zürich-Flüge, während die USA als Antwort denselben der BA blockierten. Der Streit war umso peinlicher, als sowohl die Schweizer Regierung wie auch Dänemark den alliierten Auslandsflügen positiv gegenüberstanden. Der Streit löste sich indessen von selbst auf: Angesichts der Krisenzeichen verzichteten BA und PanAm auf zusätzliche Auslandsflüge und legten ihre Pläne auf Eis. Sozusagen als Trostpflaster für die Berliner erteilten die westlichen Alliierten am 9. Dezember der KLM und der THY eine Landegenehmigung in Tegel oder Tempelhof, aber die DDR verweigerte abermals die Überflugerlaubnis.

1975: Alles fliegt auf Tegel

Dem Flugpassagier, aber nicht nur ihm, bot sich in der ersten Jahreshälfte 19975 ein verwirrendes Bild. Nachdem die Luftfahrtunternehmen mit der Flughafen-Gesellschaft vereinbart hatten, der Gesamtumzug nach Tegel-Süd werde in der Nacht vom 7. zum 8. April stattfinden, überraschten sie die Öffentlichkeit mit der Ankündigung, sie hätten zum 1. Mai eine Streckenaufteilung auf den innerdeutschen Routen beantragt. Danach werde British Airways nach Düsseldorf, Köln/Bonn, Hannover, Bremen und Sylt allein fliegen, während die PanAm die Strecken nach Frankfurt, München, Nürnberg und Hamburg bedienen werde. Gemeinsam werde man nur noch auf der Stuttgart-Linie verkehren. Bei dieser Aufteilung wurde aus politischen Gründen beachtet, daß beide Airlines alle drei Luftkorridore benutzen. Völlig unverständlich war indessen, daß die Streckenaufteilung nicht mit Beginn des Sommerflugplans am 1. April wirksam werden sollte. So wurde das reisende Publikum binnen kürzester Zeit gleich mit zwei Flugplänen konfrontiert, und die Luftfahrtattachés trugen ein Übriges zur Verwirrung bei, indem sie die Aufteilung erst zum 1. Juni genehmigten.

Nachdem BA und PanAm bereits zum Beginn des Sommerflugplans »koordiniert« je sieben Flugpaare gestrichen hatten, sah der aufgeteilte Flugplan vom 1. Juni an die Streichung von weiteren vier Flugpaaren bei der BA und von zwei bei der PanAm vor. Die Streckenaufteilung mag wirtschaftlich vernünftig gewesen sein, weil die Passagierzahlen weiter ständig abnahmen, indessen setzten sich die beiden Airlines nun verstärkt dem Vorwurf aus, »Monopolisten« zu sein. Als der Berliner Senatssprecher Struve von einem »Monopolcharakter« sprach, vergaß er allerdings hinzuzufügen, daß die Lufthansa im westdeutschen Verkehr ebenfalls das Monopol

Am 17. Januar 1976 landete erstmals ein Überschallverkehrsflugzeug »Concorde« in Tegel, und auch in den folgenden Jahren kamen mehrmals »Concordes« sowohl der Air France als auch der British Airways nach Berlin. Die gemeinsam von Aérospatiale und British Aerospace konstruierte Maschine war am 2. März 1969 erstmals geflogen und am 21. Januar 1976 bei beiden Gesellschaften in den Liniendienst gestellt worden. Mit einer Geschwindigkeit von 2 200 km/h verfügt sie über eine Reichweite von 6 500 Kilometern und kann dabei 100 Passagiere befördern. Die Spannweite beträgt 25,6 Meter, die Länge 62,1 Meter und die Startmasse 185 Tonnen. 20 Maschinen wurden gebaut.
Foto: BFG

hatte, was keinen Politiker zu einer Kritik veranlaßt hätte.

Neben der Streckenaufteilung war der avisierte Gesamtumzug nach Tegel-Süd das Hauptereignis des Jahres 1975 Die Flughafen-Gesellschaft kam mit den eilends eingeleiteten Umbaumaßnahmen nicht klar, und zwischen den Airlines und dem Senat fanden neue Diskussionen statt. So wurde der Termin des Umzugs auf die Nacht vom 31. August zum 1. September verschoben. Als die letzten beiden Flugzeuge aus Tempelhof nach Tegel geflogen worden waren, konnten die an Bord befindlichen Berlin-Direktoren der BA und der PanAm erleichtert ausrufen: »Jetzt sind wir endlich da!«. Tatsächlich hatten das Personal der beiden Airlines, aber auch die Mitarbeiter der Flughafen-Gesellschaft, eine eindrucksvolle Leistung vollbracht. Bereits am Morgen des 1. September verlief der Flugverkehr reibungslos von Tegel aus, während in Tempelhof nun der Zivilverkehr ruhte, obwohl der dortige Flughafen voll betriebsbereit blieb.

Während die mit Schallschutzfenstern ausgerüsteten Anwohner des Tempelhofer Flughafens sozusagen über Nacht vom Fluglärm verschont waren, traf er die Anwohner Tegels nun mit voller Wucht. Die Alliierten ordneten daher am

3. November ein verlängertes Nachtflugverbot für die Zeit von 23.00 Uhr bis 6.00 Uhr an. Die DDR quittierte die volle Inbetriebnahme Tegels mit einem Protest gegen den »unzumutbaren Fluglärm«, verschwieg ihren Bürgern allerdings, daß es für Schönefeld ein Nachtflugverbot überhaupt nicht gab.

Ende 1975 war klar, daß die Passagierzahlen wieder unter die Vier-Millionen-Grenze gesunken waren. Vom Passagierschwund am stärksten betroffen war nach wie vor die Hannover-Linie, die in den letzten vier Jahren seit 1971 immerhin 70 Prozent ihrer Fluggäste verloren hatte.

Gestörtes Verhältnis der Politiker zum Flugverkehr

Gegen Ende 1975 bot sich dem Betrachter das Bild eines gestörten Verhältnisses deutscher Politiker zum alliierten Berlin-Flugverkehr. Den Airlines wurde nicht nur ein Monopolverhalten vorgeworfen sondern auch, sie setzten veraltete Flugzeuge ein, und die Flugpläne ließen zu wünschen übrig. An der Entwicklung waren die Fluggesellschaften nicht unschuldig, weil sie ihre Beschlüsse hinter verschlossenen Türen vorbereiteten und dann die Öffentlichkeit damit überraschten. Die deutschen Kritiker freilich schossen über das Ziel einer sachlichen Kritik weit hinaus. Die Boeing 727 und BAC 111-500 waren auch bei vielen anderen namhaften Airlines, nicht zuletzt bei der Lufthansa, im Dienst, ohne daß sie jemand als »alte Mühlen« abqualifiziert hätte. Die Flugpläne wiesen auf allen Routen über den vollen Tag genügend Verbindungen auf, und was die Flugpreise betraf, so konnten die alliierten Gesellschaften belegen, daß sie im Berlin-Verkehr einen Kilometerpreis einschließlich der Fluggast-Subvention von 29 Pfennigen erhielten, während die Lufthansa von ihren Passagieren auf den Inlandslinien 41 Pfennige verlangte. Zudem verursachten die Höhenbegrenzungen in den Luftkorridoren deutlich höhere Flugkosten.

1976: Die leidige »Luftkreuz«-Diskussion

Der Sommerflugplan 1976 sah bei Air France ein zusätzliches (drittes) Flugpaar vor. Die Fluggesellschaft flog nun zweimal täglich über Düsseldorf nach Paris und einmal über Köln/Bonn. British Airways bot täglich bis zu 28 Flugpaare an, die PanAm 35. Zusätzlich gab es ein tägliches Flugpaar der BA nach London; im Sommer steuerte sie auch Sylt an.

Am 6. Januar feierte die Lufthansa in der nun leeren Haupthalle in Tempelhof ihren 50. Geburtstag. Der Regierende Bürgermeister Schütz stellte in einer Rede die längst überholte Idee eines »Luftkreuzes« für Berlin erneut zur Diskussion, kritisierte die DDR, weil sie anderen Fluggesellschaften den Überflug nach Berlin verweigerte und ließ auch die westlichen Alliierten nicht ungeschoren, indem er erklärte, es sei nicht einzusehen, warum Berlin nicht auch im Luftverkehr »von allen Seiten aus offen« sein könne. Die Rechte der Schutzmächte in den Luftkorridoren seien davon nicht berührt. Wie der alliierte Korridorverkehr wirtschaftlich gesichert werden könnte, wenn es einen Parallelverkehr nach Berlin geben sollte – darauf blieb Schütz freilich die Antwort schuldig. Er und andere Verfechter der »Luftkreuz«-Theorie übersahen zudem, daß sich in-

Im November 1977 schickte die Air Alsace eine VFW 614 zur Streckenerprobung nach Tegel, die von dem Berliner Rolf Stüssel entworfen und bei den Vereinigten Flugtechnischen Werken gebaut worden war und am 14. Juli 1971 den Jungfernflug absolvierte. Sie konnte 44 Passagiere 728 km/h schnell über 1 200 Kilometer befördern, hatte eine Spannweite von 21,5 Metern, eine Länge von 20,6 Metern und eine Startmasse von 19,9 Tonnen. Es wurden nur 16 Flugzeuge gebaut. *Foto: BFG*

Die Taxifluggesellschaft Berlinair stationierte im Herbst 1977 eine elfsitzige Rockwell »Turbo Commander« in Tempelhof. Der Typ war im Dezember 1964 erstmals geflogen und erreichte bei einer Reichweite von 2 520 Kilometern eine Geschwindigkeit von 520 km/h. Die Spannweite betrug 14,2 Meter, die Länge 13,1 Meter und die Startmasse 4,6 Tonnen. *Foto: BFG*

ternationale Flugverbindungen immer stärker zu einem Nonstop-Verkehr entwickelten. Zwischenlandungen in Berlin waren kaum noch gefragt, selbst wenn man sie hätte verwirklichen können.

Am 22. September 1976 veröffentlichte der Senat einen Bericht über den Berlin-Flugverkehr, der die alten Vorwürfe aus dem Jahre 1975 wiederholte. Die Deutschland-Direktoren der alliierten Fluggesellschaften antworteten mit der Feststellung, sie seien »sprachlos«.

Proteste gegen Zürich-Flug

Im Winter des Jahres 1976 kam es erneut zu einem Konflikt über eine Linienverbindung nach Zürich, denn am 8. Oktober hatte British Airways um die Landeerlaubnis in Zürich nachgesucht. Unverzüglich protestierte die Sowjetunion und erklärte, ein solcher Flug stehe nicht im Einklang mit den Bestimmungen über die Luftkorridore. Als die PanAm kurz darauf ihrerseits die Genehmigung für einen Zürich-Flug beantragte, handelte sie sich einen Protest der DDR ein, die bemängelte, sie sei nicht konsultiert worden. Entsprechende Proteste gingen auch an die Schweiz, doch die dortige Regierung erteilte dessen ungeachtet beiden Fluggesellschaften die Landeerlaubnis. Am 2. November beantragte die DDR in Bonn eine Überflugerlaubnis für die Interflug, die von Schönefeld nach Zürich fliegen wollte. Als im Dezember durch eine Indiskretion bekannt wurde, die Bundesregierung habe der Interflug ihre Zustimmung »signalisiert«, und es seien bereits fertige Flugpläne der Interflug und der Swissair zwischen Schönefeld und Zürich erarbeitet worden, gab es Krach in Berlin und Bonn. Die Bundesregierung beeilte sich festzustellen, daß eine Überflugerlaubnis ohne Gegenleistungen der DDR nicht erteilt worden sei, und die Swissair zuckte zurück und gab ihre Pläne auf. Schließlich einigten sich BA und PanAm untereinander: Die PanAm sollte im folgenden Jahr nach Zürich fliegen; British Airways erhielt als Ausgleich ein zusätzliches Flugpaar nach Stuttgart.

1977: Krisenzeichen bei der PanAm

Im Sommerflugplan 1977 legte die PanAm täglich 35 Flugpaare auf, einschließlich der am 1. April eröffneten neuen Verbindung nach Zürich. British Airways erhöhte die Zahl ihrer Flugpaare, inklusive der Saisonflüge nach Sylt und des täglichen London-Dienstes, auf 32. Die Air France bot wiederum drei tägliche Flugpaare an. Angesichts einer leichten Erholung legte die PanAm zahlreiche Sonderflüge ein, vor allem während der Funkausstellung. British Airways stieg aktiv in die Berlin-Werbung ein und schuf den »Goldenen Konferenztisch«, eine Auszeichnung für das Unternehmen, das im Laufe eines Jahres die meisten Mitarbeiter zu Tagungen oder Hauptversammlungen nach Berlin rief.

Im Juni wurde die erste Taxifluggesellschaft, die Berlinair, gegründet, die in Tempelhof eine Rockwell »Turbo-Commander« stationierte. Im Oktober zeigten sich bei der PanAm erste Krisenzeichen. Überraschend wurde eine größere Zahl von Flügen kurzfristig gestrichen, viele andere waren überdurchschnittlich verspätet. Die Deutschland-Direktion hielt sich zunächst bedeckt und ließ erklären, Lotsenstreiks in Großbritannien und verschärfte Sicherheitsmaßnahmen hätten zu Verspätungen geführt, so daß die Arbeitszeit der Besatzungen vorzeitig abgelaufen sei. Dann aber meldeten sich die PanAm-Flugingenieure zu Wort und enthüllten, daß Sparmaßnahmen angesichts finanzieller Verluste zu Personalabbau geführt hätten und daß die Ersatzteilhaltung eingeschränkt worden sei. Längere Reparaturzeiten belasteten den Flugbetrieb, und zudem hätten sich mehrere Besatzungen aus Protest gegen die Sparmaßnahmen öfter »krank« gemeldet. Nachdem der Senat die PanAm auf ihre Betriebspflicht hingewiesen hatte, reagierte man in New York sofort und beorderte eine weitere Maschine und zusätzliche Besatzungen nach Berlin.

Überflugrechte für die Interflug

Auf Wunsch der Bundesregierung beriet die Vierergruppe über einen Vorschlag, der Interflug Überflugrechte nach Zürich zu gewähren, wenn die DDR der Lufthansa entsprechende Rechte bis zur Luftkontrollzone Berlin einräumte, damit sie auf dem Flug nach Moskau in Tegel zwischenlanden könne. Die westlichen Alliierten stimmten zu, wenngleich sie von diesem Vorschlag nicht gleichermaßen begeistert waren wie der Senat und Bonn. Sie befürchteten, daß die DDR alsbald die Sowjetunion ins Spiel bringen könnte und die Westmächte gezwungen wären, mit dieser über den Berlin-Verkehr zu verhandeln.

Bevor jedoch das Bonner Angebot an die DDR herausging, beantragte diese für die Interflug Überflugrechte für Messesonderflüge nach Westeuropa zu Zeiten der Leipziger Messe. Sie hatte der Bonner Entscheidung allerdings bereits vorgegriffen, indem sie diese Flüge bereits in den Flugplänen angekündigte hatte. Die Bundesregierung zierte sich nur drei Tage und gab dann nach. In der Öffentlichkeit entschuldigte sie sich mit der Feststellung, man habe die Messeflüge in die Rubrik Charter- und Sonderflüge einbezogen, die anders bewertet würden als Linienflüge. Geflissentlich wurde dabei in Bonn übersehen, daß die DDR und die anderen osteuropäischen Länder eine solche Unterteilung bei Flügen von und nach West-Berlin nicht akzeptierten. Die DDR honorierte die Bonner Haltung nicht und stimmte einer Überflugerlaubnis für die Lufthansa im Gegenzug für Interflug-Rechte nach Zürich nicht zu, zur Erleichterung übrigens nicht nur der Alliierten, sondern auch der Lufthansa, die längst das Interesse an nur einer Zwischenlandung in Tegel verloren hatte.

1978: Streit um die Fluggast-Subvention

Bereits Anfang 1978 zeichnete sich wieder ein Rückgang der Passagierzahlen ab. Die Air France verringerte zum Sommerflugplan ihr Angebot auf nur noch zwei tägliche Flugpaare, ersetzte aber ihre alte »Caravelle« durch die größere und modernere Boeing 727-200. Die BA bot täglich nur noch 30 und die PanAm 34 Flugpaare an.

Die Passagierverluste hatten eine umfangreiche Diskussion über die Fluggast-Subvention zur Folge, die nach Ansicht der Berliner CDU nur noch eine »Alibi-Funktion« darstellte. British Airways reagierte mit einer eingehenden Analyse des Berlin-Verkehrs und ermittelte, daß im Jahre 1977 insgesamt 21,3

Millionen Reisende zwischen Berlin und Westdeutschland unterwegs waren. 15,8 Millionen (plus 23 Prozent) benutzten die Transitstraßen, 2,2 Millionen (plus 10 Prozent) fuhren mit der Bahn, und 3,3 Millionen (plus 1,9 Prozent) flogen mit den Linienmaschinen. Aufgrund der Transiterleichterungen hatte sich die Zahl der Privatreisenden im Flugverkehr zusehends verringert. Die Marketingexperten der BA erklärten, deutliche Preissenkungen für Gruppenreisen und allgemein niedrigere Flugpreise wären das einzige Mittel, um wieder mehr Reisende für das Flugzeug zu gewinnen. Mit steigenden Passagierzahlen könne der Flugplan verbessert werden, was eine weitere Passagierzunahme zur Folge hätte. Notwendig sei allerdings eine Standortbestimmung der Bundesregierung, die sich über den Stellenwert des Flugverkehrs klar werden und Prioritäten setzen müsse.

Im Juni 1978 tagte die Berlin-Kommission beim Bundespräsidenten und erklärte, »unter Voraussetzung, daß die Qualität des Flugangebots und der Serviceleistungen verbessert werde«, solle die Subvention für den Fluggast neu gestaltet werden. Diese Formulierung rief den Zorn der British Airways hervor, die erklärte, die Subvention sei eine Fördermaßnahme für den Passagier, nicht aber der Fluggesellschaft. Unter Hinweis auf die geforderten »Verbesserungen« hieß es, es stelle sich die Frage, worin diese bestehen sollten. 83 Prozent der Fluggäste seien mit dem Flugplan der British Airways zufrieden, die Regelmäßigkeit der Berlin-Flüge liege bei 99,6 Prozent, die Pünktlichkeitsqoute bei 96 Prozent, der Bordservice entsprechen jenem, der auch im innerbritischen Verkehr angeboten werde.

Am 13. September 1978 stellte das Bundeskabinett eine Entscheidung über die Fluggast-Subvention mit der Begründung zurück, der Berlin-Flugverkehr habe einen höheren Marktanteil als der innerhalb Westdeutschlands. Der Berliner CDU-Fraktionsvorsitzende Lummer kommentierte die Erklärung mit der Feststellung, die Sicherung des Berlin-Flugverkehrs sei keine Frage von Marktanteilen, sondern von vitaler Bedeutung für Berlin. Bonn habe wohl primär das Defizit der Bundesbahn im Auge.

Anfang Oktober überreichte die Bundesregierung den Luftfahrtattachés einen Forderungskatalog, von dessen Erfüllung sie eine höhere Subvention abhängig machte und unter anderem verlangte, daß die Airlines freiwillig ihre Gewinne reduzierten, die Umkehrzeit auf den Flughäfen verlängerten sowie die Flotten und die Personalstärke erhöhten. Zur Begründung betonte Bonn, »höhere Fluggast-Subventionen dürften kaum Neuverkehr, sondern vor allem Verlagerungen zu Lasten der Eisenbahn bringen«. Die Westalliierten reagierten auf die Bonner Forderungen verstimmt, und am 23. Oktober stellten die drei Linienfluggesellschaften in der Vierergruppe klar, daß die Bonner Subventionszahlungen für die Passagiere keinen Einfluß auf die Abwicklung des Flugverkehrs hätten. Die Fluggesellschaften seien allein ihren Luftfahrtattachés gegenüber verantwortlich, und für Qualität und Quantität des Flugangebotes seien nur kommerzielle Gesichtspunkte maßgebend. In diesem Punkt freilich schossen die Fluggesellschaften über das Ziel hinaus, denn mit ihrem Engagement im Berlin-Verkehr hatten sie auch eine politische Verpflichtung übernommen. Einen erfreulichen Effekt hatte die Diskussion immer-

hin bei der PanAm, denn auch sie führte nun endlich eine Sitzplatzreservierung ein, so daß der Sturm auf die freien Plätze ein Ende fand. Am 13. November eröffnete die französische Regionalfluggesellschaft TAT mit einer Fokker F.27 ihren Liniendienst von Tegel nach Saarbrücken

1979: Subvention geändert – geändert hat sich nichts

Das Jahr 1979 begann mit steigender Passagiernachfrage und dem Beschluß des Bundeskabinetts, nun doch die Fluggast-Subvention zu ändern. Die jährliche Summe wurde von 40 Millionen auf 83

Ende 1979 setzten Air France und PanAm auch die größere Boeing 727-200 in Berlin ein. Dieses gestreckte Modell war am 27. Juli 1967 erstmals geflogen und konnte 180 Passagiere 3 500 Kilometer weit befördern. Die Spannweite betrug 32,9 Meter, die Länge 46,7 Meter, die Startmasse 83,5 Tonnen und die Geschwindigkeit 870 km/h. Auch die Dan-Air flog im Charterverkehr ab Berlin diesen Typ. *Foto: BFG*

Millionen DM erhöht, auf allen Linien betrug die Subvention nun 20 Prozent des Normaltarifs. Zum 1. April traten die neuen Tarife in Kraft, doch sie blieben nur sechs Monate gültig. Steigende Ölpreise führten wieder zu Tariferhöhungen, so daß die neue Subvention für den Passagier keine Verbilligung mehr brachte. Immerhin führten die Airlines zum 1. Juni erstmals verbilligte Wochenendtarife ein, die 30 Prozent unter dem Normaltarif lagen.

Gleich zu Beginn des Jahres wurde die Wirksamkeit der Streckenaufteilung einer Bewährungsprobe unterzogen, denn am 12. Januar traten die BA-Piloten in einen Streik, und es mußten 30 Berlin Flüge gestrichen werden. Gemäß dem Abkommen sprang die PanAm auf den Routen der BA ein und wurde dabei von der Dan-Air unterstützt. Gemeinsam veranstalteten sie täglich 20 Flüge für die BA.

Zum Sommerflugplan beschränkte sich Air France weiter auf zwei tägliche Flugpaare, während PanAm und BA ihr Angebot auf 36 beziehungsweise 32 erhöhten. Zudem bot die TAT täglich zwei Flugpaare auf der Saarbrücken-Route an. Inzwischen hatte auch die Dan-Air einen Antrag gestellt und bewarb sich um die Linie nach Amsterdam, jedoch führten Auseinandersetzungen unter den Alliierten dazu, daß dieser Dienst erst 1981 eröffnet werden konnte.

Am 24. Mai wartete PanAm-Vizepräsident Waltrip in einer Pressekonferenz mit zwei Überraschungen auf: Er teilte mit, im Falle einer weiteren starken Passagierzunahme überlege die PanAm, nach Tempelhof zurückzukehren, und zweitens habe das Unternehmen trotz aller Krisen im Berlin-Verkehr »recht gewinnbringend« gearbeitet. Daher könne er auch die Meldungen nicht kommentieren, daß die Lufthansa im innerdeutschen Verkehr Westdeutschlands trotz höherer Tarife 100 Millionen DM in einem Jahr verloren habe. Waltrip teilte ferner mit, daß zum 1. Juni wieder ein Bordservice eingeführt und im Dezember die Umrüstung der Boeing 727 auf rauchfreie Triebwerke beginnen werde.

Die neue Air Berlin sorgt für Furore

Unterdessen waren in Berlin zwei alte Bekannte erschienen, der frühere Vizepräsident der Modern Air, John MacDonald, und der Chef der Berlinair, Kim Lundgren, die sich als Besitzer und Manager der im Sommer 1978 in den USA gegründeten Fluggesellschaft Air Berlin vorstellten. Die neue Airline, die zwei Boeing 707 in Tegel stationierte und einen Vertrag des Flug Rings für Ferienflüge in der Tasche hatte, beantragte noch vor ihrer offiziellen Zulassung für Berlin am 18. Januar Streckenrechte für einen Linienverkehr nach Brüssel und Orlando in den USA. MacDonald ließ auch verlauten, er werde »frischen Wind« in den Berlin-Verkehr bringen, billiger als die anderen Airlines operieren und auch innerdeutsche Streckenrechte beantragen. Das forsche Auftreten verwirrte die Luftfahrtattachés, die erst nach längeren Diskussionen am 28. April die Zulassung für Berlin, jedoch nur für den Ferienflugverkehr, aussprachen.

Für Aufsehen sorgte auch Sir Freddy Laker, der mit seinem »Skytrain« zu Niedrigpreisen von Großbritannien über den Atlantik nach den USA flog. Er beantragte für 1981 umfangreiche Streckenrechte auch in Europa und wollte von London 36 europäische Städte, darunter Berlin, anfliegen sowie zwischen diesen Städten pendeln. Im März 1980 erhielt Laker eine Absage der britischen Zivilluftfahrtbehörde, die argumentierte, der europäische Linienverkehr könne nicht mit einem Schritt völlig umgewandelt werden.

Unterdessen stiegen die Passagierzahlen weiter. Im September konnte Air France einen Zuwachs von 41,7 Prozent erzielen, die BA einen solchen von 16,1 und die PanAm von 19,2 Prozent. Die Auslastung der Flugzeuge erhöhte sich auf 68,4 Prozent bei der Air France, auf 76,2 bei BA, 74,4 bei PanAm und 58,7 Prozent bei der TAT. Ein Spitzenandrang wurde mit 62 Sonderflügen der BA und 192 der PanAm aufgefangen. Angesichts dieser Entwicklung beauftragte der Aufsichtsrat der Berliner Flughafen-Gesellschaft die Geschäftsführung am 11. Oktober, Pläne für eine Erweiterung des Flughafens Tegel auszuarbeiten.

Am 22. November trat der Deutschland-Direktor der British Airways, McKie, vor die Berliner Presse und kündigte an, daß seine Gesellschaft im folgenden Jahr ihr Angebot erhöhen und eine zweite Nonstop-Linie nach London eröffnen werde. Gleichzeitig wies er die Kritik von Politikern aller Parteien an den alliierten Fluggesellschaften als »unsachlich und bedauerlich« zurück. Er könne auch nicht verstehen, warum deutsche Politiker ständig die Flugpreise im Berlin-Verkehr kritisierten, an viel höheren Tarifen im westdeutschen Inlandsverkehr aber keinen Anstoß nähmen.

In den achtziger Jahren überstürzten sich die Ereignisse

Das vierte Jahrzehnt des alliierten Berlin-Flugverkehrs war prall mit schlagzeilenträchtigen Ereignissen gefüllt. Ein Regierungswechsel in Bonn hatte positive, ein solcher in Berlin negative Folgen für den Luftverkehr. Unter schwierigen Bedingungen begann der Aufbau von Regionaldiensten, und die berühmte Rede von Präsident Reagan am 13. Juni 1987 vor dem Brandenburger Tor hatte einen Massenandrang von Fluggesellschaften zur Folge.

1980: Beginn mit Rückschlägen

Nach dem hoffnungsvollen Passagieranstieg 1979 setzte zu Beginn des Jahres 1980 wieder eine Abwärtsbewegung ein. Zudem begann das Jahr mit weiteren bösen Überraschungen für die Airlines. Die Flughafen-Gesellschaft stellte lapidar fest, daß die Vereinbarungen über Gebühren und Mieten aus dem Jahre 1975, die den Umzug nach Tegel einleiteten, erloschen seien, und beantragte bei den Luftfahrtattachés kräftige Gebührenerhöhungen. Die Landegebühren für eine Boeing 727 beispielsweise sollten von 620,50 DM auf 916,15 DM steigen. British Airways und PanAm klagten, diese Erhöhungen bedeuteten für sie jährliche Mehrkosten von 7,5 Millionen DM, worauf die Flughafen-Gesellschaft argumentierte, sie leide an einem steigenden Defizit, weil sie nicht dieselben Gebühren könne wie die westdeutschen Flughäfen. Die Attachés akzeptierten jedoch die Erhöhungen nicht, und so mußte die Flughafen-Gesellschaft zum Jahresende feststellen, daß ihr Defizit nunmehr 19 Millionen DM betrage.

Angesichts der gestiegenen Passagierzahlen waren in Tegel am 20. März 1980 Erweiterungsbauten für 3,5 Millionen DM begonnen worden. Mit einer 15. Abfertigungsposition stieg die jährliche Kapazität des Flughafens auf 5,6 Millionen Fluggäste. Die Liniengesellschaften legten zum Sommerflugplan insgesamt 72 Flugpaare täglich auf: PanAm 36, BA 32, Air France und TAT je zwei. Die Air Berlin wartete unterdessen vergeblich auf die Genehmigung für eine Linie nach Brüssel, und auch die Tatsache, daß die Interflug am 1. April eine solche Verbindung einrichtete, konnte die Entscheidungsfreudigkeit der Luftfahrtattachés nicht beflügeln. So fand der erste Flug erst am 22. Juli statt, jedoch stand die Linie unter keinem guten Stern, weil die Air Berlin offensichtlich nicht so recht wußte, was sie wollte. Sie beantragte einen Flug über Brüssel nach Orlando, allerdings nur einmal pro Woche, dann

Die Dan-Air flog mit der BAe 748 von Berlin nach Amsterdam und setzte diesen Typ ab 1984 auch nach Saarbrücken ein. Von 1986 an flog solch eine Maschine auch bei British Airways auf deren kürzeren Berlin-Strecken. Die von der damaligen britischen Firma Avro entwickelte Maschine absolvierte am 24. Juni 1960 ihren ersten Flug und konnte 48 Passagiere mit 425 km/h über 1 075 Kilometer befördern Ihre Spannweite betrug 28,9 Meter, die Länge 20,4 Meter und die Startmasse 16,6 Tonnen.
Foto: BFG

jedoch einen täglichen Flug. Nun gerieten sich die Attachés in die Haare, denn neben den Anträgen der Air Berlin war noch immer nicht über die Anfrage der Dan-Air nach einem Amsterdam-Flug entschieden worden. Nachdem sich die Amerikaner und die Briten endlich geeinigt hatten, legten die Franzosen ihr Veto ein, und schließlich geriet der Vorgang auf höchste Regierungsebene – London und Washington wurden in Paris vorstellig. Am 29. Oktober 1980 war man sich endlich einig. Aber nun überraschte die Air Berlin mit der Mitteilung, sie wolle zunächst doch nur einmal pro Woche fliegen. Im Frühjahr 1981 stellte sie die Linie ganz ein, flog vom 4. Juli an zweimal pro Woche, gab den Liniendienst dann am 22. Oktober endgültig auf und beschränkte sich fortan auf den Ferienflugverkehr. Auch die Dan-Air ließ mitteilen, daß sie nach den langen Verhandlungen der Alliierten nicht sogleich, sondern erst am 1. April 1981 nach Amsterdam starten werde. Bereits am 21. März 1980 hatte die Berlinair in Tempelhof den Betrieb eingestellt, weil die Nachfrage angesichts der komplizierten Genehmigungsverfahren für jeden Flug hinter den Erwartungen geblieben war.

Und auch das geschah im Jahre 1980: In aller Stille tat die DDR einen weiteren Schritt, um »Westverkehr« nach Schönefeld zu ziehen. Zum 1. Mai wurde die Visa-Erteilung für Transitpassagiere erleichtert, die in Schönefeld starten wollten. Zudem baute die DDR auf Reichsbahngelände am Bahnhof Tempelhof klammheimlich eine Haltestelle für den Interflug-Bus, der regelmäßig, aber ohne ausdrückliche Genehmigung der West-Berliner Behörden, zwischen dem Busbahnhof in Charlottenburg und Schönefeld verkehrte. Weder die Polizei noch das Bezirksamt, geschweige denn der Senat waren informiert, und der Senatssprecher rang sich lediglich zu der Feststellung durch: »Das ist ein bemerkenswerter Vorgang.«

1981: Erstmals werden Wirtschaftsdaten bekannt

Ende Januar 1981 einigten sich Airlines und Flughafen-Gesellschaft auf eine 35-prozentige Mieterhöhung in Tegel, allerdings verteilt auf fünf Jahre. Zudem genehmigten die Luftfahrtattachés zum 1. März eine Erhöhung der Lande- und Abstellgebühren um 20 Prozent. Der Passagier wurde daher zum 1. April mit einer Flugpreiserhöhung von 7,5 Prozent belastet.

Zum Sommerflugplan strich British Airways vier Flugpaare, während die anderen Fluggesellschaften ihre Flugpläne nicht änderten. Dan-Air eröffnete den Amsterdam-Flug mit täglichen zwei Flugpaaren.

Am 14. Januar war Sir Freddy Laker mit seinem Airbus A300 erstmals in Tegel gelandet, doch der reguläre Ferienflugbetrieb begann erst zum 1. April. Bei der Vorstellung seines Großraumflugzeuges übte Sir Freddy heftige Kritik an der alliierten Luftfahrtpolitik, die die »Mauer in Berlin bis in den Himmel verlängert«. Er forderte auch im Berlin-Verkehr den freien Wettbewerb und kündigte Anträge auf Streckenrechte an. Zudem werde er ohne Fluggast-Subvention fliegen, denn den Ostblock-Fluggesellschaften, die in Schönefeld zu Niedrigstpreisen flogen, müsse mit ebensolchen Paroli geboten werden. Die britische Zivilluftfahrtbehörde bedeutete ihm indessen erneut, daß man nicht bereit sei, das Gefüge des Berlin-Verkehrs zu ändern. Er verzichtete daraufhin auf die Streckenrechte.

Eine ähnliche Erfahrung mußte auch die Air Berlin machen, die am 2. Juli Rechte für die Frankfurt-Route beantragte. Sie wollte mit Niedrigpreisen zunächst zwölf Flugpaare wöchentlich anbieten, doch die Luftfahrtattachés kamen überraschend schnell zu einer ablehnenden Antwort. Die amerikanische Luftfahrtbehörde CAB allerdings war verstimmt und versuchte, über den US-Attaché doch noch eine Zustimmung zu erreichen, doch auch sie scheiterte. Die Air Berlin rächte sich auf eine besondere Art, indem sie erstmals vertrauliche Wirtschaftsdaten des Berlin-Verkehrs veröffentlichte. Bei jedem Antrag einer Fluggesellschaft mußten nämlich die entsprechenden Daten aufgeführt werden, die dann mit dem Antrag den anderen Airlines zur Stellungnahme vorgelegt wurden. So erhielten die alliierten Airlines jeweils Einblick in die Daten der Konkurrenz. Im Falle der Air Berlin war es die PanAm, die allein die Frankfurt-Route beflog, und nun gab die Air Berlin ihre Berechnungen bekannt, mit denen sie ihren Antrag begründet hatte. Sie erklärte zunächst, daß sie im Gegensatz zur PanAm mit der moderneren Boeing 737-200 fliegen werde und enthüllte dann das ihr von der PanAm zugeleitete vertrauliche Zahlenmaterial: Danach hatte die PanAm auf ihren Berlin-Diensten 1976 einen Nettogewinn von 1,6 Millionen Dollar erzielt, und 1977/78 stiegen die Gewinne gar auf 4,7 beziehungsweise 6,6 Millionen. Dann jedoch ging es bergab: 1979 betrug der Gewinn nur noch 3,1 Millionen, und 1980 schloß die PanAm mit einem Verlust von 1,6

Im Frühjahr 1982 ersetzte die PanAm ihre Berlin-Flotte durch die Boeing 737-200, eine verlängerte und modernisierte Version des Grundmusters, die am 8. August 1967 ihren Erstflug absolviert hatte. Die PanAm stationierte zunächst 17 Maschinen in Berlin und Frankfurt, und auch die British Airways stellte für den Berlin-Verkehr mehrere dieser 130-Sitzer in Dienst, die allerdings modernere Avionik und stärkere Triebwerke hatten. Die Spannweite der Maschine betrug 28,3 Meter, die Länge 30,4 Meter, die Startmasse 52,2 Tonnen, und die Geschwindigkeit lag bei 965 km/h.
Foto: British Airways

Millionen ab. Ein Grund waren die Treibstoffkosten, die von 0,97 auf 1,33 Dollar pro Gallone gestiegen waren. Trotz höherer Passagierzahlen 1980 und Rekordeinnahmen von 179,3 Millionen wurde Verlust eingeflogen, da sich die Kosten auf 178,8 Millionen Dollar erhöht hatten.

Zu den Verlusten trugen die hohen Betriebskosten der Boeing 727 bei, die mit drei Mann im Cockpit flog, die Boeing 737 aber nur mit zwei. Beide Maschinen konnten jedoch dieselbe Zahl von Passagieren befördern. In dem Bericht der Air Berlin hieß es, auf einem Flug von Berlin nach Frankfurt und zurück waren für die 727 genau 2 200 DM an Landegebühren zu bezahlen, für die 737 aber nur 1 614 DM. Die Parkgebühren betrugen 80 beziehungsweise 60 DM, und Eurocontrol verlangte für die 727 Flugsicherungsgebühren von 400 DM, für die 737 aber nur 350 DM. Die Triebwerke der 727 verbrannten pro Flugstunde 1 410 Gallonen Treibstoff, die der 737 nur 950. Die direkten Betriebskosten pro Blockstunde lagen bei der 727 bei 4 315 Dollar, bei der 737 bei 2 529 Dollar. Und schließlich hatten sich die Treibstoffkosten in Berlin von 0,15 Dollar pro Gallone im Jahre 1972 auf 1,33 Dollar 1980 erhöht, zumal der Treibstoffbedarf wegen der niedrigen Flughöhe um rund 15 Prozent höher lag. Die Veröffentlichung dieser Zahlen war den Fluggesellschaften äußerst peinlich, weil sie bei den Flugpreiserhöhungen stets erklärt hatten, es gäbe für den Berlin-Verkehr keine gesonderten Kostenrechnungen. Aber auch für viele Kritiker der alliierten Gesellschaften waren die Zahlen überraschend, denn sie belegten, daß sich die Airlines auf den Berlin-Flügen keineswegs »goldene Nasen« verdienten, wie ihnen vielfach unterstellt worden war.

Auf Initiative des Luftverkehrskaufmanns Fritzweiler, der sich mehrere Jahre im innerfranzösischen Regionalverkehr engagiert hatte, wurde im Herbst 1981 in den USA die Fluggesellschaft Directair gegründet, die am 2. Oktober die Betriebserlaubnis zum Aufbau eines Berliner Regionalflugverkehrs beantragte. Mit Turboprop-Flugzeugen Fairchild »Metro III« mit jeweils 19 Plätzen sollte von Berlin aus Dortmund, Münster, Mannheim, Kassel, Paderborn und Friedrichshafen angeflogen werden. Diese Pläne erregten in Berlin erhebliches Aufsehen, nicht zuletzt auch bei den »etablierten« Fluggesellschaften, die sich nun auch Gedanken über Regionalflüge machen mußten. Zunächst aber hüllten sich die alliierten Behörden in Schweigen.

1982: Heißer Konflikt um die Fluggast-Subvention

Bereits im Januar 1982 zeichnete sich ein weiterer Rückgang der Passagierzahlen ab, während sich die Luftfahrtattachés entscheidungsfreudig zeigten: Zum 1. Januar hatten sie in Tegel einer Erhöhung der Landegebühren für Flugzeuge zugestimmt, die nicht die Lärmnormen der Kategorien 2 und 3 erfüllten. Am 19. Januar erteilten sie der Air Berlin Linienrechte nach Zürich, die von der Gesellschaft allerdings nicht wahr-

Im März 1982 stationierte Tempelhof Airways eine neunsitzige Cessna 441 »Conquest« in Tempelhof, wo sie bis zur Aufnahme des Linienflugverkehrs im Einsatz blieb. Der Prototyp hatte am 26. August 1975 den Erstflug absolviert. Die Maschine war 11,8 Meter lang, hatte eine Spannweite von 15 Metern, eine Startmasse von 4,2 Tonnen und konnte mit 540 km/h 2 626 Kilometer weit fliegen. *Foto: BFG*

genommen wurden, und am 27. Januar erhielt Air France die Erlaubnis für ein drittes tägliches Flugpaar auf der Paris-Route mit Zwischenlandung in Düsseldorf. British Airways und PanAm leiteten die Umrüstung ihrer Berlin-Flotten auf die Boeing 737-200 ein. Der Sommerflugplan sah täglich drei Flugpaare der Air France, 27 der British Airways, zwei der Dan-Air, 36 der PanAm und zwei der TAT vor.

Am 7. Juli kam es zu einem schweren Konflikt mit Bonn, als das Bundeskabinett trotz zahlreicher Berliner Warnungen beschloß, die Fluggast-Subvention von 1983 an jährlich um 20 Prozent zu kürzen. Der Regierende Bürgermeister von Weizsäcker sprach von Instinktlosigkeit; die Alliierten wurden auf Botschafter-Ebene in Bonn vorstellig und beschwerten sich, daß sie vor dem Beschluß nicht konsultiert worden seien. Der Kabinettsbeschluß wurde jedoch nicht verwirklicht, denn in Bonn fand der Regierungswechsel statt, und der neue Bundeskanzler Kohl versicherte bei seinem ersten Berlin-Besuch am 18. Oktober 1982, daß an der Subvention nicht gerüttelt werde. Damit war der Weg auch für die Einführung weiterer Sondertarife frei.

Ein bemerkenswerter Vorfall ereignete sich am 27. August 1982, als die Gewerkschaft ÖTV ihre bei der PanAm beschäftigten Mitglieder zum Streik aufrief, um Lohnforderungen durchzusetzen. In der Urabstimmung erteilten die Gewerkschafter der ÖTV jedoch eine Absage.

Und der geplante Regionalverkehr? Im Februar 1982 wurde in den USA die Taxifluggesellschaft Tempelhof Airlines gegründet, die im März den Betrieb aufnahm. Im Herbst meldete sich die Directair zu Wort und erinnerte an ihren Antrag auf Fluggenehmigung vom Vorjahr. Nun wurde bekannt, daß der amerikanische Luftfahrtattaché den Antrag unterstützte, und die PanAm erklärte, sie befürchte zwar Passagiereinbußen, werde aber keine Beschwerde einlegen. Jedoch sprach die British Airways ihr Veto aus, da sie um die Rentabilität ihrer Dienste nach Hannover, Düsseldorf und Köln/ Bonn fürchtete, wenn die Directair ihr volles Flugprogramm bewilligt bekäme. Die Franzosen waren uninteressiert, wollten aber den britischen Standpunkt unterstützen. Während die deutschen Länderregierungen einen Regionaldienst nach Berlin befürworteten, ließ das Bundesverkehrsministerium verlauten, man sei »neutralpositiv«, im übrigen sei die ganze Sache jedoch eine Angelegenheit der Alliierten. Ergebnis: Wieder keine Entscheidung.

1983: Aufwärts mit den Passagierzahlen

Die Liniengesellschaften gingen mit einem zum Vorjahr identischen Angebot in den Sommerflugplan 1983, und mit den Passagierzahlen ging es zunächst langsam, dann aber verstärkt aufwärts. Am 3. Mai kam es zu Schwierigkeiten bei der PanAm. Die ÖTV, die mit ihrem Streikaufruf eine Niederlage erlitten hatte, organisierte nun spontane Arbeitsniederlegungen, um höhere Gehälter durchzusetzen. Die PanAm verwies auf die finanziellen Schwierigkeiten des Unternehmens, darauf, daß die Mitarbeiter in den USA Lohnkürzungen akzeptiert hätten, daß die deutschen Mitarbeiter ohnehin besser bezahlt würden als die Lufthanseaten, und daß die PanAm 1981 im Berlin-Verkehr einen Verlust von 10,4

Millionen DM und 1982 von 8,2 Millionen DM erlitten habe. Die Streiks führten zu einigen Verspätungen, hingegen kam es zu keiner ernsthaften Beeinträchtigung des Flugverkehrs.

British Airways und PanAm stellten nunmehr Überlegungen an, ob sie auch einen Regionalverkehr organisieren sollten. BA ließ die Marktlage für eine Linie nach Münster-Osnabrück untersuchen, und die PanAm prüfte neue Linien nach Kiel, Mannheim und Friedrichshafen. Erstmals wurden auch Bäderdienste angeboten: Die BA schloß mit der Bremer Roland Air ein Abkommen für Umsteigeverbindungen von Helgoland und zu den Ostfriesischen Inseln, wobei beide Airlines den Passagieren Sonderkonditionen einräumten. Die PanAm schloß ein ähnliches Abkommen mit der Hamburger Hadag Air für Flüge über Hamburg nach Helgoland.

Die Directair erhielt schließlich im August 1983 die Zulassung für Berlin, indessen nur für einen auf die Ziele Mannheim, Friedrichshafen, Brüssel und Zürich beschränkten Dienst. Daraufhin kündigte sie den ersten Flug nach Zürich für den 17. Dezember und den nach Friedrichshafen für den 18. an. Aber daraus wurde nichts, denn weil angeblich die Pilotenausbildung noch nicht abgeschlossen war, wurden die Starttermine mehrfach verschoben. Bis zum Jahresende traf jedenfalls kein Flugzeug der Directair in Berlin ein. Schwierigkeiten hatte auch die TAT mit den Saarbrücken-Flügen, denn sie stand bereits bei mehreren Institutionen in der Kreide. Am 29. Dezember teilte sie dann mit, daß der Betrieb am 3. Januar 1984 eingestellt werde.

Das Jahr endete mit einer Gesamtpassagierzahl von 4,1 Millionen. Im Berlin-Verkehr waren insgesamt 21,4 Millionen Reisende gezählt worden: 61 Prozent fuhren mit dem PKW, 12,2 Prozent mit dem Bus, 11,9 Prozent mit der Bahn, und 14,9 Prozent nutzten das Flugzeug.

1984: Beginn der Regionalflüge

Am 9. Januar 1984 eröffnete die Dan-Air ihre Linie nach Saarbrücken, nachdem sich das Saarland verpflichtet hatte, einen jährlichen Zuschuß von 750 000 DM zu zahlen. Die Gegenleistung der Airline lag in der Zusage, eine BAe 748 in Saarbrücken zu stationieren, so daß die Maschine früh nach Berlin starten und am Abend zurückkehren konnte.

In den Sommerflugplan ging die PanAm mit einer Flotte von 16 Boeing 737-200, allerdings mit einem auf 35 Flugpaare reduzierten Angebot. British Airways legte zwei Flugpaare zu und bot nun täglich bis zu 28 an. Die Dan-Air hatte je zwei Flugpaare nach Amsterdam und Saarbrücken im Programm, die Air France blieb bei drei Flugpaaren täglich. Im Mai führte nach der Air France auch die BA eine Club-Klasse ein, nachdem sich die Wirtschaft dringend für ein Zwei-Klassen-System eingesetzt hatte. Am 17. Mai lief das Abkommen über die Streckenaufteilung zwischen PanAm und British Airways offiziell aus, doch wurde es stillschweigend ohne weitere Verhandlungen verlängert.

Inzwischen war am 26. März endlich das erste Flugzeug der Directair in Tegel gelandet, und die Fluggesellschaft begann mit ihren Regionaldiensten am 12. Mai nach Friedrichshafen und am 16. nach Zürich. Nach langwierigen Verhandlungen hatte die Bundesregierung doch noch nachgegeben und auch für die

Die Directair eröffnete im Frühjahr 1984 den Linienverkehr mit der Swearingen »Metro III«, die 19 Passagiere mit 470 km/h über 500 Kilometer befördern kann. Der Erstflug hatte im Herbst 1981 stattgefunden; die Spannweite beträgt 17,3 Meter, die Länge 18 Meter und die Startmasse 6,3 Tonnen.
Foto: R. Kuhnt

Regionaldienste im Inlandsverkehr die Fluggast-Subvention bewilligt. Indessen verkehrte die Directair lediglich mit einer einzigen »Metro«, und an die Eröffnung weiterer Linien war nicht zu denken. Zu allem Übel fiel am 24. Juni das Flugzeug wegen Motorschadens für einige Tage aus, und der Flugplan brach zusammen. Erfolglos blieb auch ein Versuch der PanAm, eine Linie nach Brüssel aufzubauen, die wiederholt von Politikern gefordert worden war. Am 5. März fand der erste Flug statt, jedoch wurde der Dienst mangels Nachfrage bereits am 4. Juni wieder eingestellt. Glücklicher operierte dagegen die BA, die am 29. Oktober eine Regionallinie nach Münster-Osnabrück eröffnete. Am 10. Juli 1984 sorgte die Lufthansa mit der Mitteilung für beträchtliches Aufsehen, daß sie mit der Interflug die Aufnahme von Linienflügen zur Leipziger Herbstmesse vereinbart habe. Die Lufthansa werde von Frankfurt starten, während die Interflug von Düsseldorf, Hamburg und Stuttgart nach Leipzig fliegen werde. Während die Lufthansa keine weiteren Einzelheiten bekanntgab, sagte der Parlamentarische Staatssekretär im Bundesverkehrsministerium, Schulte, die Vereinbarung sei ein Muster, wie man »im Rahmen des Gebens und Nehmens zu vernünftigen Beschlüssen kommen kann.«

Einen Tag später äußerte Ruhnau, die Vereinbarung sei »ein Versuch zur Zusammenarbeit unterhalb der Schwelle eines Luftfahrtabkommens«. Der Berlin-Verkehr sei dagegen ein völlig anderes Kapitel und könne nicht Gegenstand von Verhandlungen der Fluggesellschaften untereinander sein, sondern sei allein Angelegenheit der Vier Mächte. Die Lufthansa bekräftige zwar ihren Anspruch, auch nach Berlin zu fliegen, werde aber nichts »an Berlin vorbei tun«. Auf dem Frankfurter Flughafen gaben die Verkehrsminister der Bundesrepublik und der DDR, Dollinger und Arndt, eine Pressekonferenz, in der erklärt wurde, man habe für die Messeflüge bei den Alliierten einen direkten Flugweg über die innerdeutsche Grenze – und damit durch die NATO-Sperrzone – beantragt, doch die westlichen Alliierten erteilten diese Genehmigung nicht.

Am 13. September 1984 war auch die PanAm für eine sensationelle Nachricht gut: Sie verkündete einen Milliardenauftrag an die europäische Airbus Industrie. Zunächst sollten A310 auch im Berlin-Verkehr eingesetzt werden, später dann die kleinere A320.

1985: Airbusse im Einsatz

Das Jahr 1985 begann mit einem Rückschlag für den Regionalflugverkehr. Am 11. Januar teilte die Directair mit, sie werde nunmehr vier »Metro III« mit einem Aufwand von 38 Millionen DM kaufen. In der Frage der Fremdfinanzierung habe sie von der Berliner Handels- und Privatbank einen Kredit von 27 Millionen erhalten, für den Teilbereich von 9,5 Millionen habe die Bank wiederum eine Senatsbürgschaft beantragt. Diese sogenannte Rückbürgschaft wurde zu-

PanAm Express setzte die französisch-italienische ATR-42 auf Regionalstrecken ein, die Ende 1984 erstmals geflogen war und 42 Passagiere über Distanzen bis zu 1 300 Kilometern befördern kann. Die Spannweite beträgt 24,5 Meter, die Länge 22,5 Meter, die Startmasse 14,7 Tonnen und die Geschwindigkeit 513 km/h.
Foto: BFG

Vom Mai 1985 an setzte die PanAm auf den innerdeutschen Hauptstrecken und nach New York den Airbus A310-200 ein, der am 3. April 1982 zum Erstflug gestartet war und maximal 218 Passagiere mit 870 km/h über eine Distanz von 6 900 Kilometern befördern kann. Die Spannweite beträgt 43,9 Meter, die Länge 46,7 Meter und die Startmasse 138,6 Tonnen.
Foto: BFG

erst gewährt, doch dann vom Senat wieder zurückgezogen, weil die Directair mit falschen Zahlen operiert hatte. Die Finanzierung scheiterte, und die Directair mußte am 1. März den Betrieb einstellen. Die verantwortlichen Geschäftsführer wurden später vor Gericht gestellt und verurteilt.

Am 1. März traten die PanAm-Piloten weltweit in den Streik, um Gehaltsforderungen des Bodenpersonals zu unterstützen. Die Direktion beorderte drei zusätzliche Boeing 727-200 mit Management-Piloten nach Berlin, auf einigen Linien sprangen auch Air Berlin und British Airways ein. Mit Rücksicht auf die politischen Verpflichtungen im Berlin-Verkehr beendeten die Berliner PanAm-Piloten den Arbeitskampf, verzichteten aber aus Solidarität mit den weiter streikenden Kollegen für die Dauer des Streiks auf Bezahlung. Die Gelder wurden für bedürftige Kinder gespendet.

Der Sommerflugplan war mit Komplikationen behaftet. Die PanAm erklärte, sie werde ihren Plan erst zum 28. April in Kraft setzen, weil sie die ersten Airbusse erwarte. Für die BA konnte der Flugplan zunächst nicht genehmigt werden, weil die Air France gegen einen geplanten siebenten Flug auf der Düsseldorf-Route Einspruch erhoben hatte. Deutschland-Direktor Twomey protestierte und erklärte, er werde sich über das Veto hinwegsetzen und selbst die siebente – nicht genehmigte – Maschine steuern. Schließlich verzichtete die British Airways aber auf eine Kraftprobe. So wurde zunächst der Flugplan nur für die Air France (täglich drei Flugpaare) und die Dan-Air (4) wirksam. Nachdem Beratungen der Luftfahrtattachés nicht zu einer Einigung über den zusätzlichen Flug der BA geführt hatten, gab die Air France am 4. April nach und zog ihr Veto zurück. Mit täglich bis zu 29 Flugpaaren wurde nun der Plan auch für die Briten wirksam. Unterdessen geriet die PanAm in Schwierigkeiten, weil die A310 nicht rechtzeitig ausgeliefert wurden, und sie konnte zunächst nur zwei A300 auf den Hauptstrecken einsetzen. Insgesamt bot die PanAm 34 Flugpaare an. Die ersten A310 trafen dann jedoch am 25. Mai in Tegel ein, und die Berlin-Flotte des Carriers bestand schließlich aus vier A310, einer Boeing 727-200 und zwölf Boeing 737-200.

Am 29. Juni schickte die British Airways erstmals ihre überschallschnelle »Concorde« mit der gesamten Führungsspitze der Fluggesellschaft an Bord nach Berlin. Mit gewisser Überraschung wurde vermerkt, daß dem Flugzeug ohne sowjetischen Einspruch eine Flughöhe von 6 000 Metern in den Luftkorridoren zugestanden worden war.

Bereits Mitte September gaben British Airways und PanAm bekannt, daß sie angesichts ausreichender Nachfrage die Sommerflugpläne voll für den Winter übernähmen. Die BA-Flotte bestand nun aus sechs Boeing 737-200 und einer BAC 111-500. Am 30. Oktober eröffnete Tempelhof Airways mit einer Nord 262 zunächst den Linienverkehr nach Pader-

Am 30. Oktober 1985 eröffnete Tempelhof Airways den Liniendienst nach Paderborn, und auf dieser sowie später auch auf anderen Strecken kam die 29-sitzige Nord 262 zum Einsatz. Das Flugzeug, eine Entwicklung der französischen Nord Aviation, war am 24. Dezember 1962 erstmals gestartet, flog 370 km/h schnell und 800 Kilometer weit. Die Spannweite betrug 21,9 Meter, die Länge 19,2 Meter und die Startmasse 10,3 Tonnen. Insgesamt wurden 100 Exemplare gebaut. *Foto: BFG*

born, und am 4. Dezember wurde unter Leitung des früheren BA-Deutschland-Direktors Twomey die Regionalfluggesellschaft Berlin Regional UK gegründet, die sich um Beteiligung am Berlin-Verkehr bewerben wollte.

Der Berlin-Flugverkehr war 1985 abermals in das politische Rampenlicht geraten, weil Lufthansa-Vorstandschef Ruhnau die Alliierten offen attackierte und erklärte, Amerikaner und Briten hätten »den Markt unter sich aufgeteilt, ein Verfahren, das nach westeuropäischen und amerikanischen Vorstellungen eigentlich nicht mehr geht«. Der gegenwärtige Zustand sei »unnatürlich«, und es sei »das gute Recht der Lufthansa, daß wir auch den Flugverkehr nach Berlin wieder betreiben«. Ruhnau enthüllte, daß die Lufthansa mit der Interflug in Verhandlungen über eine Linienverbindung zwischen Frankfurt und Leipzig auch außerhalb der Messezeiten stehe.

Die Reaktionen auf Ruhnaus Attacken waren in Bonn und Berlin betont zurückhaltend. Regierungssprecher Boenisch sagte, der innerdeutsche Verkehr der alliierten Fluggesellschaften durch die Luftkorridore im Interesse eines leistungsfähigen, unkontrollierten Zugangs nach Berlin auf der Basis der originären Zugangsrechte der drei Westmächte dürfe nicht gefährdet werden. In Berlin sagte Regierungssprecher Fest, Ruhnau habe »einen geistigen Langstreckenflug« gemacht. Die Luftkorridore müßten wirtschaftlich bleiben, und daher sei ein etwaiger Parallelverkehr ausgeschlossen.

In Tegel und in Tempelhof wurden 1985 insgesamt 4 562 922 Passagiere abgefertigt, 6,3 Prozent mehr als 1984. Die BFG stellte mit Befriedigung fest, daß sich ihr Defizit angesichts des ersten Einsatzes von Großraumflugzeugen von 16 Millionen auf 13 Millionen DM verringert habe.

Im Juni 1986 hatte Tempelhof Airways im Auftrag der Björn-Steiger-Stiftung ein Ambulanzflugzeug Learjet 25 in Tempelhof stationiert, das auch für das Herzzentrum und für schnelle Organtransporte bereitstand. Der Erstflug des Prototyps fand am 12. August 1966 statt, und der Achtsitzer fliegt 860 km/h schnell über 2 700 Kilometer weit. Die Spannweite beträgt 10,8 Meter, die Länge 14,4 Meter und die Startmasse 6,5 Tonnen. *Foto: BFG*

1986: Die Lufthansa feiert in Tegel

Das Jahr 1986 begann für die Lufthansa mit einer peinlichen Panne: Sie wollte ihren 60. Geburtstag in der großen Nebelhalle des Flughafens Tegel feiern, doch kurz vor der Veranstaltung am 6. Januar wurde bekannt, daß Ruhnau ohne Konsultation der französischen Hausherren den Interflug-Generaldirektor Henkes eingeladen hatte, der ja auch den Posten eines Generalleutnants der DDR-Luftstreitkräfte und das Amt eines stellvertretenden DDR-Verkehrsministers bekleidete. Die Franzosen waren äußerst verblüfft, Henkes mußte wieder ausgeladen werden, und die Lufthansa kommentierte den Vorgang mit den Worten, so »eng wie die Alliierten und die Berliner« habe man die ganze Angelegenheit nicht gesehen.

In den Sommerflugplan ging die PanAm mit sieben Airbussen, vier Boeing 737-200 und zwölf 737-300. Sie bot täglich 38 Flugpaare an und eröffnete einige Tage später Flüge über Hamburg nach New York und über Frankfurt nach Detroit. British Airways hatte 35 Flugpaare im Programm, die Air France täglich drei auf der Linie über Düsseldorf nach Paris und wöchentlich eines über Düsseldorf nach Nizza, wo eine Fokker F.28 eingesetzt wurde. Die Dan-Air ging mit täglich vier Flugpaaren in den Sommer, die Tempelhof Airways mit drei.

Am 22. April beantragte die Berlin Regional UK bei der britischen Zivilluftfahrtbehörde Streckenrechte von Tegel nach Kiel, Friedrichshafen, Basel, Genf, Brüssel und Kopenhagen. Zum Einsatz sollten Turboprop-Flugzeuge »Jetstream 31« mit 19 Sitzplätzen gelangen, und am 19. Mai stellte British Airways auf den Linien nach Bremen und Münster-Osnabrück BAe 748 in Dienst, die die größeren Jets ersetzten. Am 29. Juni stationierte Tempelhof Airways ein Ambulanzflugzeug Learjet 25 in Tempelhof.

Im Laufe des Jahres kam es zu einem Schlagabtausch zwischen Wirtschaftssenator Pieroth und der PanAm, denn in der Einführungsphase hatten sich bei den neuen Airbussen immer wieder »Kinderkrankheiten« eingestellt, die zu Verspätungen führten. Zudem erwiesen sich die bisherigen Umkehrzeiten als zu kurz. Pieroth attackierte daraufhin die PanAm, bezeichnete sie als Monopolist und forderte die Zulassung einer weiteren amerikanischen Fluggesellschaft in Berlin. Die PanAm konterte mit der Feststellung, die Regelmäßigkeit der Flüge habe im Mai und im Juni bei 97,1 Prozent gelegen. Von 6 076 Flügen seien nur 149 durch technische Störungen verzögert worden.

Von den Aktivitäten im aufkommenden Regionalverkehr beflügelt, wollte nun auch die PanAm hier mitmischen. Am 18. August kündigte der Vorstandsvorsitzende Acker in Berlin an, die PanAm werde im Herbst nach Kopenhagen und Oslo fliegen und Pläne für einen eigenen Regionalverkehr ausarbeiten. Alle zwölf Boeing 737-200 würden zurückgezogen und durch die gleiche Anzahl der größeren 727-200 ersetzt, die neben der Airbus-Flotte operierten. Am 2. Dezember wurde die neue Route von Tegel über Kopenhagen nach Oslo eröffnet; bereits am 22. Oktober hatte Tempelhof Airlines eine zweite Linie von Tempelhof nach Dortmund eingerichtet.

Am 22. Dezember schlossen PanAm und Tempelhof Airways einen Vorvertrag über den gemeinsamen Aufbau eines Regionalnetzes mit Strecken nach

Speyer, Friedrichshafen, Kiel, Basel, Genf und Mailand. Die modernen Saab 340 sollten die Aufschrift »Tempelhof Airways PanAm Express« tragen.

Zum Jahresende sorgte auch die Lufthansa wieder für Schlagzeilen: Die Boeing-Werke hatten der Gesellschaft als treuem Kunden eine in Israel stationierte alte Boeing 707 geschenkt. Heinz Ruhnau entschied, das Flugzeug dem Berliner Verkehrsmuseum zu übergeben und auf dem Gelände des Flughafens Tegel aufzustellen, selbstverständlich in den Lufthansa-Farben. Die deutsch-alliierte Arbeitsgruppe diskutierte am 17. Oktober in Bonn, ob und wie die Maschine nach Berlin gebracht werden solle. Nach langwierigen Gesprächen stimmten die Luftfahrtattachés schließlich dem Transport zu. Um die Sowjetunion nicht zu verärgern und die westalliierten Rechte zu wahren, wurde entschieden, daß die 707 für ihren letzten Flug eine amerikanische Registrierung erhalten und von amerikanischen Piloten geflogen werden solle. Die Lufthansa-Symbole mußten überklebt werden. So wurde dann auch verfahren, und die Maschine landete am 22. November in Tegel, wo man die Registrierung entfernte und das Flugzeug zum »Baudenkmal« deklarierte. Jetzt konnte es seinen Standplatz in den Farben der Lufthansa erhalten.

Das Jahr 1986 schloß mit einer Gesamtbeförderungsleistung von 4 600 637 Passagieren im Linien- und Charterverkehr ab. Interessant ist die Verteilung der Passagiere auf den einzelnen innerdeutschen Strecken; Frankfurt 979 221, Düsseldorf 449 664, Hamburg 447 022, München 437 577, Stuttgart 337 821, Köln/Bonn 291 096, Hannover 279 275, Nürnberg 117 873, Bremen 87 123, Münster-Osnabrück 39 699, Saarbrücken 38 106, Paderborn 189 477, Sylt 9 702 und Dortmund 3 013. Der Flughafen Schönefeld meldete 2 423 715 Passagiere.

Im April 1987 eröffnete die Berlin Regional UK den Liniendienst mit 19-sitzigen »Jetstream 31«, die 540 km/h schnell über 2.000 Kilometer flogen. Die Maschine, konstruiert von British Aerospace, startete am 28. März 1980 zum Erstflug, hatte eine Spannweite von 15,8 Metern, eine Länge von 14,3 Metern und eine Startmasse von 6,3 Tonnen. *Foto: BFG*

Mit einer alten Boeing 727 eröffnete die amerikanische TWA ihre Berlin-Dienste und flog zunächst nach Brüssel mit Anschluß nach New York, ein Jahr später auch innerhalb Deutschlands.
Foto: BFG

1987: Reagan-Initiative sorgt für Aufsehen

Berlin stand 1987 im Zeichen der 750-Jahr-Feiern, und einer der Höhepunkte war die Rede von US-Präsident Reagan vor dem Brandenburger Tor, in der er die Öffnung der Mauer und den Ausbau Berlins zu einem Verkehrszentrum in Mitteleuropa forderte. Zunächst aber sorgte die PanAm für eine Überraschung: Ihr Vorstandsvorsitzender Acker eilte nach Berlin und verkündete auch seiner vorher nicht informierten Deutschland-Direktion am 19. Januar, daß die Gesellschaft im Juni einen Shuttle-Verkehr ohne Vorbuchungen und mit garantiertem Sitzplatz nach Hamburg und später auch auf anderen Routen einführen werde. Angesichts der Passagierzahlen war dieser Plan jedoch absurd, und er wurde denn auch am 9. Mai stillschweigend zu den Akten gelegt.

Am 11. März kündigte die amerikanische Fluggesellschaft TWA an, daß sie sich zunächst auf einer Linie über Brüssel nach New York am Berlin-Verkehr beteiligen wolle. Damit war der Auftakt für eine beträchtliche Ausweitung der Berlin-Flüge gegeben. Zwar verlief der Sommerflugplan noch normal, doch dann ging es Schlag auf Schlag. Die PanAm bot täglich 37 Flugpaare an, British Airways ebenfalls 37, die Dan-Air drei und Tempelhof Airways vier. Aber bereits am 21. April eröffnete Berlin Regional UK, die am 31. März ihre Streckengenehmigung erhalten hatte, ihre erste Route nach Genf mit einem täglichen Flugpaar. Am 11. Mai flog Tempelhof Airways erstmals nach Braunschweig, am 1. Juni verdichtete BR UK den Flugplan mit weiteren Flügen nach Kopenhagen und Friedrichshafen und am 3. Juni auch nach Basel. Bereits am 31. Mai hatte die PanAm ihren ersten Nonstop-Dienst mit einer A310 nach New York eröffnet. Als die Air France im Juni und im Juli ihre »Concorde« nach Berlin schickte, wurde ihr eine größere Flughöhe in den Luftkorridoren verweigert, so daß sie nicht höher als 3 000 Meter fliegen durfte.

Am 9. Juli kam es zwischen einigen Fluggesellschaften zu einem gehörigen Krach. Die PanAm hatte am 27. April die Verhandlungen mit Tempelhof Airways über den gemeinsamen Aufbau von Regionaldiensten für gescheitert erklärt und angekündigt, daß sie mit ihrem Tochterunternehmen PanAm Express selbst in den Markt einsteigen wolle. Berlin Regional UK und Tempelhof Airways sahen in den Plänen den Beginn eines Vernichtungswettbewerbs gegen die kleinen Airlines. Besonders empört war Tempelhof Airways, die während der Verhandlungen der PanAm die Ergebnisse ihrer Marktforschungen übergeben hatte, und die nun von PanAm Express genutzt werden konnten.

Am 2. August eröffnete die TWA ihre Linie über Brüssel nach New York, wobei die Teilstrecke nach Brüssel mit einer Boeing 727 beflogen wurde, was den Protest von Flughafen-Anwohnern hervorrief, die Front gegen die »alten Mühlen« machten. Am 27. August richtete Air France wieder einen – zunächst einmal wöchentlich beflogenen – Nonstop-Dienst nach Paris mit einer F.28 ein, und am 26. Oktober fand der Erstflug der Berlin Regional UK nach Zürich statt.

Zum Jahresende bot die PanAm täglich bis zu 47 Flugpaare an, BA 34, Dan-Air fünf, Tempelhof Airways acht, Air France bis zu vier und TWA zwei. Berlin Regional UK veranstaltete wöchentlich 21 Flugpaare. Bereits am 2. November eröffnete auch PanAm Express den Berlin-Verkehr mit Flügen nach Kiel, Dortmund, Straßburg, Basel, Zürich und Innsbruck. Insgesamt wurden täglich bis zu sieben Flugpaare angeboten und mit ATR 42 beflogen. Ein beantragter Flug nach Stockholm war zunächst von den schwedischen Behörden abgelehnt worden, aber am 5. November traf doch noch die Erlaubnis ein.

Zum Jahresende braute sich Unheil über den etablierten alliierten Fluggesellschaften zusammen. Die in finanziellen Schwierigkeiten steckende PanAm bot im Servicebereich wiederholt Anlaß zur Kritik, und der Wunsch des Senats wurde lauter, daß mehr Konkurrenz nötig sei. Nachdem Präsident Reagan in seiner Berlin-Rede gefordert hatte, die Stadt müsse mehr in den internationalen Flugverkehr einbezogen werden, setzte ein wahrer Ansturm amerikanischer Fluggesellschaften ein. Den Anfang machte die TWA, die für das Frühjahr 1988 täglich sechs Flugpaare nach Frankfurt, drei nach München und je zwei nach Stuttgart und Hamburg beantragte. Am 3. Dezember meldete sich American Airlines und beantragte zum 1. Mai täglich 13 Flugpaare nach Frankfurt, sieben nach Hamburg, sechs nach München, drei nach Düsseldorf, zwei nach Köln/Bonn und je eines nach Wien und Zürich. Schließlich erklärte Delta Airlines, daß sie in Kürze ebenfalls Anträge stellen werde. Die genervte

PanAm-Direktion errechnete allein auf den Hauptstrecken eine Zunahme des Sitzplatzangebots um 110 Prozent, wenn die Anträge genehmigt würden. Die Auslastung werde sich auf völlig unwirtschaftliche 30 Prozent verringern, und allein auf der Frankfurt-Route würden täglich 84 Flüge verkehren – ein Verdrängungswettbewerb großen Umfangs. Der Berliner Senat war da anderer Ansicht, und Wirtschaftssenator Pieroth bezeichnete die Pläne der Fluggesellschaften als »Weihnachtsgeschenk«. Als einziger Rufer in der Wüste betätigte sich der CDU-Fraktionsvorsitzende Buwitt, der vor einer für den Berlin-Flugverkehr insgesamt gefährlichen Entwicklung warnte. British Airways und PanAm zogen zunächst einmal die längst fällige Konsequenz und erklärten, mit Beginn des Sommerflugplans 1988 werde die Streckenaufteilung beendet.

Angesichts des zu erwartenden Massenandrangs empfahl der Senat der Flughafen-Gesellschaft mit Kapazitätserweiterungen in Tegel zu beginnen. Am 10. Dezember eröffnete Tempelhof Airways eine weitere Linie nach Augsburg, während Berlin Regional UK die Linie nach Basel und Genf »angesichts der Vernichtungstaktik der PanAm« wieder einstellte.

Die westalliierten Regierungen griffen die Initiative Präsident Reagans auf und unterbreiteten der Sowjetunion am 29. Dezember den Vorschlag, förmliche Gespräche über eine stärkere Einbeziehung Berlins in den internationalen Flugverkehr aufzunehmen. Damit wichen sie erstmals von dem Standpunkt ab, die Sowjetunion unter allen Umständen aus den Fragen des alliierten Berlin-Flugverkehrs herauszuhalten.

1988: Alliierte entscheidungsunfähig

1988 sollte zu einem überaus turbulenten Jahr für den Berlin-Flugverkehr werden. Angesichts des Andrangs weiterer Fluggesellschaften zeigten sich weder die Alliierten noch die deutschen Behörden als Herren der Lage. Die Folge war ein bedenkliches Durcheinander, der Zusammenprall verschiedenartiger Interessen und Unsicherheiten beim reisenden Publikum. Verunsichert waren auch die Anwohner in der Umgebung des Flughafens Tegel, und zu allem Überfluß wurde die Diskussion über den Flugverkehr noch vom beginnenden Wahlkampf zum Berliner Abgeordnetenhaus beeinflußt.

Am 13. Januar beschlossen Verkehrssenator Wronski und die Flughafen-Gesellschaft einen sofortigen Ausbau Tegels, was vom Aufsichtsrat am 1. Februar bestätigt wurde. Sofortmaßnahmen waren der Ausbau der Nebelhalle und eine Überbauung des Parkplatzes P 2, um weitere Abfertigungskapazität zu schaffen. Am 26. Januar kündigte Continental Airlines an, sie wolle Tegel zu einem europäischen Drehkreuz ausbauen und hier eine eigene Berlin-Flotte stationieren. Sie beantragte für die Hauptstrecken täglich 28 Flugpaare; 56 meldete Northwest Airlines an. Beim bundesdeutschen Flugplankoordinator setzte unterdessen ein zähes Ringen um die Slots ein, denn aufgrund der »Altvaterregelung« waren natürlich PanAm und British Airways bevorzugt, und es stellte sich heraus, daß die Neuanmelder die Start- und Landezeiten nicht in gewünschter Zahl und Zeit erhielten.

British Airways erklärte, sie werde im Sommerflugplan täglich 37 Flugpaare auflegen und neu nach München fliegen.

Air France flog auf der Linie von Berlin nach Nizza mit einer 65-sitzigen Fokker F.28. Die Maschine hatte im Mai 1967 ihren Jungfernflug absolviert und flog mit 800 km/h 2 200 Kilometer weit. Die Spannweite betrug 24 Meter, die Länge 27,4 Meter und die Startmasse 24,5 Tonnen. *Foto: BFG*

Die PanAm teilte mit, daß sie zusätzlich auch nach Düsseldorf und Köln/Bonn fliegen wolle. Alle Anträge zusammengezählt ergaben, daß zu den täglichen 102 Flugpaaren der etablierten Airlines weitere 103 der Neubewerber geplant waren. Die Konkurrenz drängte allerdings massiv auf die Hauptstrecken, während die anderen Linien, die ohnehin kaum rentabel zu bedienen waren, den Etablierten überlassen werden sollten.

Die mit den Anträgen überhäuften Luftfahrtattachés zeigten sich überfordert. Am 20. Februar erklärten sie, vorerst könnten weitere Fluggesellschaften nicht zugelassen werden und forderten die etablierten Airlines auf, zunächst den Winterflugplan für den Sommer zu übernehmen. Vier Wochen vor Beginn lag noch immer keine Entscheidung über die Sommerflugpläne und über die Neuzulassungen vor. Schon ergaben sich Buchungsschwierigkeiten, weil niemand genau wußte, wer wann wohin fliegen würde. Die etablierten und die sich neu bewerbenden Fluggesellschaften waren gleichermaßen ratlos.

Am 26. März endlich genehmigten die Attachés die Sommerflugpläne von Air France, British Airways, Dan-Air, Berlin Regional UK, Tempelhof Airways und TWA (allerdings nur für den Brüssel-New York-Flug). PanAm Express erhielt die Erlaubnis, zusätzlich nach Hannover zu fliegen; der Sommerflugplan der PanAm wurde jedoch nur zum Teil bestätigt – die beantragten Flüge nach Düsseldorf und Köln/Bonn erhielten keine Genehmigung. Trotz Intervention des Hauptquartiers bei der Regierung in Washington wurde eine Entscheidung über den vollen PanAm-Sommerflugplan immer wieder hinausgeschoben. Selbst die NATO-Außenminister, die sich am 9. Juni mit dem Thema befaßten, konnten sich nicht einigen.

Am 26. April entschied das US-Verkehrsministerium, daß für innerdeutsche Berlin-Flüge nur zwei weitere amerikanische Fluggesellschaften, die American Airlines und die TWA, zugelassen würden. Am 14. Juni wurde endlich das Geheimnis gelüftet, warum sich die drei Westalliierten nicht über die Neuzulassungen hatten einigen können: Briten und Franzosen hatten mit Unbehagen die Massenanträge neuer amerikanischer Airlines aufgenommen und befürchteten ein übermäßiges Schwergewicht der Amerikaner im Berlin-Flugverkehr. Ohne zunächst die Amerikaner zu informieren, planten Air France und Lufthansa die Gründung einer neuen Airline, die später unter dem Namen Euroberlin France an die Öffentlichkeit trat. Da sie mit britischen Flugzeugen operieren sollte, zeigten sich Briten und Franzosen gleichermaßen einverstanden. So beantragte zunächst die Air France für den Winterflugplan 50 zusätzliche Flugpaare pro Woche. Nun waren die Amerikaner überrascht, und die Verhandlungen entwickelten sich nur zäh.

Am 27. Juni war man sich dann endlich einig. Die alliierten Regierungen trafen ein »Rahmenabkommen«, das vorsah, alle beantragten Flüge der etablierten Airlines sowie die von American und TWA zu genehmigen. Das bedeutete, daß zusätzlich zu den 6,1 Millionen Sitzplätzen, die bereits pro Jahr im Angebot waren, weitere vier Millionen bewilligt wurden, wenngleich man den Fluggesellschaften bedeutete, sie seien nicht verpflichtet, den Rahmen voll auszuschöpfen. Und so sah der »Rah-

Die Euroberlin France beteiligte sich mit Boeing 737-300 am Berlin-Verkehr, die mit ihren modernen Triebwerken selbst strengste Lärmnormen erfüllen. Das Modell hatte am 24. Februar 1984 den Erstflug bestanden, ist 800 km/h schnell und kann 146 Passagiere über 3 350 Kilometer befördern. Die Spannweite beträgt 28,9 Meter, die Länge 33,4 Meter und die Startmasse 58,9 Tonnen. *Foto: BFG*

men« aus: American durfte wöchentlich 70 Flugpaare nach Frankfurt, Köln/Bonn und München anbieten, die TWA 56 nach Frankfurt, Hamburg und Stuttgart, die neue französische Airline 105 nach Frankfurt, Köln/Bonn, München und Stuttgart, PanAm 21 zusätzlich nach Düsseldorf, nicht aber nach Köln/Bonn, PanAm Express durfte zusätzlich nach Bremen und Sylt fliegen.

British Airways und PanAm zeigten sich schockiert und erklärten, sie könnten ihre Rolle im Berlin-Verkehr künftig »nur noch auf dem kommerziellen Sektor sehen«, denn die Wirtschaftlichkeit der Berlin-Flüge sei ernsthaft gefährdet. In der Tat mußte sich die Frage stellen, warum die Alliierten einer derartigen Ausweitung der Flugpläne zugestimmt hatten, obwohl sie jahrzehntelang mit Recht argumentierten, sie könnten nur dann ihren Verpflichtungen für einen freien Berlin-Flugverkehr nachkommen, wenn die Wirtschaftlichkeit der Verbindungen gesichert sei.

Am 30. Juni 1988 erhielt die neue französisch-deutsche Fluggesellschaft den Namen Euroberlin France. Das Kapital lag zu 51 Prozent bei Air France, zu 49 Prozent bei der Lufthansa. Für den Flugbetrieb wurden vier Boeing 737-300 samt Cockpitpersonal von der britischen Monarch Airlines geliehen. Der offizielle Gründungsakt fand allerdings erst am 9. September statt, da vor allem die Amerikaner Bedenken geäußert hatten. Zudem hatte die amerikanische Regierung ihren Airlines untersagt, mit Rücksicht auf den Berlin-Status solche Abmachungen mit der Lufthansa zu treffen.

Während die TWA am 18. Juli den innerdeutschen Verkehr zunächst auf der Frankfurt-Route eröffnete, strich American Airlines am 22. Juli überraschend die Segel. Die »exzessiven Kapazitätsausweitungen«, die genehmigt worden seien, ließen weitere Berlin-Flüge nicht rentabel erscheinen, hieß es als Begründung. Am 1. September konnte die PanAm endlich mit ihren Düsseldorf-Flügen beginnen, und am 15. September vedichtete die TWA ihren Flugplan und steuerte nun auch Hamburg und Stuttgart an.

Inzwischen hatten die Fluggesellschaften ihre Winterflugpläne eingereicht, und nun vollzog sich dasselbe Schauspiel wie im Frühjahr – die Luftfahrtattachés konnten sich nicht einigen. Am 7. November erhielt zunächst Euroberlin France die Starterlaubnis; für die anderen Airlines wurde der Plan erst am 9. November wie folgt genehmigt:

• Die PanAm mit täglich bis zu 43 Flugpaaren, und zwar nach Düsseldorf, Frankfurt, Hamburg, München, Nürnberg, Stuttgart, Zürich und New York.

• PanAm Express (9) nach Dortmund, Hannover, Kiel, Kopenhagen, Oslo, Straßburg, Zürich, Salzburg und Innsbruck.

• British Airways (45) nach Bremen, Düsseldorf, Frankfurt, Hannover, Köln/Bonn, München, Stuttgart und London.

• Euroberlin France (16) nach Frankfurt, Köln/Bonn, München und Stuttgart.

• Air France (5) nach Düsseldorf und Paris.

• TWA (8) nach Hamburg, Stuttgart, Frankfurt und Zürich.

• Tempelhof Airways (7) nach Dortmund, Paderborn und Luxemburg.

• Dan-Air (5) nach Amsterdam und Saarbrücken.

• Berlin Regional UK (1) nach Kopenhagen.

Am 10. November beschäftigte sich das Berliner Abgeordnetenhaus mit der Situation des Flugverkehrs. Der SPD-

Am 22. November 1988 traf in Tegel eine Boeing 707 als Geschenk der Boeing-Werke an die Lufthansa ein. Für den Überflug mußte der Name Lufthansa abgedeckt und dem Flugzeug eine amerikanische Zulassung verliehen werden. *Foto: BFG*

Abgeordnete Momper kritisierte die Ausweitung der Flugpläne und forderte eine Reduzierung auf 100 Flugpaare täglich. Der Regierende Bürgermeister Diepgen bezeichnete dies als »temporäre Erscheinung geistiger Wirrnis«, doch die PanAm sah das anders. Sie teilte am 14. November lapidar mit, angesichts der Neuzulassungen und der Massenkonkurrenz müsse sie auf den geplanten Kauf des kleinen Airbus A320 verzichten. Allerdings war es nicht nur die Konkurrenz, sondern auch die bedrohliche Finanzlage, die die PanAm zu diesem Schritt zwang. Sie verkaufte nämlich ihre Optionen für gutes Geld, um wieder liquide zu werden.

Angesichts der turbulenten Ereignisse um die Ausweitung des Flugverkehrs waren andere Geschehnisse an den Rand gedrängt worden. Schon am 3. Januar hatte Tempelhof Airways die Linie nach Braunschweig wegen mangelnder Auslastung eingestellt, und am 31. Januar folgte die Route nach Augsburg. Am 30. Januar weigerten sich die österreichischen Behörden, der PanAm Express eine Landeerlaubnis in Wien zu erteilen, das gleiche taten die Schweden, weshalb auch der Verkehr nach Stockholm eingestellt werden mußte. Der Hintergrund waren amerikanisch-schwedische Querelen über den Atlantik-Verkehr, deren Folge nun der Berlin-Verkehr zu tragen hatte. Am 18. April setzte die Air France erstmals den neuen Airbus A320 auch in Berlin ein. Berlin Regional UK, die am 1. Februar den Flug nach Zürich aufgegeben hatte, änderte am 4. Mai den Namen in Berlin European UK und kündigte an, sie werde sich mit zwei Boeing 737-300 am Charterverkehr beteiligen. Am 1. August stellte Tempelhof Airways die erste moderne Saab 340 in Dienst, und am 11. September beendete Berlin European UK auch ihre Flüge nach Friedrichshafen.

Auch politisch – im Verhältnis Ost-West – tat sich in diesem Jahr einiges: Am 15. September antwortete die So-

Ab April 1988 flog die Air France auf ihren Berlin-Strecken als erste mit dem neuen Airbus A320, der am 22. Februar 1987 den Jungfernflug absolviert hatte. Die Spannweite beträgt 33,9 Meter, die Länge 73,6 Meter, die Startmasse 73,5 Tonnen, und die Maschine kann 150 Passagiere 925 km/h schnell über 5 300 Kilometer befördern. *Foto: Air France*

wjetunion auf die Initiative der drei Westmächte und erklärte, nicht Moskau, sondern die DDR sei die richtige Adresse, wenn Fragen über eine Erweiterung des Berlin-Flugverkehrs erörtert werden sollten. Ende Oktober meldete sich dann die DDR selbst zu Wort und schlug den drei Westmächten in gleichlautenden Noten vor, »entsprechend den internationalen Normen zwischen den Flugsicherungsstellen der DDR und Berlin (West) Informationen zur Flugsicherheit im Nahverkehrsbereich des Flughafens Schönefeld« auszutauschen. Alliierte, Bundesregierung und Senat antworteten übereinstimmend, es sei nicht wünschenswert, der DDR auch nur indirekt ein Mitspracherecht im alliierten Flugverkehr einzuräumen. Nach dem ersten Start der Euroberlin France richtete die Sowjetunion einen offiziellen Protest an Frankreich und erklärte, die Existenz dieser Fluggesellschaft sei eine Verletzung der Berlin-Abkommen, doch Paris wies diese Beschwerde kühl zurück. Da war es dann schon geradezu sensationell, daß am 17. Dezember erstmals eine Maschine der Aeroflot mit der Erlaubnis aller Vier Mächte in Tegel landete. Es handelte sich allerdings um einen Hilfstransport West-Berliner Güter für sowjetische Erdbebenopfer.

Am 1. Dezember schickten die drei Westmächte ein Aide-memoire an Moskau, in dem sie die bisherige sowjetische Antwort als enttäuschend und wenig konstruktiv bezeichneten und die Sowjetunion erneut aufforderten, auf die westliche Initiative vom Dezember 1987 zu reagieren.

Auch deutsche Politiker meldeten sich verschiedentlich, wenn auch wenig hilfreich zu Wort. Im Januar 1988 forderte der SPD-Politiker Egon Bahr ein deutsch-deutsches Luftverkehrsabkommen und spekulierte über die Schaffung einer parallelen Luftstraße zu den alliierten Luftkorridoren. Die Berliner SPD-Fraktion regte eine »Arbeitsteilung« zwischen den Flughäfen Tegel und Schönefeld an, und der Berliner SPD-Politiker Niklas ging sogar einen Schritt weiter und verlangte, daß Auslandsflüge von Tegel nach Schönefeld verlegt werden müßten. Am 7. Juni forderte die Berliner SPD-Fraktion, es solle eine U-Bahn nach Schönefeld gebaut und dieser Flughafen in das internationale Flugnetz eingegliedert werden. Zwei Tage später sprach auch der Berliner FDP-Abgeordnete Kammholz von einer Aufgabenteilung zwischen Tegel und Schönefeld, und schließlich schoß die CSU-Landesgruppe in Bonn den Vogel mit der Feststellung ab, die Beschränkung, Kontrolle und Exklusivität der Flüge für Gesellschaften der Alliierten seien auf Dauer ein nicht zu akzeptierendes Relikt aus der Besatzungszeit.

Alle diese Äußerungen und Forderungen hatten gemeinsam, daß sie völlig unrealistisch waren. Jede »Aufgabenteilung« zwischen Tegel und Schönefeld hätte viele Flugpassagiere unweigerlich unter die Kontrolle der DDR-Grenzorgane gestellt, und von einem wirklich freien Flugverkehr wäre nichts mehr übriggeblieben.

Im Sommer 1988 ersetzte Tempelhof Airways die Nord 262 durch die moderne, am 25. Januar 1983 erstmals geflogene Saab 340. Der 35-Sitzer ist 508 km/h schnell und fliegt 1 600 Kilometer weit, die Spannweite beträgt 21,4 Meter, die Länge 19,7 Meter und die Startmasse 12,2 Tonnen.
Foto: Tempelhof Airways

1989: Die Grenzen fallen

Das Jahr 1989 war beherrscht vom Fall der Mauer und der Wende in der DDR. Zunächst einmal verzeichnete aber West-Berlin eine Wende: Am 28. Januar wurde der CDU/FDP-Senat unter Eberhard Diepgen abgewählt. SPD und Alternative Liste bildeten einen rot-grünen Senat unter dem neuen Regierenden Bürgermeister Walter Momper, und unverzüglich blies nicht nur den Airlines, sondern auch der Berliner Flughafen-Gesellschaft der Wind ins Gesicht, denn die neue Koalition hatte sich eine Reduzierung des Flugverkehrs zum Ziel gesetzt.

Zunächst eröffnete die PanAm am 2. Januar eine Route nach Köln/Bonn, verringerte dafür aber die Zahl der Flüge nach Düsseldorf und München. PanAm Express durfte wieder nach Stockholm fliegen, gab jedoch die Linie nach Dortmund auf. Am 15. Januar teilten sich PanAm und PanAm Express die Linie nach Hamburg gegenseitig auf. Am 21. Februar löste British Airways die alten BAe 748 durch die moderneren ATP ab, und mit vier Maschinen dieses Typs wurden die Linien nach Hannover, Bremen, Münster/Osnabrück und Sylt bedient.

Am 1. April trat der Sommerflugplan in Kraft, der diesmal rechtzeitig genehmigt worden war. Die PanAm bot täglich bis zu 43 Flugpaare an, PanAm Express bis zu 27 (am 28 April flog die Airline erstmals zusätzlich nach Bremen und Sylt). British Airways setzte sich mit täglich bis zu 47 Flugpaaren an die Spitze im Berlin-Verkehr, Euroberlin France hatte 16 Flugpaare, Air France fünf im Programm. Die TWA legte acht auf, Tempelhof Airways sieben und Dan-Air fünf. Die kleine Berlin European UK bildete mit täglich einem Flugpaar nach Kopenhagen das Schlußlicht.

Im Laufe des Sommers 1989 bestätigten sich die Befürchtungen von British Airways und PanAm. Auf der Frankfurt- beziehungsweise der Köln/Bonn-Route stieg die Zahl der Passagiere um 9,2 (25,4) Prozent, das Sitzplatzangebot aber um 35,3 (85,4) Prozent. Entsprechend verringerte sich die Auslastung der Flugzeuge. Hauptleidtragende war die TWA, der es nicht gelang, sich auf dem Berliner Markt durchzusetzen. Lord King, der Verwaltungsratsvorsitzende von British Airways, erklärte in einem Exklusivinterview mit dem »Tagesspiegel«, das Überangebot auf den Berlin-Strecken gefährde die Rentabilität. British Airways werde sich jedoch nicht verdrängen lassen und den Konkurrenzkampf aufnehmen.

Nachdem der Berliner Senat am 4. Juli den Ausbau Tegels gestoppt hatte, holte er zum zweiten Schlag aus: Am 4. August teilte die Bundesregierung mit, der Senat habe sie aufgefordert, bei den Alliierten auf eine Reduzierung der Flugpläne zu dringen. Nach seinen Vorstellungen wurden detailliert täglich 17 Flugpaare auf den Linien nach Frankfurt, Stuttgart, München, Düsseldorf und Köln/Bonn bezeichnet, die wegen zu geringer Auslastung gestrichen werden sollten. Bonn lehnte ab und erklärte, bei den Forderungen des Senats handele es sich um eine Einschränkung des Personenverkehrs und um eine Vernachlässigung spezieller Berliner Interessen. Die Fluggesellschaften betonten, die Auslastungs-Berechnungen des Senats seien nicht repräsentativ. Verärgert waren vor allem die PanAm und die TWA, weil sie elf der genannten 17 Flugpaare streichen sollten. Am 18. August nutzte der Berliner Wirtschaftssenator Mitzscherling (SPD) die Verleihung des »Goldenen Konferenztischs« der British Airways zu einigen deutlichen Bemerkungen an die Adresse seiner Senatskollegen. Er erklärte, Berlin als Großstadt und international orientiertes Wirtschaftszentrum könne für sich nicht »die Idylle eines Naturschutzparks beanspruchen«.

Mit dem Winterflugplan kamen die Fluggesellschaften dem Senat – aber auch sich selbst – entgegen und reduzierten freiwillig ihr Angebot. Sie nahmen zusammen fünf Flugpaare aus dem Programm. British Airways zog sich aus der Frankfurt-Route zurück, beteiligte sich aber mit der ATP an den Nürnberg-Flügen. PanAm verzichtete auf Köln/Bonn und verringerte die Zahl der Flüge nach Frankfurt, während TWA nicht mehr nach Hamburg und Stuttgart flog. Am 26. November stieg Tempelhof Airways in die Hamburg-Route ein, nachdem sie für Flüge nach Mailand keine Erlaubnis der italienischen Regierung erhalten hatte. Die anderen Gesellschaften boten einen nahezu unveränderten Flugplan an.

Nach dem Fall der Mauer am 9. November setzte ein Ansturm von Berlin-Reisenden ein. British Airways und PanAm reagierten mit dem Einsatz von 50 Sonderflügen, BA verstärkte den Flugplan nach Hannover um ein tägliches Flugpaar.

Die sich anbahnende west-östliche Entspannung beflügelte auch bundesdeutsche Politiker, die nun Überlegungen anstellten, wie nach ihrer Ansicht der Berlin-Flugverkehr »verbessert« werden könnte, wobei immer die Forderungen des rot-grünen Berliner Senats im Vordergrund standen, den alliierten Flugverkehr zu drosseln. Zunächst überraschte der Regierende Bürgermeister Momper nach der Rückkehr von einem USA-Besuch mit der Feststellung, daß die »besatzungsrechtliche Regelung über die Luftkorridore ungewöhnlich« sei, und dann wurden unter dem Konzept einer »Arbeitsteilung zwischen den Flughäfen Tegel und Schönefeld« detaillierte Vorstellungen bekannt:

1. Die drei Luftkorridore bleiben unter alliierter Kontrolle. Der Flugverkehr in diesen Korridoren wird jedoch auf rein militärische Flüge der drei westlichen Alliierten beschränkt.

2. Für den zivilen Verkehr wird eine internationale Luftstraße errichtet, die von Westdeutschland parallel zum mittleren Korridor zur Luftkontrollzone Berlin mit Anschluß an die DDR-Luftstraße von Nord nach Süd verläuft.

3. Die internationale Luftstraße steht allen Fluggesellschaften offen, die dann in Berlin wahlweise in Tegel oder Schönefeld landen dürfen.

4. Der Flughafen Tegel bleibt innerdeutschen Flügen vorbehalten.

5. Die internationalen Flüge werden nach Schönefeld geleitet.

6. Als Gegenleistung für die Schaffung der internationalen Luftstraße erhält die DDR die Erlaubnis, in die Bundesrepublik und darüber hinaus zu fliegen.

Bedenken nicht nur der westlichen Alliierten, daß die neue Luftstraße der alleinigen Kontrolle der DDR unterstehen und die originären Rechte und Pflichten der westlichen Alliierten für einen freien, unkontrollierten Flugverkehr von und nach West-Berlin infrage gestellt würden, wurden mit dem Hinweis abgetan, eine neue Berlin-Krise sei nicht zu erwarten. Sollte es dennoch zu Schwierigkeiten kommen, wären ja die Luftkorridore noch vorhanden. Auch die Tatsa-

Ab Sommer 1989 tauschte British Airways die älteren BAe 748 durch moderne, 72-sitzige BAe ATP, deren Prototyp am 6. August 1986 zum Erstflug gestartet war. Die Spannweite beträgt 30,6 Meter, die Länge 26,1 Meter und die Startmasse 21,7 Tonnen, die Geschwindigkeit liegt bei 490 km/h und die Reichweite bei 1825 Kilometern. *Foto: BFG*

che, daß sich alle Auslandspassagiere in Schönefeld der DDR-Kontrolle unterwerfen müßten, wurde von den Verfechtern dieser Konzeption als unbedeutend bezeichnet. Anfang 1989 traf die Nachricht ein, daß die Sowjetunion nun doch bereit sei, mit den westlichen Alliierten über eine Ausweitung des Flugverkehrs zu sprechen. Zugleich deutete Moskau Interesse an planmäßigen Flügen der Aeroflot nach Tegel an.

Noch vor der positiven Reaktion Moskaus hatte die Lufthansa den Antrag gestellt, den bisherigen Messeflugverkehr nach Leipzig in den Rang eines deutsch-deutschen Linienverkehrs zu heben. Für sich beantragte sie Linienflüge zwischen Frankfurt und Leipzig, für die Interflug zwischen Leipzig und Düsseldorf. Bonn nahm Kontakt zu den westlichen Alliierten auf, die einem solchen Verkehr nach den Bestimmungen des Deutschlandvertrages zustimmen mußten. Die Gespräche verliefen, wie es hieß, »alles andere als leicht«, denn die Alliierten, von den Plänen über die Schaffung einer Parallel-Luftstraße nach Berlin aufgeschreckt, fürchteten, daß ein solcher Linienverkehr schließlich nach Berlin verlängert und damit die Wirtschaftlichkeit des alliierten Verkehrs gefährdet werden könnte.

Am 24. Juli war man doch einig, und Bonn teilte mit, die Lufthansa habe die Erlaubnis erhalten, eine Linie nach Leipzig zu eröffnen. Einen Antrag der Interflug für eine Linie von Leipzig nach Düsseldorf werde man genehmigen. Die Bundesregierung stellte jedoch im Interesse West-Berlins klar, daß die Leipzig-Flüge unter keinen Umständen bis Schönefeld verlängert werden dürften. Auf Wunsch des Senats wurde zusätzlich von der DDR verlangt, sie solle keine Flugverbindungen mehr zulassen, die den bestehenden Auslandsverkehr von Tegel beeinträchtigten, und die Interflug solle auf eine Preispolitik verzichten, die eine weitere Abwanderung von Passagieren nach Schönefeld begünstige. Die Lufthansa gab für die Eröffnung ihrer Linie zunächst den 3. August bekannt, konnte aber diesen Termin nicht einhalten, weil die DDR offensichtlich nicht zu den geforderten Garantien bereit war. Schließlich gab die DDR nach, und am 10. August konnte der erste Linienflug der Lufthansa nach Leipzig mit »großem Bahnhof« auf den Frankfurter Rhein-Main-Flughafen verabschiedet werden. Ruhnau bezeichnete den Flug als »ein sichtbares Zeichen unseres großen, stolzen Unternehmens« und forderte abermals, daß die Lufthansa auch nach Berlin fliegen wolle. »Wenn wir das erreicht haben, dann sind die Luftverkehrsverhältnisse in unserem Vaterland wieder normal«.

An diesem 10. August waren indessen die Verhältnisse keineswegs normal. Vor allem waren sie in der DDR derart, daß 750 000 Bürger einen Ausreiseantrag gestellt hatten. Insofern klangen auch die Bemerkungen des Interflug-Generaldirektors Henkes bei der Begrüßung der Lufthansa-Maschine in Leipzig etwas deplaziert, die da lauteten, mit der neuen Linienverbindung könnten die Bürger der DDR »in effektiver Weise ihre Ziele in der Bundesrepublik erreichen«.Die Festivitäten aus Anlaß der Eröffnungsflüge endeten mit einem Lufthansa-Empfang auf Schloß Hugenpoet, und Heinz Ruhnau steigerte sich noch einmal, als er die neuen Linienflüge als »Jahrhundertereignis« pries. Das wahre Jahrhundertereignis indessen kam wenige Monate später, als Erich Honecker entmachtet und am 9. November die Mauer geöffnet wurde.

Berlin – ein einzigartiger Flug-Platz

40 Jahre ohne schweren Unfall

Von 1950 bis 1990 beförderten die alliierten Fluggesellschaften im Berlin-Flugverkehr rund 138 Millionen Passagiere ohne schweren Unfall. Das beleuchtet nicht nur den hohen Sicherheitsstandard der Airlines, sondern auch den der Flughäfen Tegel und Tempelhof. Natürlich kam es in diesen vier Jahrzehnten zu einigen kleineren Zwischenfällen, wie sie auf jedem Flughafen zu verzeichnen sind, jedoch wurden sie ohne jede Hysterie zur Kenntnis genommen. Umso unverständlicher war daher die Reaktion mancher Medien nach dem vergleichsweise harmlosen Reifenbrand einer Lufthansa-Maschine im Frühjahr 1993 in Tempelhof, als einige Kommentatoren sogleich die Schließung der Berliner Flughäfen verlangten.

Die folgende Auflistung der Zwischenfälle im Berlin-Flugverkehr gehört zur Geschichte dieser vierzig Jahre. Sie kann allerdings nicht vollständig sein, da die alliierten Airlines, wie alle anderen Fluggesellschaften auch, derartige Vorkommnisse nur ungern publizieren. Der Flugverkehr von und nach Schönefeld war dagegen von einigen schweren Unfällen gekennzeichnet, die in dieser Aufstellung mit berücksichtigt wurden.

20. Januar 1953: Ein Frachtflugzeug Bristol 170 der britischen Fluggesellschaft Silver City macht eine Bruchlandung auf den S-Bahn-Gleisen nahe dem Flughafen Tempelhof. Die beiden Piloten bleiben unverletzt, das Flugzeug wird erheblich beschädigt. Die Maschine ist in Tempelhof mit fünf Tonnen Fracht nach Hamburg gestartet, kann jedoch dort aus Witterungsgründen nicht landen und wird nach Bremen umdirigiert. Da dort ebenfalls ein Landeverbot herrscht, dreht das Flugzeug um und wird vor Tempelhof auf eine Warteschleife gesetzt, bis der letzte Treibstoff verbraucht ist. Unmittelbar vor der Landung sind die Tanks leer.

13. Oktober 1953: Eine DC-3 der französischen Luftwaffe macht eine Notlandung in Tempelhof, nachdem ein Triebwerk Feuer gefangen hat.

29. Dezember 1954: Eine Maschine der sowjetischen Aeroflot stürzt auf dem Fluge von Moskau nach Schönefeld ab. Einzelheiten über das Unglück werden verschwiegen.

3. Dezember 1957: Eine DC-4 der Air France macht eine Bauchlandung in Tempelhof, weil der Pilot vergessen hat, das Fahrwerk auszufahren. Es gibt keinen Personenschaden.

15. Februar 1961: Eine »Caravelle« der Air France kommt nach der Landung in Tegel bei dichtem Nebel von der Piste ab und bleibt im Rasen stecken. Alle 16 Passagiere sind unverletzt.

17. März 1963: Eine »Viscount« der BEA macht in Tegel eine Ausweichlandung wegen Hydraulikschadens. Bei der Landung bricht das Bugrad weg; die 36 Insassen bleiben unverletzt.

5. Juli 1964: Der Pilot einer »Viking« der britischen Autair meldet beim Anflug aus Sylt einen Defekt an den Landeklappen, landet aber glatt in Tempelhof.

28. März 1965: Eine DC-6 der Pan Am wird nach Tegel umgeleitet, weil die Landeklappen defekt sind. Die aus Hamburg kommende Maschine landet ohne Komplikationen; die Passagiere sind wohlbehalten.

15. November 1966: Eine Boeing 727 der PanAm stürzt beim nächtlichen Postflug nahe Dallgow ab. Da die Ursache nie geklärt wird, kann auch ein militärischer Zwischenfall nicht ausgeschlossen werden.

30. November 1966: Eine »Caravelle« der Air France gerät im Schneesturm bei der Landung in Tegel trotz gezogenen Bremsschirms über die Piste hinaus, aber von den 31 Passagieren wird niemand verletzt.

2. Februar 1967: Auf dem Fluge von München nach Berlin kommt es in einer »Viscount« der BEA zu einem Hydraulikdefekt, und das Fahrwerk muß von Hand ausgefahren werden. Die Landung der Maschine mit 26 Passagieren erfolgt ohne Komplikationen.

10. April 1967: Auf dem Fluge von Malaga nach Berlin muß eine »Super-Constellation« der US-Fluggesellschaft Capitol wegen Motorschadens eine Notlandung in Barcelona machen. Alle Insassen bleiben unverletzt.

13. November 1967: Eine aus Berlin kommende »Caravelle« der Air France macht Bruch in Frankfurt, weil sie im Nebel von der Piste abkommt. Die 15 Insassen bleiben unverletzt.

2. Januar 1968: Bei der Landung in Tempelhof kommt eine Boeing 727 der PanAm wegen Glatteis von der Piste ab. Die 126 Passagiere bleiben unverletzt.

31. Mai 1968: Eine »Coronado« der Modern Air muß ihren Flug nach Korsika abbrechen, weil im Bremssystem ein Defekt auftritt. Die Landung in Tegel verläuft nach Ablassen des Treibstoffs glatt, niemand kommt zu Schaden.

22. Oktober 1968: Eine in Tempelhof gestartete Boeing 727 der PanAm kann in Stuttgart nur auf dem linken Fahrwerk landen, weil sich das rechte nicht ausfahren läßt. Bei der glatten Landung kommt niemand zu Schaden.

23. Oktober 1968: Einer aus Berlin kommenden Boeing 727 der PanAm platzen bei der Landung in Köln vier Reifen, und die Maschine kommt ins Schleudern. Von den 40 Passagieren wird niemand verletzt.

18. Dezember 1968: Einer »Comet IV« der BEA platzen bei der Landung in Tempelhof alle Reifen des linken Fahrwerks, doch die Landung verläuft ohne weitere Komplikationen. Alle 27 Passagiere sind unverletzt.

13. Januar 1969: Eine »Caravelle« kommt bei der Landung in Tegel wegen Glatteis von der Piste ab. Alle 21 Passagiere bleiben unverletzt.

27. Januar 1969: Bei der Landung einer aus Berlin kommenden »Comet IV« der BEA in Düsseldorf kommt es zum Reifenbrand. Die 40 Insassen werden über Notrutschen evakuiert und bleiben unverletzt.

9. Februar 1969: Beim Start einer Boeing 727 der PanAm in Tempelhof bricht Feuer im Triebwerk drei aus, worauf der Pilot den Start abbricht und die 110 Passagiere über Notrutschen evakuiert werden. Sechs von ihnen werden leicht verletzt.

17. August 1969: Auf dem Fluge nach Berlin macht eine BAC 111 der britischen Laker Airways eine Notlandung in Hannover, nachdem es an Bord eine Stichflamme gegeben hatte. Alle 83 Passagiere bleiben unverletzt.

20. August 1969: Auf dem Flug von Berlin nach Düsseldorf macht eine BAC 111-500 der BEA eine Notlandung in Hannover, weil ein Triebwerksschaden angezeigt wird. Es handelt sich jedoch um einen Fehlalarm, und der Flug wird fortgesetzt.

17. Oktober 1969: Bei der Landung in Tempelhof streift eine »Viscount« der BEA eine Begrenzungsleuchte, und ein Reifen platzt. Von den Insassen kommt niemand zu Schaden.

26. Dezember 1969: Bei der Landung in Tempelhof kommt eine »Viscount« der BEA von der Piste ab, und das Bugrad bricht zusammen. Einer der 62 Passagiere wird leicht verletzt.

1. April 1970: Nach dem Start in Tegel kollidiert eine BAC 111 der britischen Court Line mit einem Vogelschwarm, und der Pilot macht eine Notlandung in Tempelhof. Alle 119 Passagiere bleiben unverletzt.

16. Januar 1971: Eine BAC 111 der Laker Airways kommt in Tegel wegen Glatteis von der Piste ab, doch es wird niemand verletzt.

7. Mai 1971: Bei der Landung in Tegel platzen einer »HansaJet« der Modern Air die Reifen. Alle Insassen bleiben unverletzt.

13. September 1971: Eine BAC 111 der britischen Cambrian muß ihren Flug von Hamburg nach Berlin wegen Triebwerksschadens abbrechen. Alle 76 Insassen bleiben unverletzt.

14. September 1971: Eine »HansaJet« der Modern Air muß ihren Flug von Berlin nach Saarbrücken wegen Blitzschlags abbrechen. Alle sechs Passagiere bleiben unverletzt.

14. August 1972: Nach dem Start in Schönefeld mit Ziel Burgas stürzt eine vierstrahlige IL-62 der Interflug über Königs Wusterhausen ab. Der Pilot will wegen eines Defekts umkehren, doch die Maschine gerät in Brand und alle 156 Insassen finden den Tod.

20. August 1972: Eine in Tegel gestartete »Comet« der Dan-Air macht Bruch in Salzburg, nachdem das Bugrad weggebrochen war. Alle 25 Insassen bleiben unverletzt.

19. März 1973: Eine BAC 111-500 der BEA muß in London ihren Flug nach Berlin wegen Triebwerksschadens abbrechen.

21. Juni 1973: Eine Boeing 727 der PanAm muß nach Tegel umgeleitet werden, weil der Pilot einen Schaden an den Vorflügeln meldet, die sich nicht ausfahren lassen. Die Landung verläuft ohne Zwischenfall, die 73 Passagiere bleiben unverletzt.

26. September 1973: Nach dem Start in Tegel bricht eine »Coronado« der Modern Air ihren Flug nach Gran Canaria ab, nachdem mehrere Reifen geplatzt waren. Die Landung in Tegel verläuft ohne Komplikationen, alle 112 Insassen sind unverletzt.

19. Januar 1974: Bei der Landung in Tempelhof wird eine BAC 111-500 der British Airways von einer Böe von der Piste gedrückt, und das Bugrad bricht zusammen. Alle neun Passagiere bleiben unverletzt.

13. Dezember 1974: Eine Boeing 727

der PanAm bricht den Flug nach Stuttgart ab, nachdem die Maschine im Luftkorridor in einen Vogelschwarm geraten und beschädigt worden war.

29. März 1975: Eine aus Schönefeld kommende Tu-134 der Interflug wird bei der Landung in Wien vom Blitz getroffen und erleidet ein Loch im Leitwerk. Alle 80 Insassen bleiben unverletzt.

18. März 1977: Nach dem Start in Tegel verliert eine BAC 111-500 der British Airways Teile eines Triebwerks, die auf die Scharnweberstraße in Reinickendorf stürzen. Die Maschine kehrt nach Tegel zurück und landet ohne Komplikationen.

9. August 1977: Bei der Landung in Schönefeld gerät eine Tu-134 der Interflug von der Piste ab. Das Flugzeug wird beschädigt, alle Insassen bleiben unverletzt.

25. Oktober 1977: An Bord einer Tu-134 der Interflug gibt es auf dem Flug von Mailand nach Schönefeld eine Triebwerksexplosion, und der Pilot kehrt nach Mailand zurück. Von den 17 Passagieren wird niemand verletzt.

22. November 1977: Eine Tu-134 der Interflug macht bei der Landung in Schönefeld Bruch, und von den 69 Passagieren werden acht leicht verletzt.

1. März 1978: Eine aus Palma kommende BAC 111 der Laker Airways macht in Tempelhof eine Landung auf dem Schaumteppich, nachdem der Pilot einen Defekt am Bugrad gemeldet hatte. Die Landung verläuft glatt, von den 48 Insassen wird niemand verletzt.

2. Juli 1979: Beim Rollen rammt eine Tu-134 der Interflug in Schönefeld eine Treppe. Ein Tank wird aufgerissen, und Treibstoff läuft aus.

10. Januar 1984: Auf dem Flug von Schönefeld nach Sofia stürzt eine Tu-134 der bulgarischen Balkan ab, und alle 50 Insassen werden getötet.

11. Februar 1984: Beim Rollen in Tegel gerät eine Boeing 737-200 der

Die Boeing 737-200 »Clipper Schöneberg« der PanAm geriet am 11. Februar 1984 beim Rollen auf dem Taxiway in Tegel von der Piste ab, wobei das Bugrad zusammenbrach.
Foto: BFG

PanAm von der Piste ab und bleibt im Gras stecken. Von den Insassen wird niemand verletzt.

29. Februar 1984: Auf dem Flug von Berlin nach München kommt es in einer Boeing 737-200 der PanAm über Fulda zum Druckabfall in der Kabine, und die Maschine muß in Frankfurt notlanden. Alle Passagiere bleiben unverletzt.

19. April 1985: Eine Boeing 737-200 der PanAm landet mit Hydraulikschaden in Tegel. Die Landung verläuft glatt.

2. Juli 1985: Auf dem Flug von Berlin nach New York via Hamburg muß ein Airbus A310-200 der PanAm wegen Triebwerksschadens den Weiterflug abbrechen. Triebwerksteile setzen die Grasnarbe auf dem Hamburger Flughafen in Brand, aber die 180 Insassen bleiben unverletzt.

25. August 1985: Nach dem Start in Tegel muß eine Boeing 727-200 der PanAm den Flug nach Zürich wegen Triebwerksschadens abbrechen. Alle 131 Passagiere bleiben unverletzt.

25. September 1986: Nach dem Start in München Richtung Berlin muß ein Airbus A310-200 der PanAm notlanden, nachdem Teile der Triebwerksverkleidung abgerissen waren. Alle 146 Insassen bleiben unverletzt.

8. Oktober 1986: Nach dem Start in Tegel Richtung München muß ein Airbus A310-200 der PanAm den Flug abbrechen, weil er in einen Vogelschwarm gerät. Die Radarkappe birst und das Radar ist defekt, doch alle 101 Insassen bleiben unverletzt.

12. Dezember 1986: Beim Landeanflug auf Schönefeld stürzt eine aus Minsk kommende Tu-134 der Aeroflot wegen Verständigungsschwierigkeiten zwischen der Besatzung und dem Kontrollturm ab. Von den 82 Insassen werden 72 getötet.

27. Januar 1989: Eine Boeing 737-200 der British Airways muß den Flug von Düsseldorf nach Tegel wegen Triebwerksschadens abbrechen.

17. Februar 1989: Ein Airbus A310-200 der PanAm mit 97 Passagieren an Bord muß den Nonstop-Flug von New York nach Tegel in Goose Bay abbrechen, weil über dem Atlantik ein Triebwerk ausfällt.

10. März 1989: Eine Boeing 727-200 der Dan-Air muß ihren Flug von Tegel nach Teneriffa abbrechen und in London notlanden. Die Cockpitbesatzung ist, vermutlich infolge verschmutzten Wassers, plötzlich erkrankt.

17. Juni 1989: Beim Start nach Moskau stürzt eine IL-62 der Interflug in Schönefeld wegen blockierten Höhenruders ab. Von den 131 Insassen werden 19 getötet.

2. September 1989: Eine IL-62 der Interflug muß den Start nach Burgas wegen Triebwerksausfalls in Schönefeld abbrechen. Alle 138 Passagiere bleiben unverletzt.

4. September 1989: Wegen Triebwerksausfalls muß eine Boeing 737-300 der Euroberlin France ihren Flug von Tegel nach Frankfurt abbrechen. An Bord befinden sich 85 Passagiere.

Von Störmanövern bis zu scharfen Schüssen

Der Festigkeit der drei westlichen Alliierten ist es zu verdanken, daß der Berlin-Flugverkehr zu keiner Zeit ernsthaft gefährdet war. Dennoch spiegelten sich Krisen in den Ost-West-Beziehungen auch im Verkehr in den drei Luftkorridoren und der Luftkontrollzone Berlin wider. Die folgende Chronik verzeichnet ernste, aber auch kuriose Zwischenfälle. In den weiteren Bereich dieser Ereignisse gehört unzweifelhaft auch die Tatsache, daß West-Berlins Flughäfen ein ideales Ziel für Fluchtbewegungen darstellten. Die Flughäfen Tempelhof und Tegel lagen nicht nur umgeben von der DDR, sondern auch nur 75 Kilometer Luftlinie von der polnischen Grenze entfernt. Eine ganze Serie von Flugzeugentführungen traf die polnische Fluggesellschaft LOT, die sich alsbald den Spitznamen **L**andet **O**ft in **T**empelhof erwarb. Diese Entführungen waren zwar nicht mit den Terroraktionen gegen die Luftfahrt zu vergleichen, wie wir sie aus dem Nahen Osten kennen, aber sie stellten dennoch Eingriffe in den Flugverkehr und eine Gefährdung der Passagiere dar. Entsprechend wurden die Flugzeugentführer in West-Berlin abgeurteilt.

Im Luftraum der DDR und in den alliierten Luftkorridoren kam es jedoch auch zu teilweise kuriosen Zwischenfällen, weil sich ab und an westliche Flugzeuge dorthin verirrten. Die Zwischenfälle fanden in der Regel vor dem Hintergrund von Ereignissen der europäischen beziehungsweise der Weltpolitik als Folge der Auseinandersetzung zwischen den Systemen statt, die vor allem für die jüngeren Leser in kursiv gedruckten Einfügungen illustriert werden sollen.

11. Februar 1945: *In der »Mitteilung über die Konferenz der Chefs der drei Alliierten Mächte Sowjetunion, Vereinigte Staaten von Amerika und Großbritannien auf der Krim« (allgemein als Konferenz von Jalta bekannt) beschließen diese die europäische Nachkriegsordnung, darunter die Aufteilung Deutschlands in Besatzungszonen und die »koordinierte Verwaltung und Kontrolle durch eine Zentralkommission mit Sitz in Berlin«. Frankreich wird darin aufgefordert, eine Besatzungszone zu übernehmen und als viertes Mitglied der Kontrollkommission beizutreten. Weiterhin beschließen die Alliierten die Gründung einer »allgemeinen internationalen Organisation zur Aufrechterhaltung des Friedens und der Sicherheit« und das Zusammentreten dieser Konferenz der Vereinten Nationen für den 25. April 1945 in San Francisco.*

28. April 1945: *Der zum Stadtkommandanten ernannte sowjetische Generaloberst Nikolai Bersarin übernimmt die vollziehende Gewalt in Berlin.*

8. Mai 1945: *Mit der Unterzeichnung der bedingungslosen Kapitulation durch das Oberkommando der deutschen Wehrmacht in Berlin-Karlshorst enden die Kriegshandlungen in Europa.*

17. Mai 1945: *Der von der sowjetischen Besatzungsmacht eingesetzte Magistrat unter dem Oberbürgermeister Dr. Arthur Werner beginnt mit der Arbeit.*

4. Juli 1945: Amerikanische und britische Besatzungstruppen besetzen die vereinbarten Sektoren in Berlin.

11. Juli 1945: *Die Alliierte Kommandantur übernimmt die Verwaltungskontrolle der Stadt.*

17. Juli bis 2. August 1945: *Potsdamer Konferenz der Regierungschefs der USA, Großbritanniens und der UdSSR, auf der sie die »Mitteilung über die Dreimächtekonferenz von Berlin« beschließen, die allgemein als »Potsdamer Abkommen« bekannt ist. Am 7. August stimmt die französische Regierung diesen Vereinbarungen zu. Die Alliierten vereinbaren die Einrichtung eines Rates der Außenminister unter Teilnahme Chinas sowie politische und wirtschaftliche Grundsätze zur Verwaltung Deutschlands sowie zur europäischen Nachkriegsordnung in bezug auf Grenzziehung und Behandlung der ehemaligen Kriegsverbündeten Deutschlands.*

30. Juli 1945: *Der alliierte Kontrollrat bezieht als Tagungsort das Gebäude des ehemaligen Kammergerichts am Kleistpark in Schöneberg.*

12. August 1945: *Französische Besatzungstruppen besetzen den ihnen zugewiesenen Sektor in Berlin.*

14. August 1945: *Japan nimmt die Kapitulationsbedingungen der Alliierten an. Damit ist der 2. Weltkrieg offiziell beendet.*

30. August 1945: *Verkündung der Proklamation über die Einsetzung des Alliierten Kontrollrats als »oberste Machtgewalt in Angelegenheiten, die Deutschland als Ganzes angehen«.*

20. Oktober 1946: *Die »Vorläufige Verfassung von Berlin« tritt nach der ersten und einzigen freien Wahl in der Stadt in Kraft.*

20. März 1948: *Aus Protest gegen die Beschlüsse der Londoner Sechs-Mächte-Konferenz verweigert der sowjetische Vertreter im alliierten Kontrollrat die weitere Mitarbeit.*

5. April 1948: Noch vor Beginn des für Deutsche zugänglichen Passagierverkehrs im Jahre 1950 wird eine Vickers »Viking« der BEA vor der Landung in Gatow von einem Militärflugzeug gerammt, das Kunstflüge durchführt. Die »Viking« stürzt ab und wird völlig zerstört, wobei alle 14 Insassen den Tod finden. Nach dem Zwischenfall kommt es zu heftigen britisch-sowjetischen Auseinandersetzungen, erst recht, nachdem sich die sowjetische Seite weigert, an einer gemeinsamen Untersuchungskommission mitzuarbeiten oder deutsche Zeugenausssagen zu akzeptieren. Bereits am 19. April weist die britische Regierung in einem Weißbuch die Schuld des sowjetischen Piloten nach. Während sich der Pilot der BEA-Maschine 45 Minuten vor der Landung vorschriftsmäßig bei der Luftsicherheitszentrale gemeldet hatte, war der Flug der Jak nicht mitgeteilt worden. In 500 Metern Höhe habe die »Viking« die Weisung aus Gatow erhalten, auf 300 Meter zu sinken. Rund 3,5 Kilometer vom sowjetischen Flugplatz Dallgow entfernt kam es dann zu der Kollision, als der Jäger nach einem Sturzflug eine steile Linkskurve nach oben zog und dabei mit dem Passagierflugzeug kollidierte, dessen Backbordflügel sofort brach, während die Jak ihren Steuerbordflügel verlor. Sowjetische Behauptungen, die »Viking« habe sich zu nahe am Flugplatz Dallgow aufgehalten und den Jäger bei der Landung gerammt, werden zurückgewiesen, da dieser noch gar nicht das Fahrwerk ausgefahren hatte.

16. Juni 1948: *Die sowjetischen Vertreter verlassen die alliierte Kommandantur.*

18. Juni 1948: *Ankündigung einer Währungsreform in den drei Westzonen Deutschlands, von der Berlin zunächst ausgenommen bleiben soll.*

23. Juni 1948: *Die sowjetische Militärregierung ordnet eine Währungsreform in ihrer Besatzungszone und in Groß-Berlin an, doch die drei westlichen Stadtkommandanten untersagen die Reform in ihren Sektoren und ordnen statt dessen die Einführung der D-Mark mit dem Zusatz (B) an.*

24. Juni 1948: *Beginn der sowjetischen Blockade Berlins; zwei Tage darauf beginnt die Versorgung der Stadt über die alliierte Luftbrücke.*

10. August 1948: Ein amerikanisches Militärtransportflugzeug wird von sowjetischer Flak beschossen, allerdings ohne Treffer.

Herbst 1948: Sowjetisches Militär beantwortet die alliierte Luftbrücke nach Berlin mit umfangreichen Manövern der Luftstreitkräfte, die sich auch auf die Luftkorridore ausdehnen. Die Luftbrücke wird jedoch dadurch nicht beeinträchtigt.

30. November 1948: *In einer »außerordentlichen Stadtverordnetenversammlung« in Ost-Berlin wird der frei gewählte Magistrat abgesetzt und der SED-Politiker Friedrich Ebert zum neuen Oberbürgermeister gewählt - Berlin ist politisch gespalten.*

7. Dezember 1948: *Nach einer erneuten Wahl durch die Stadtverordnetenversammlung tritt Ernst Reuter (SPD) das Amt als Oberbürgermeister in den drei Westsektoren an.*

21.12.1948: *Die drei westlichen Stadtkommandanten erklären, daß die Alliierte Kommandantur ihre Arbeit auch ohne sowjetische Beteiligung fortsetzen wird.*

25. März 1949: *Der Parlamentarische Rat in Bonn als Vorläufer des Bundestages beschließt das »Grundgesetz der Bundesrepublik Deutschland«. Über die Vorläufer Bizone (wirtschaftliche Vereinigung der britischen und der amerikanischen Zone 1946) und Trizone durch Anschluß der französischen Zone an diese Wirtschaftseinheit wird so ein eigener Staat in Nachkriegsdeutschland proklamiert, dessen Verwaltung jedoch noch weitgehend den westalliierten Hochkommissaren untersteht.*

4. April 1949: *In Washington wird die NATO als militärisches und politisches Bündnis von Staaten Westeuropas und Kanadas unter Führung der USA gegründet.*

12. Mai 1949: *Die drei Westmächte betonen in ihrem Genehmigungsschreiben zum Grundgesetz der Bundesrepublik, daß Berlin nicht vom Bund regiert wird und auch keine abstimmungsberechtigte Mitgliedschaft in Bundestag und Bundesrat erhält.*

14. Mai 1949: *Die drei westlichen Stadtkommandanten verkünden das »Kleine Besatzungsstatut« für West-Berlin.*

September 1949: *Schaffung des »Amtes Blank« als Vorläuferorganisation der Bundeswehr, die 1955 offiziell gegründet wird.*

7. Oktober 1949: *Die provisorische Volkskammer beschließt in Berlin die »Verfassung der Deutschen Demokratischen Republik« auf dem Gebiet der Sowjetischen Besatzungszone, womit die politische und wirtschaftliche Teilung Nachkriegsdeutschlands vollendet wird.*

25. Juni 1950: *Nordkoreanische Divisionen überschreiten den 38. Breitengrad auf der Koreanischen Halbinsel. Am 7. Juli setzen die USA in der UNO die Entsendung von Truppen durch, und die Angreifer werden zurückgeschlagen. Ab 25. Oktober greifen chinesische Verbände und drei sowjetische Jagdfliegerdivisionen in die Kämpfe ein. Nach Waffenstillstandsverhandlungen wird am 27. Juli 1953 im Vertrag von Panmundsom der Krieg beendet.*

12. bis 18. September 1950:
Die Außenminister der Westmächte kündigen in New York eine neue Politik gegenüber der Bundesrepublik an. Der Kriegszustand mit Deutschland wird als beendet erklärt, die Remilitarisierung der Bundesrepublik gestattet und diese zur Aufnahme diplomatischer Beziehungen ermächtigt.

29. April 1952: Zwei MiG-15 greifen um 10.40 Uhr über Könnern bei Dessau eine DC-4 der Air France mit Bordwaffen an. Die Maschine mit elf Passagieren und sechs Besatzungsmitgliedern an Bord befindet sich auf dem planmäßigen Flug von Frankfurt nach Berlin. Die MiGs stoßen aus den Wolken auf das Passagierflugzeug herab, zwingen es bis auf etwa 800 Meter zu sinken und eröffnen bei vier Anflügen das Feuer aus den Bordkanonen. Zwei Passagiere werden leicht, zwei weitere und ein Steward schwer verletzt sowie der Rumpf der DC-4, beide Tragflächen, das Leitwerk, ein Propeller und ein Treibstofftank getroffen. Steward Roger Truffe bemerkt als erster den Angriff, alarmiert den Piloten und ruft den Passagieren zu, sich im Gang hinzulegen. Der Pilot gibt sofort Notsignale, und es gelingt ihm, in einer Wolkenbank zu entkommen, wonach er sicher in Tempelhof landet, wo bereits Sanitätsfahrzeuge bereitstehen. Die Flugsicherheitszentrale unterbricht unverzüglich den gesamten Flugverkehr, der erst gegen 14.00 Uhr im nördlichen und im mittleren Korridor wieder aufgenommen wird. Die Flugsicherung in Tempelhof teilt mit, die DC-4 habe sich exakt auf Kurs befunden und in Funkverbindung mit dem Flughafen gestanden, als der Angriff stattfand. Der Pilot einer DC-4 der PanAm, der sich zur Zeit des Zwischenfalls in der Nähe befindet, empfängt die Notsignale, bleibt jedoch selbst mit seiner Maschine unbehelligt. Die drei Westmächte protestieren noch am selben Tage in aller Schärfe bei der Sowjetunion, die jedoch wie üblich den Protest zurückweist und behauptet, die Air-France-Maschine habe den DDR-Luftraum verletzt.

26. Mai 1952: *Unterzeichnung des Deutschlandvertrages durch die Außenminister der Westmächte und Bundeskanzler Adenauer.*

8. Oktober 1952: Zwei MiG-15 beschießen ein amerikanisches Sanitätsflugzeug DC-3, das sich auf dem Flug nach Frankfurt befindet. Auch diesem Piloten gelingt es in einer Wolkenbank zu entkommen.

12. März 1953: Eine Avro »Lincoln« der RAF, die sich auf einem Übungsflug von Leconfield in Yorkshire nach Berlin befindet, wird unmittelbar nach dem Einflug in den nördlichen Luftkorridor kurz hinter Lauenburg in 3 000 Metern Höhe von zwei MiG-15 abgeschossen. Bei dem Beschuß gerät zunächst der rechte Außenmotor in Brand und schließlich bricht die Tragfläche ab. Drei der sieben Besatzungsmitglieder können mit dem Fallschirm abspringen, jedoch überlebt nur einer. Die Jäger sollen sogar auf die am Fallschirm hängenden Briten gefeuert haben.

17. Juni 1953: *Volksaufstand in Ost-Berlin und der DDR, der mit Hilfe sowjetischer Truppen niedergeschlagen wird.*

18. Februar 1954: *Eine Außenministerkonferenz der vier Siegermächte zu Fragen der Wiedervereinigung Deutschlands endet ohne Ergebnis.*

5. Mai 1955: *Mit dem Inkrafttreten der Pariser Verträge hebt die Alliierte Kommandantur das »Kleine Besatzungsstatut« für Berlin auf.*

14. Mai 1955: *Unterzeichnung des Warschauer Vertrages durch Vertreter von acht Ostblock-Staaten zur Schaffung einer politischen und militärischen Organisation unter Führung der Sowjetunion.*

1. März 1956: *Durch Umwandlung der Verbände der »Kasernierten Volkspolizei« wird die Nationale Volksarmee der DDR gegründet.*

23. Oktober 1956: *Beginn des Volksaufstandes in Ungarn. Durch Eingreifen sowjetischer Truppen am 4. November wird die »Konterrevolution« niedergeschlagen.*

27. November 1958: *Im sogenannten Chruschtschow-Ultimatum fordert die sowjetische Führung die Aufhebung des Viermächtestatus von Berlin und die Umwandlung in eine »freie Stadt«.*

27. März 1959: Eine im Südkorridor in rund 6 000 Metern Höhe fliegende amerikanische Transportmaschine wird von sowjetischen Jägern angeflogen und belästigt. Zugleich protestiert die Sowjetunion gegen die große Flughöhe. Die USA weisen den Protest zurück und erklären, daß sie eine Höhenbeschränkung von 3 000 Metern nicht akzeptieren, wenngleich die Zivilmaschinen weiter stillschweigend nur bis zu dieser Höhe fliegen. Zwischen dem 1. und dem 15. April 1959 kommt es mehrfach zu amerikanischen Demonstrationsflügen in großer Höhe, die ebenso demonstrative Anflüge sowjetischer Jäger nach sich ziehen.

7. Mai 1959: Sowjetische Jäger bedrängen eine »Viscount« der BEA

1. Mai 1960: *Über Swerdlowsk wird ein US-Spionageflugzeug Lockheed U-2 mit dem Piloten Gary Powers in einer Höhe von 19 000 Metern von einer sowjetischen Boden-Luft-Rakete abgeschossen.*

13. August 1961: *Beginn des Mauerbaus durch Abriegelung der Sektorengrenzen zwischen Ost- und West-Berlin.*

14. September 1961: Zwei PanAm-Maschinen werden von sowjetischen Jägern bedrängt, obwohl sie vorschriftsmäßig in den Luftkorridoren fliegen, desgleichen eine Maschine am 16. September.

14. September 1961: Ein Irrflug, wie er wohl selten auf der Welt zu verzeichnen ist, wird in Berlin zum Politikum. Am Nachmittag dieses Tages reiben sich nicht nur die Berliner verdutzt die Augen, als plötzlich zwei Jagdbomber der Bundesluftwaffe in Tegel landen. Die Piloten, die weder im DDR-Luftraum noch in den Korridoren fliegen dürfen, haben sich eindeutig völlig »verfranzt«, während die sowjetische Regierungszeitung »Iswestija« in dem Vorfall das »brennende Verlangen der Bundesrepublik (sieht), einen bewaffneten Konflikt zu beginnen, der einen Weltbrand entfachen könnte.«

Die beiden Jagdbomber Republic F-84 »Thunderjet« sind Teilnehmer an einer NATO-Übung und befinden sich auf dem Rückflug aus französischem Luftraum zum Heimatstützpunkt Lechfeld. In einer Höhe von elf Kilometern geraten sie in heftige Gewitter, und nacheinander fallen in beiden Maschinen die Radiokompasse aus, weshalb die Piloten ohne Orientierung in DDR-Luftraum gelangen. Die alliierte Luftsicherung in Tempelhof empfängt ihre Notrufe und entscheidet sich angesichts des bedrohlichen Treibstoffmangels kurzerhand, die beiden Flugzeuge nach Tegel zu leiten, wo sie gegen 16.00 Uhr aufsetzen. Sofort werden die französischen Behörden aktiv und bringen die Piloten ins Quartier Napoleon, den Kasernenkomplex in Reinickendorf. Die »Thunderjets« werden unverzüglich in einem Hangar in Tegel-Nord den Blicken der neugierigen Öffentlichkeit entzogen.

Inzwischen beginnen die politischen Drähte zu glühen. Bundesverteidigungsminister Strauß kündigt eine »strenge Untersuchung« an, der Regierende Bürgermeister Brandt äußert Beunruhigung, das Flugzeuge der Luftwaffe überhaupt in eine solche Lage kommen können. Staatssekretär Hopf aus dem Verteidigungsministerium sucht den sowjetischen Geschäftsträger Timoschenko auf und entschuldigt sich für den Zwischenfall, vergißt indessen nicht den Hinweis, daß der Luftraum der Bundesrepublik zwischen dem 23. August und dem 14. September 1961 insgesamt 38-mal von sowjetischen und DDR-Flugzeugen verletzt worden sei. Am 18. September 1961 schickt die Sowjetunion Protestnoten an die drei Westmächte und an die Bundesregierung, in denen angedroht wird, in künftigen derartigen Fällen von der Waffe Gebrauch zu machen. In den Noten heißt es: »Das leichtsinnige Abenteuer der Entsendung von Jagdbombern durch den Luftraum der DDR ist eine der gefährlichsten Provokationen, die es auf den Verbindungswegen nach West-Berlin und in West-Berlin selbst durch die militaristischen Kreise der Bundesrepublik mit Unterstützung der Besatzungsbehörden der Westmächte begangen worden sind.« Das DDR-Außenministerium fordert den französischen Stadtkommandanten sogar auf, er solle die beiden Bundeswehrpiloten »befristet ausliefern«. Während diese Aufforderung schlicht ignoriert wird, antworten die Westmächte am 26. September kühl, alle Beteiligten sollten »in der gegenwärtigen Zeit mehr denn je vermeiden, derartige Zwischenfälle, die unvermeidlich sind, durch unbegründete Anklagen zu komplizieren«.

Am 30. Oktober melden sich die beiden Piloten plötzlich bei Luftwaffeninspekteur General Kammhuber in Lechfeld zurück. Die Franzosen hatten sie auf ihre eigene elegante Art nach Paris gebracht und dort der deutschen Botschaft übergeben. Ein französischer Sprecher kommentiert das Vorgehen mit der Bemerkung, sie hätten sich keiner Verletzung internationaler Luftfahrtregeln schuldig gemacht, sondern sich nur ganz einfach verirrt. Die Flugzeuge werden ohne jede Publizität von den Franzosen zerlegt und in die Bundesrepublik zurückgeschafft.

31. Januar 1962: Sowjetische Strahljäger führen Sturzflüge über dem Stadtgebiet von Berlin aus, wobei der typische Überschallknall entsteht.

12. Februar 1962: Die Sowjetunion stellt die Forderung, Teile des Luftraums in den Korridoren müßten vorübergehend für die eigenen Luftstreitkräfte reserviert werden, was von den westlichen Alliierten abgelehnt wird. Demonstrativ werden drei amerikanische Passagiermaschinen von Jagdflugzeugen angeflogen und belästigt.

9. März 1962: Plötzlich werfen sowjetische Flugzeuge Stanniolstreifen in den Luftkorridoren ab, eine Methode der alliierten Luftkriegsführung aus der Zeit des 2. Weltkrieges, um die Radarbeobachtung zu verwirren. Moderne Nachrichtengeräte sind jedoch dadurch nicht zu beeinträchtigen.

Juli 1962: Westliche Zivil- und Militärmaschinen werden mehrfach von Jägern angeflogen und bedrängt.

31. Juli 1962: Die Sowjetunion verlangt von den westlichen Alliierten die Aufnahme von Verhandlungen mit der DDR über den Berlin-Verkehr, was diese unter Hinweis auf die alleinige alliierte Verantwortlichkeit unverzüglich ablehnen. Daraufhin wird am 29. August zunächst eine »Viscount«, am 25. September eine »Caravelle« und am 26. September eine DC-6 der PanAm von Jagdflugzeugen belästigt. Letztere wird im Korridor nach Frankfurt sogar bis auf 500 Meter Entfernung frontal angeflogen.

15./16. November 1962: Beim Anflug auf Berlin werden zwei PanAm-Flugzeuge unmittelbar vor der Grenze bei Gatow von starken Scheinwerfern geblendet.

2. April 1963: Der kanadische Schauspieler Green befindet sich mit seinem Privatflugzeug auf einem ordnungsgemäß angemeldeten Flug von Frankfurt nach Berlin, als er von zwei MiGs angeflogen wird, die ihn zur sofortigen Landung auffordern. Als Green nicht reagiert, eröffnen die Jäger das Feuer, treffen jedoch nicht. Green kann in eine Wolkenbank entkommen und sicher in Gatow landen.

10. Juli 1963: Ein polnischer Offizier flüchtet mit seiner Familie in einem Kleinflugzeug nach Tempelhof.

31. Mai 1964: Die PanAm eröffnet ihren ersten Auslandsdienst von Berlin nach New York, am 5. November folgt die BEA mit ihrer Nonstop-Linie nach London. In beiden Fällen legen die sowjetischen Vertreter in der Luftsicherheitszentrale Protest ein und erklären, sie könnten die Sicherheit nicht garantieren. Die Protestaktionen werden in den folgenden Jahren bei jedem einzelnen Flug über das Bundesgebiet hinaus fortgesetzt.

6./7. April 1965: Aus Protest gegen eine Sitzung des Bundestages im Reichstag rasen sowjetische Strahljäger im Tiefflug über Berlin und veranstalten Sturzflüge auf die Innenstadt, wobei sie Überschallgeschwindigkeit erreichen.

12. November 1965: Eine PanAm Maschine wird im Luftkorridor direkt von einem Jagdflugzeug angeflogen.

6. April 1966: Ein Kampfflugzeug vom Typ Jak-28, das mit anderen Maschinen Demonstrationsflüge über Berlin veranstaltet hatte, stürzt in den West-Berliner Stößensee, wobei die Besatzung ums Leben kommt. Die Westmächte protestieren gegen diese Flüge über dem Stadtgebiet, und auch der Senat fordert eine Beendigung der Manöver.

15. November 1966: Eine Boeing 727-100 der PanAm, die sich auf einem nächtlichen Postflug befindet, stürzt beim Anflug auf Berlin mit drei Besatzungsmitgliedern und sieben Tonnen Post im Gebiet von Dallgow ab, wobei die Besatzung den Tod findet. PanAm-Vertretern, die zum Ort des Unglücks fahren wollen, wird die Einreise verweigert, und erst mit zweitägiger Verspätung werden die sterblichen Überreste der Besatzung sowie die Trümmer des Flugzeugs an die Amerikaner übergeben. Mit ungewöhnlicher Eile weiß die DDR-Nachrichtenagentur ADN zu berichten, daß der Absturz ein »Ergebnis fehlerhafter Flugzeugführung durch die Besatzung beim Landeanflug auf den Flughafen Tegel« war. ADN veröffentlicht einen Untersuchungsbericht, in dem es heißt, die Maschine habe gegen 2.45 Uhr bei einem Kurs von 80 Grad Bodenberührung mit einer Erhebung von 88 Metern Höhe gehabt. Zu diesem Zeitpunkt sei das Flugzeug 16 Kilometer vom Zielflughafen entfernt gewesen, habe sich im Gleitflug mit einem Winkel von zwei bis drei Grad befunden und eine horizontale Lage ohne Querneigung gehabt. Die Geschwindigkeit habe 250 bis 300 km/h betragen, das Fahrwerk sei ausgefahren gewesen. Beim Aufprall, zu dessen Zeitpunkt leichter Schneefall und Sprühregen zu verzeichnen gewesen seien, sei das Flugzeug zerschellt und dann ausgebrannt. Die untere Wolkengrenze habe bei zirka 100 Metern gelegen, die maximale Sichtweite bei 800 Metern, allerdings beeinträchtigt durch leichten Nebel.

Westliche Experten, die zunächst von der exakten Darstellung des Absturzes überrascht sind, müssen nach Übergabe der Wrackteile mit Verblüffung feststellen, daß die Sowjets wichtige Instrumente und einen Großteil der Elektronik ausgebaut haben. Auch der Flugschreiber, der allein über die letzten Flugmanöver hätte Auskunft geben können, bleibt verschwunden. Daher ist eine wahrheitsgetreue Aufklärung des Unfalls nicht mehr möglich. Entgegen internationalen Regeln weigern sich die Sowjets, Vertreter der US-Bundesluftfahrtbehörde und der PanAm an den Absturzort zu lassen. Da die Katastrophe über einem sowjetischen Truppenübungsplatz stattfand, kann in West-Berlin nicht ausgeschlossen werden, daß die Boeing möglicherweise von sowjetischen Truppen abgeschossen worden sei, was wegen der fehlenden Instrumente und ohne Inspektion des Unglücksortes nicht geklärt werden kann.

13. Februar 1967: Eine sowjetische MiG-21 donnert heran und will in Tegel landen, doch der Pilot bemerkt seinen Irrtum und braust mit vollem Schub davon. Die Westmächte sehen darin keinen Versuch, einen Weltenbrand zu entfachen. Der Pilot setzt übrigens nicht auf der Landebahn auf sondern auf einer seitlichen Rollbahn, die glücklicherweise zum Durchstarten lang genug ist.

15. Februar 1968: Eine »Viscount« wird von Jagdflugzeugen bedrängt. Der gleiche Vorgang wiederholt sich am 4. August.

7. Oktober 1968: Eine MiG schießt im Steilflug an einer PanAm-Maschine vorbei.

26. April 1969: Gleich 14 MiGs rasen im Formations-Tiefflug über das Stadtgebiet von Berlin.

19. Oktober 1969: Zwei junge DDR-Bürger zwingen eine viermotorige IL-18 der LOT auf dem Fluge von Warschau nach Schönefeld zur Landung in Tegel. Die beiden Entführer erhalten von einem französischen Militärgericht eine Haftstrafe von zwei Jahren.

26. März 1970: *Beginn der Vier-Mächte-Verhandlungen über Berlin.*

30. September 1970: Sowjetische Vertreter verlangen eine vorübergehende Sperre des nördlichen und des mittleren Korridors wegen sowjetischer Manöver. Die Forderung wird abgelehnt, und sofortige Testflüge westlicher Militärmaschinen verlaufen ohne Störungen.

3. September 1971: *Unterzeichnung des Viermächte-Abkommens über Berlin.*

1. und 19. August 1975: Mehrfach werden Flugzeuge in den Korridoren angeflogen und belästigt.

30. August 1975: Ein westdeutscher Privatpilot »verfranzt« sich mit seiner Cessna auf dem Flug von Ludwigsburg mit Ziel Hamburg nach Berlin-Tempelhof, weil er im Gebiet von Fulda in ein Unwetter gerät und seine Instrumente versagen. Von starkem Westwind versetzt, gerät er in den DDR-Luftraum. Wie er später mitteilt, stellt er erst über Berlin fest, wo er sich befindet. Da er hier mehrere Jahre studiert hatte, kann er sich orientieren und in Tempelhof landen. Die DDR-Luftraumüberwachung hat den Irrflug offensichtlich nicht bemerkt, während die alliierte Luftraumkontrolle die Maschine sehr wohl erfaßt. Die Fluglotsen halten aber zunächst Funkstille, um die östliche Überwachung nicht aufmerksam zu machen.

9. April 1978: Zwei DDR-Bürger landen mit einem Sportflugzeug in Gatow.

30. August 1978: Ein DDR-Bürger bringt auf dem Flug von Danzig nach Schönefeld eine zweistrahlige Tu-134 in seine Gewalt und zwingt die Besatzung zur Landung in Tempelhof. Von den 63 Passagieren bleiben nicht nur der Entführer, seine Ehefrau und seine Tochter in West-Berlin, auch sechs weitere DDR-Passagiere nutzen die günstige Gelegenheit. Von einem amerikanischen Zivilgericht wird der Entführer zu einer milden Haftstrafe verurteilt.

5. Oktober 1978: Eine BAC 111-500 wird auf dem Nonstop-Flug von London nach Berlin beim Landeanflug plötzlich von einer MiG bedrängt, die sich dem Passagierflugzeug gefährlich nähert.

24. Juni 1979: Ein DDR-Bürger landet mit einem Segelflugzeug in Gatow.

4. Dezember 1980: Ein Pole entführt eine zweimotorige An-24 der LOT auf dem Flug von Grünberg nach Warschau und bittet nach der Landung in Tempelhof um politisches Asyl. Er wird festgenommen und später von einem deutschen Gericht zu vier Jahren Haft verurteilt. Das Flugzeug und die 20 Passagiere sowie die fünf Besatzungsmitglieder werden sogleich zum Rückflug nach Polen freigegeben. Erst Tage später wird bekannt, daß die Maschine von mehreren östlichen Jagdflugzeugen verfolgt worden war, die ohne Erlaubnis in die Luftkontrollzone Berlin einflogen, wobei eine MiG den Flughafen Tempelhof in nur 800 Metern Höhe überquerte. Einen alliierten Protest weisen die Sowjets mit der Bemerkung zurück, es habe keine Aktivitäten gegeben, obwohl der Jäger über Tempelhof fotografiert worden war.

21. Juli 1981: Abermals landet eine An-24 der LOT in Tempelhof. Die Maschine war mit 50 Passagieren an Bord auf dem Flug von Katowice nach Danzig von einem Polen zur Kursänderung gezwungen worden. Der Entführer wird von einem Berliner Gericht zu fünf Jahren Haft verurteilt.

22. August 1981: Ein Pole kapert eine An-24 der LOT auf dem Fluge von Wroclaw nach Warschau, indem er den Piloten mit einer Handgranate bedroht.

Er wird in Tempelhof festgenommen und später zu fünfeinhalb Jahren Haft verurteilt. Zwei der 38 Passagiere nutzen die Gelegenheit, ebenfalls um Asyl nachzusuchen.

18. September 1981: Zwölf Polen - neun Männer und drei Frauen – bringen eine An-24 der LOT auf dem Flug von Katowice nach Warschau in ihre Gewalt und erzwingen die Landung in Tempelhof, indem sie eine Stewardess mit einer Rasierklinge und einem abgebrochenen Flaschenhals bedrohen. Von den übrigen 37 Passagieren bitten weitere acht um politisches Asyl. Die Entführer erhalten Haftstrafen zwischen einem und vier Jahren.

12. Februar 1982: Der Pilot einer An-24 der LOT entführt selbst sein Flugzeug nach Tempelhof. Nach der Landung bitten er, seine Frau, seine zwei Kinder, zwei Verwandte und drei weitere Passagiere um politisches Asyl.

30. April 1982: Acht Polen überwältigen einen Sicherheitsbeamten an Bord einer An-24 auf dem Fluge zwischen Wroclaw und Warschau und bitten nach der Landung in Tempelhof um politisches Asyl. Sie werden zu Haftstrafen zwischen drei und vier Jahren verurteilt. Zudem müssen sie der LOT einen Schadenersatz von 6 400 DM zahlen, denn die LOT, die erstmals eine solche Forderung geltend macht, berechnet 12 800 DM für Treibstoff, Landegebühren und Besatzungskosten.

12. Juni 1982: Drei Polen flüchten mit einem Propellerflugzeug nach Tempelhof.

22. November 1982: Eine An-24 der LOT befindet sich auf einem Inlandsflug von Wroclaw nach Warschau, als ausgerechnet ein an Bord befindlicher Sicherheitsbeamter seine Pistole zieht und den Flug nach Tempelhof erzwingt. Nach der Landung kommt es zu einem Schußwechsel mit zwei weiteren Sicherheitsbeamten, die erst das Feuer eröffnen, als die Maschine bereits von US-Militärpolizisten umstellt ist. Vier der insgesamt 29 Passagiere bleiben in Berlin; der Entführer erhält eine Haftstrafe von fünf Jahren.

26. Januar 1983: Zwei Polen landen mit einem Sportflugzeug in Tempelhof.

17. September 1983: Neun Polen flüchten mit einem einmotorigen Doppeldecker An-2 nach Tempelhof.

25. Oktober 1983: Fünf Polen landen in Tempelhof.

März/April 1984: Die Gruppe der Sowjetischen Streitkräfte in Deutschland veranstaltet umfangreiche Luftmanöver in der DDR und verlangt die Reservierung bestimmter Flughöhen für den Zivilverkehr von und nach Berlin. Nach mehreren gefährlichen Annäherungen beschäftigt sich die NATO-Außenministerkonferenz mit der Sicherheit des Berlin-Flugverkehrs und fordert von den Sowjets Zurückhaltung.

15. September 1984: Ein Pole kommt mit einem Propellerflugzeug nach Tempelhof.

September 1984: Bei abermaligen Luftmanövern verlangen die Sowjets ein Ausweichen der Zivilmaschinen auf Höhen zwischen 3 750 und 3 900 Meter. Im Mai und im Juni 1985 werden erneut Flughöhen-Änderungen gefordert.

17. Juni 1985: Eine Maschine der Dan-Air wird von mehreren sowjetischen Jägern angeflogen und bedrängt.

Juli 1985: Erneut werden Überschallflüge über dem Berliner Stadtgebiet ausgeführt.

11. März 1986: Abermals landet ein Pole in Tempelhof.

15. Juni 1987: Zwei Polen landen in Tempelhof.

16. Juli 1987: Ein DDR-Bürger flüchtet mit einem Sportflugzeug nach Gatow.

4. Juli 1989: Eine MiG-23 der Nordgruppe der Sowjetischen Streitkräfte (stationiert in Polen) rast führerlos über eine Distanz von rund 1 000 Kilometern bis nach Belgien, wo sie wegen Treibstoffmangels abstürzt. Die Flugsicherung des Warschauer Paktes sieht dem Ereignis tatenlos zu, obwohl die Maschine das gesamte Gebiet der DDR in 12 000 Metern Höhe überfliegt, während die NATO-Radarbeobachtung den Start der Maschine bereits in Kolberg bemerkt. Der Pilot war wegen eines angeblichen technischen Defektes abgesprungen. Die MiG kreuzt den nördlichen Luftkorridor und fliegt bei Lüchow-Dannenberg in den BRD-Luftraum ein, wo sie bereits von zwei US-Abfangjägern erwartet wird, die im niederländischen Soesterberg gestartet sind. Nachdem die Piloten feststellen, daß die Maschine ohne Pilot fliegt, eskortieren sie das Flugzeug, das immer mehr an Höhe verliert, schließlich ins Trudeln gerät und bei Kortrijk auf ein Haus stürzt, wobei ein Einwohner getötet wird.

10. September 1989: *Die ungarische Regierung gestattet allen DDR-Bürgern, die in die Bundesrepublik übersiedeln wollen, die Ausreise.*

18. Oktober 1989: *Entmachtung Erich Honeckers.*

9. November 1989: *In den Abendstunden öffnet die DDR ihre Grenzen zum Bundesgebiet und zu West-Berlin.*

18. März 1990: *Aus den ersten freien Wahlen in der DDR geht die »Allianz für Deutschland« als Sieger hervor.*

5. Mai 1990: *In Bonn beginnen »Zwei-plus-Vier«-Gespräche über die Vereinigung der beiden deutschen Staaten.*

18. Mai 1990: *In Bonn wird der Staatsvertrag zur Wirtschafts-, Währungs- und Sozialunion zwischen der Bundesrepublik und der DDR unterzeichnet.*

1. Juli 1990: *Inkrafttreten des Staatsvertrages.*

3. Oktober 1990: *Beitritt der DDR zum Geltungsbereich des Grundgesetzes der Bundesrepublik Deutschland.*

Die Berliner Flughafen-Gesellschaft

Inzwischen zusammengefaßt mit der Flughafen Berlin-Schönefeld GmbH unter dem Dach der Berlin Brandenburg Flughafen Holding, betrieb die Berliner Flughafen-Gesellschaft (BFG) in den vier Jahrzehnten alliierten Flugverkehrs die beiden West-Berliner Flughäfen Tempelhof und Tegel. Wären ihre Geschäftsführer Hellseher und die Berliner Politiker weise gewesen, hätte das viele der heutigen Probleme gemildert. Aber dem war nicht so. In einer äußerst schwierigen Situation des Kalten Krieges, im Spannungsverhältnis unterschiedlich zusammengesetzter Berliner Landesregierungen, konfrontiert mit den Wünschen der mächtigen Fluggesellschaften sowie den Forderungen der Passagiere und der Wirtschaft, war die Geschäftsführung nicht zu beneiden, zumal sie niemals Herr im Hause war.

Nach dem Ende des zweiten Weltkrieges gab es in den Westsektoren Berlins zunächst zwei Flughäfen - den ehemaligen deutschen Militärflugplatz in Gatow und den alten Zentralflughafen in Tempelhof. Gatow wurde am 2. Juli 1945 von der Royal Air Force übernommen, Tempelhof am 4. Juli von der US Air Force.

Der Flughafen Gatow war unter dem Architekten Sagebiehl als Luftkriegs- und lufttechnische Akademie entworfen und am 1. November 1935 eingeweiht worden. 147 Millionen Reichsmark hatten die modernen Anlagen gekostet, in denen bis zum Kriegsende zahlreiche deutsche Piloten ausgebildet wurden. Am 26. April 1945 besetzten sowjetische Truppen das Gelände, und nach der Sektorenteilung Berlins wurde dem britischen Sektor eine größere Bodenfläche im Austausch gegen West-Staaken zugeschlagen, um das Areal des Flughafens zu vergrößern. Bereits am 8. August 1945 begannen britische Pioniere mit dem Bau einer befestigten Startbahn aus Lochblechen. Am 1. September 1946 eröffnete die neugegründete British European Airways eine Linie von London über Hamburg nach Gatow und beflog die Strecke täglich außer Sonnabends zunächst mit Kriegsveteranen DC-3, später mit der Vickers »Viking«. Der Flugpreis betrug für den Hin- und Rückflug 32 Pfund, allerdings war dieser Flugverkehr deutschen Passagieren zunächst verschlossen. Im März 1947 ließ die RAF eine 1 830 Meter lange Startbahn aus Beton bauen, und während der sowjetischen Berlin-Blockade 1948/49 war Gatow ein Hauptpfeiler der alliierten Luftbrücke.

Der Zentralflughafen Tempelhof war

Die ersten zivilen Abfertigungsanlagen auf dem Flughafen Tempelhof lagen im Westteil und waren zunächst für eine Kapazität von jährlich 240 000 Passagieren konzipiert. *Foto: BFG*

Die Abfertigungsschalter in Tempelhof. Sie erwiesen sich angesichts der schnell steigenden Passagierzahlen bereits im ersten Betriebsjahr als zu klein. *Foto: BFG*

ebenfalls von Professor Sagebiehl entworfen worden. Die Bauarbeiten begannen 1936, wurden jedoch bis zum Kriegsende nicht mehr beendet. Die Gesamtfläche erstreckt sich über 4,5 Millionen Quadratmeter; mit einer Länge von 1 300 Metern war zudem das auch heute noch größte Gebäude Europas entstanden. Im Jahre 1938 hatte die damalige Berliner Flughafen-Gesellschaft die Anlage in einem Erbbauvertrag für 99 Jahre erhalten. Am 28. April 1945 eroberten sowjetische Truppen den durch Luftangriffe schwer beschädigten Flughafen. Der letzte Direktor der BFG, Rudolf Böttger, verweigerte den Befehl, die Anlagen zu sprengen und nahm sich das Leben.

Unverzüglich nach der Übernahme durch die Amerikaner richteten diese eine deutsche »Wirtschaftsstelle« ein, zu deren Chef ein alter Mitarbeiter der BFG, Werner Loebermann, berufen wurde, der später erster Direktor der neuen BFG werden sollte. Diese »Wirtschaftsstelle« erhielt den Auftrag, die zerstörten Hangars und Einrichtungen zu reparieren, während auf dem Flugfeld eine 1 400 Meter lange Startbahn aus Lochblechen errichtet wurde. Am 18. Mai 1946 eröffnete die American Overseas Airlines eine Linie von New York über Shannon, Amsterdam und Frankfurt nach Berlin-Tempelhof, die einmal wöchentlich mit viermotorigen DC-4 bedient wurde. Während der Blockade war die AOA die einzige zivile Fluggesellschaft, die den Passagiertransport aufrechterhielt. Unter Verwendung von Trümmerschutt wurde eilends eine zweite Startbahn gebaut.

Im Laufe der Blockade entstand schließlich auch der dritte Flughafen in West-Berlin, als am 5. August 1948 im französischen Sektor in Tegel mit dem Bau einer knapp 2 400 Meter langen Startbahn begonnen wurde. Bereits am 1. Dezember 1948 konnte hier das erste Transportflugzeug landen.

Ziviler Neubeginn in Tempelhof

Mit dem Beginn des nunmehr auch für Deutsche uneingeschränkt zugänglichen Flugverkehrs Anfang 1950 wurde aus der Wirtschaftsstelle wieder die Berliner Flughafen-Gesellschaft gebildet. Unmittelbar nach der Eröffnung des Flugverkehrs auch der Air France übertrugen die Amerikaner einen Teil des Flughafens Tempelhof wieder den deutschen Behörden, die in aller Eile die ersten zivilen Abfertigungsanlagen in Angriff nahmen. Gesellschafter der BFG waren der Bund mit einem Stammkapital von 35 850 000 DM und das Land Berlin mit 39 150 000 DM. Am 9. Juli 1951 wurden die ersten zivilen Abfertigungsanlagen nach dem Kriege im Westteil des Flughafens in Betrieb genommen, die für eine jährliche Passagierzahl von 240 000 ausgelegt waren. Bereits die Bilanz für 1951 zeigte indessen, daß die Anlagen nicht ausreichten, denn es waren mehr als 320 000 Fluggäste registriert worden - jene Plage begann, die auch andere Flughäfen ständig heimsucht, daß nämlich die Kapazität mit der Passagierentwicklung nicht Schritt hält. Währenddessen wurden unter Leitung der US Air Force die Startbahnen erneuert, die nördliche mit einer Länge von 2 093, die südliche mit 2 116 Metern. Beide wurden am 1. November 1954 in Betrieb genommen.

Auf dem Flughafen Gatow fand nur noch militärischer Flugbetrieb statt, erst 1968 verkehrten wieder einige Zivilmaschinen, allerdings nur für britische

Die PanAm-Berlin-Flotte, während der Nacht unter dem Vordach des Flughafens Tempelhof geparkt. *Foto: BFG*

Eine »Elizabethan« der BEA startet den Steuerbord-Motor in Tempelhof. *Foto: BFG*

Am 2. Juli 1962 wurde die große Abfertigungshalle auf dem Flughafen Tempelhof in Betrieb genommen. Die Jahreskapazität betrug zunächst 4,4 Millionen Passagiere jährlich, doch später wurde sie durch weitere Umbauten noch gesteigert. *Foto: BFG*

Massenandrang am Gepäckband in der großen Abfertigungshalle in Tempelhof. *Foto: BFG*

Rechte Seite und darauffolgende Doppelseite:
In langer Reihe geparkt waren die Boeing 727 der PanAm auf dem Tempelhofer Vorfeld. Die Passagiere gingen noch zu Fuß zu ihrem Flugzeug. *Foto: BFG*

Blick auf das Tempelhofer Vorfeld mit geparkten BAC 111-500 der BEA. *Foto: BFG*

Der Berliner Zentralflughafen Tempelhof, Ende Mai 1988. *Foto: BFG*

PAN AMERICAN
N325PA

BEA
G-AVML

Soldaten und ihre Familien. Um für jede Eventualität gerüstet zu sein, ließ die RAF jedoch den Flughafen ständig modernisieren. So wurden im Juni 1969 für 1,5 Millionen DM neue Radaranlagen installiert.

Angesichts der wachsenden Enge in Tempelhof gaben die Amerikaner im September 1959 vor allem die unvollendete große Abflughalle frei, die nun von der BFG ausgebaut wurde. Zur selben Zeit erwartete die Air France die Auslieferung ihrer ersten Strahlflugzeuge »Caravelle«. Da dieser Typ auch im Berlin-Verkehr eingesetzt werden sollte, auf den Pisten in Tempelhof aber nicht operieren konnte – die ersten Versionen waren noch mit Bremsschirmen ausgerüstet –, wurde mit den französischen Militärbehörden die Freigabe des Flughafens Tegel vereinbart. Die Franzosen übertrugen der BFG im Nordteil ein Gelände für die Errichtung ziviler Abfertigungsanlagen, die am 9. November 1959 begonnen wurde. Mit der ersten Landung einer planmäßigen »Super-G-Constellation« wurde Tegel-Nord am 2. Januar 1960 in Betrieb genommen. Kurzer Zeit später landeten hier auch die ersten »Caravelles«, und West-Berlin verfügte nun über zwei zivile Flughäfen. Am 2. Juli 1962 ging die große Abfertigungshalle in Tempelhof in Betrieb, die für zehn Millionen DM nach den Gesichtspunkten eines modernen Massenflugverkehrs hergerichtet worden war.

Alles blickt nach Tegel

Während der Flugverkehr in Tempelhof erheblich zunahm, die Air France in Tegel-Nord jedoch zeitweise erfolglos operierte, richtete der Senat alle Blicke auf diesen Flughafen, der nach seinem Willen nun der Düsenflughafen Berlins werden sollte. Am 24. Juli 1963 legte der Aufsichtsrat der BFG einen Generalausbauplan für Tegel vor, der einen neuen Flughafen im Süden mit direktem Verkehrsanschluß an den Kurt-Schumacher-Damm vorsah. Am 10. September 1963 gaben die französischen Behörden diesem Plan ihre Zustimmung, nach dem der neue Flughafen im Jahre 1970 für 60 Millionen DM fertiggestellt sein sollte. Die Kapazität sollte mehr als drei Millionen Passagiere jährlich betragen. Bei der Planung ging die BFG davon aus, daß Tegel als Ergänzung, nicht aber als Ersatz für Tempelhof anzusehen sei.

Zunächst mußten die provisorischen Anlagen in Tegel-Nord angesichts des gesteigerten Verkehrs der Air France und von Direktflügen der PanAm nach den USA erweitert werden. Für 1,5 Millionen DM wurden weitere Abfertigungseinheiten errichtet, die auf rund 900 000 Fluggäste jährlich zugeschnitten waren und am 12. Mai 1965 in Betrieb gingen.

Einige Monate zuvor, im September 1964, waren die BFG und der Senat in beträchtliche Unruhe geraten, als

Im Januar 1960 wurden die ersten zivilen Abfertigungsanlagen in Tegel-Nord in Betrieb genommen. *Foto: BFG*

bekannt wurde, daß die Amerikaner im Hinblick auf Pläne der PanAm zum Einsatz von Strahlflugzeugen einen großzügigen Ausbau von Tempelhof überlegten, und zwar mit dem Bau einer weiteren Startbahn, die über den Columbia-Damm in die Hasenheide führen sollte. Der Senat war über diese Pläne nicht informiert worden, die Amerikaner wiegelten denn auch ab, es handele sich lediglich um allgemeine Erwägungen, die tatsächlich bald zu den Akten gelegt wurden. Für Tempelhof begann allerdings nun doch das Strahlzeitalter, denn die PanAm kaufte die Boeing 727-100, die hier gefahrlos operieren konnte, und rüstete im Laufe des Jahres 1966 ihre Flotte um. Allerdings war die Lärmbelastung jetzt beträchtlich.

Um Tegel-Süd war es indessen still geworden, und die BFG hatte gemerkt, daß sich der Baubeginn wegen knapper Mittel und der ungewissen Zukunft des Flugverkehrs verzögern würde. Für die erste von zwei geplanten Baustufen erwartete man Kosten von 100 Millionen DM. Am 22. November 1966 betraute der Aufsichtsrat die Architekten Gerkan und Marg, die im Wettbewerb den ersten Preis errungen hatten, mit dem Bau des neuen Hafens. In zwei Abfertigungs-Sechsecken würden jährlich bis zu sechs Millionen Passagiere abgefertigt werden können, verwirklicht werden sollte aber zunächst nur ein Sechseck für drei Millionen Fluggäste. Für die erste Baustufe, die spätestens 1971 betriebsbereit sein sollte, wurden 115 Millionen DM angesetzt. Wie sich später herausstellte, war das graue Theorie, und zwar nicht nur im Hinblick auf den Zeitpunkt der Inbetriebnahme, sondern auch auf die tatsächlichen Kosten, die sich schließlich inklusive aller Verbindungen und Nebenanlagen auf 400 Millionen DM erhöhten.

Währenddessen lief der BFG in Tempelhof die Entwicklung davon. Im Sommer 1967 wurde deutlich, daß 3,5 Millionen Fluggäste zu erwarten seien, und so entschied man, daß mit Beginn der Sommersaison 1968 die Flugtouristik nach Tegel-Nord umzuziehen habe. Zur selben Zeit vollendeten die Franzosen dort ein umfangreiches Modernisierungsprogramm: Die südliche Startbahn wurde mit einer neuen Oberfläche belegt, die nördliche auf 2 030 Meter verlängert und ebenfalls neu belegt. Beide Bahnen erhielten eine neue Befeuerung; die Süd-Bahn wurde für Schlechtwetterlandungen nach der Kategorie II für beide Richtungen instrumentiert. Damit verschafften die Franzosen »ihrem« Flughafen erhebliche Vorteile gegenüber Tempelhof, wo infolge der dichten Bebauung und des daher notwendigen steilen Anflugwinkels keine Schlechtwetterlandungen möglich waren.

Baubeginn in Tegel-Süd

Im Februar 1968 beschäftigte sich der Senat mit der Flughafen-Planung und einer Prognose der Arbeitsgemeinschaft Deutscher Verkehrsflughäfen, in der es hieß, im Jahre 1972 müsse man in Berlin mit 4,7 Millionen Fluggästen, 1977 aber bereits mit 6,3 Millionen rechnen. Weder dem Senat noch der BFG ist indessen ein Vorwurf zu machen, daß die Entwicklung völlig anders verlief. In der Annahme, daß der Flugverkehr weiter starke Zuwachsraten zu verzeichnen haben werde, fand am 12. Juni 1969 der erste Spatenstich für Tegel-Süd statt. Wenige Monate zuvor war in Tegel-Nord überraschende Ruhe eingetreten, denn die Air France hatte bis auf ihre Paris-Flüge den Betrieb eingestellt und mit der BEA den Gemeinschaftsdienst von Tempelhof aus begonnen. Nur die Charterflieger blieben dem Platz treu.

Nunmehr konzentrierte sich der Ansturm im Linienverkehr wieder voll auf Tempelhof, und als Tegel-Nord am 2. Januar 1970 den zehnten Geburtstag feierte, war dort nicht einmal ein einziges Flugzeug zu sehen. Am 11. März 1970 begannen umfangreiche Erweiterungen der großen Abfertigungshalle in Tempelhof, damit die jährliche Kapazität auf 6,5 Millionen Fluggäste gesteigert werden konnte. Wenige Monate zuvor hatten die Amerikaner bereits die Hauptstartbahn mit einer neuen Befeuerung ausgerüstet und den Anflugwinkel mit modernster Instrumentierung gesenkt. Rechtzeitig für den Weihnachtsansturm 1970 waren alle Umbauten vollendet.

Der Einsatz der BAC 111-500 der BEA, die zu den lautesten Flugzeugen zählte, erregte seit Ende 1969 die Gemüter in der Umgebung Tempelhofs. Bereits Ende 1968 hatte der Senat sozusagen als Muster 417 Wohnungen in Tempelhof und Neukölln mit Spezialfenstern ausrüsten lassen, doch 1969 ruhte die Ausstattung weiterer Wohnungen, vermutlich weil man noch immer mit einer absehbaren Verlagerung des Strahlverkehrs nach Tegel rechnete. Als die Arbeiten 1970 wieder aufgenommen wurden, geriet der Senat unter erhebliche Kritik, da offensichtlich städtische Wohnbaugesellschaften den Vorzug vor privaten Hauseigentümern erhielten, aber auch weil zunächst die von den Startbahnen am entferntesten liegenden Häuser schallhemmende Fenster erhielten. Das Programm wurde übrigens erst im August 1975, wenige Tage vor dem Gesamtumzug aller Fluggesellschaften nach Tegel, beendet.

Als am 27. April 1970 der Grundstein für Tegel-Süd gelegt wurde, erfuhr die Öffentlichkeit völlig neue Daten: Inbetriebnahme im Frühjahr 1974, Baukosten für die erste Baustufe 225 Millionen

1964 vergrößerte die BFG die zivilen Anlagen in Tegel-Nord und errichtete auch ein Restaurant.
Foto: BFG

Modern und praktisch waren die Räumlichkeiten des kleinen Terminals in Tegel-Nord.
Foto: BFG

DM, Jahreskapazität fünf Millionen Passagiere. Abermals wurde betont, Tempelhof werde auch nach Inbetriebnahme des neuen Flughafens seine Bedeutung behalten, denn jüngste Prognosen sagten nun aus, daß 1974 bereits mit 7,5 Millionen und 1980 gar mit 11,5 Millionen Passagieren in Berlin zu rechnen sein werde …

In den Sommermonaten 1970 und 1971 wurden in nächtlichen Großaktionen die Startbahnen in Tempelhof modernisiert, und auch die Franzosen ließen

Blick auf den Otto-Lilienthal-Flughafen, vormals Tegel-Süd.
Foto: BFG

die Nordstartbahn in Tegel auf drei Kilometer verlängern. Sie wurde im Juli 1973 in Betrieb genommen.

Das Dauerthema Verkehrsaufteilung

Im August 1971 verkündete der Senat in einem »Bericht über den Berliner Luftverkehr«, alle Flüge nach Hamburg, Bremen, Hannover, Düsseldorf und Köln/Bonn sollten von Tegel abgehen, die Flüge nach Stuttgart, München, Frankfurt und Nürnberg ab Tempelhof. Bei ihrer kühnen Vorstellung hatten die Politiker nur übersehen, daß der Flugverkehr ausschließlich alliierter Verantwortung unterstand, und die Fluggesellschaften keinerlei Weisungen des Senats zu akzeptieren brauchten, zumal man in der Eile die notwendige Diskussion mit den alliierten Dienststellen vergessen hatte. Nur den Senat konnte es daher überraschen, daß seine Vorstellungen von den Airlines gar nicht erst zur Kenntnis genommen wurden. Kluge Politiker hätten dies voraussehen müssen, nicht allerdings, daß sich die politischen Verhältnisse überraschend änderten. Nachdem die Berlin-Verträge unter Dach und Fach und im Transitverkehr mit Beginn des Jahres 1972 deutliche Erleichterungen eingetreten waren, fielen die Passagierzahlen im Luftverkehr bis zum Jahre 1976 dramatisch ab. Kein Wunder, daß am 20. September 1972 beim feierlichen Richtfest in Tegel-Süd kaum Freude aufkam. Der Regierende Bürgermeister Schütz drückte sich diplomatisch aus, als er betonte, mit dem neuen Flughafen werde man »zweifellos Kapazitätsreserven haben«, die aber notwendig seien, weil niemand die Absicht habe, sich mit dem Erreichten zufrieden zu geben.

Am 6. Juni 1973 bat Verkehrssenator König die Chefs der drei alliierten Liniengesellschaften zu einem Gespräch, das aber ergebnislos blieb. Bekannt wurde lediglich, daß der Senat »in Kürze« wieder mit einem Anstieg der Passagierzahlen rechne, daß British Airways dagegen der Auffassung sei, der Rückgang werde sich fortsetzen, und Tegel-Süd werde daher den gesamten Verkehr aller drei Airlines verkraften können. Ein alleiniger Umzug der BA komme daher nicht in Frage. Zudem müsse erst klargestellt werden, welche Mietkosten in Tegel auf sie zukämen.

Im Januar 1974 brachte der Senat die BFG in Verlegenheit, als er der PanAm gewisse finanzielle Erleichterungen für einen Umzug nach Tegel-Süd in Aussicht stellte, um endlich eine Lösung für die Aufteilung des Flugverkehrs zu finden. Freilich machte man die Rechnung ohne British Airways, die ihrerseits sogleich erklärte, sie werde keinesfalls allein in Tempelhof bleiben. Damit ergab sich für den Senat eine neue Lage, denn die Kapazität Tegel-Süds wäre für die Aufnahme des gesamten Flugverkehrs nicht ausreichend gewesen – das wenigstens dachte man zu diesem Zeitpunkt. Aber es kam dann doch anders. Am 31. Mai 1974 waren die Gespräche zwischen dem Senat und der BFG auf der einen sowie der PanAm auf der anderen Seite geplatzt, weil dieser die Umzugskosten und die Mieten in Tegel-Süd zu hoch erschienen. Nunmehr hatte sich das Bild gewandelt, denn der Senat mußte befürchten, daß BA und PanAm in Tempelhof bleiben und Tegel-Süd kaum genutzt würde.

Anfang Juni 1974 begannen neue Beratungen des Senats mit den Fluggesellschaften, und man stellte gemeinsame Kapazitätsberechnungen an. Angesichts der Tatsache, daß der Passagierrückgang anhielt, fragte man sich, ob Tegel-Süd nicht doch den gesamten Verkehr verkraften könne, was jedoch nicht ins Konzept der BFG paßte, die ja den Flughafen nicht als Ersatz für Tempelhof konzipiert hatte. Aber der Senat stand unter Druck: Für das kommende Jahr standen die Wahlen zum Abgeordnetenhaus bevor, und der Bauskandal um den Steglitzer Kreisel war für die politischen Experten bereits genug. Also drängte man den Bund, die Frage eines finanziellen Zuschusses für die Airlines zu prüfen, damit sie allesamt nach Tegel umzögen.

Wen wundert es, daß die Fluggesellschaften in der Erkenntnis der Zwangslage des Senats munter zu pokern begannen. Die PanAm erklärte sogleich, die Mietdifferenz zwischen Tempelhof und Tegel belaufe sich jährlich auf 1,4 Millionen DM – wer sollte das bezahlen? Auch die Air France teilte mit, wenn sie von Tegel-Nord nach Süd umziehe, wolle sie ebenfalls bedacht werden. Diese Diskussion wurde in der BFG mit Unbehagen verfolgt, denn sie war bei ihrer Planung stets von einer Verkehrsaufteilung ausgegangen und sollte nun die Zeche in Gestalt eines Verzichts auf kostendeckende Mieten zahlen.

Der Umzugs-Kompromiß

Am 26. Juni 1974 hatte sich der Senat jedoch durchgesetzt und vereinbarte mit

BA und PanAm den Gesamtumzug nach Tegel-Süd für den 1. April 1975. Die Vereinbarungen sahen vor:

• Die BFG wird in Tegel-Süd auf eine Kostenmiete verzichten und nur einen Durchschnitts-Mietpreis von 20 DM pro Quadratmeter und Monat für die Büroräume fordern, festgeschrieben auf fünf Jahre. Die Mindereinnahmen gleichen Bund und Land Berlin aus, mit anderen Worten: Der Steuerzahler wird zur Kasse gebeten.

• Die Fluggesellschaften verpflichten sich, die alliierten Luftfahrtattachés zur Genehmigung dieser Mietpreise zu drängen.

• Die BFG wird der PanAm fünf und British Airways 4,6 Millionen sowie den anderen beteiligten Airlines zusammen 400 000 DM, zusammen also zehn Millionen DM zahlen. Der dadurch entstehende Verlust wird ebenfalls von den Gesellschaftern der BFG ausgeglichen.

• Die zehn Millionen DM decken die Umzugskosten sowie die höheren Mieten für einen Zeitraum von 18 Monaten, danach zahlen die Airlines die Kosten ohne weitere Zuschüsse. Allerdings sollen die Mieten bis zum Jahre 1980 nur der halben Kostenmiete entsprechen. Die Airlines verpflichten sich, etwaige Preiserhöhungen nicht mit den Mietkosten zu begründen, allerdings ebenfalls nur für 18 Monate.

Alles schien in Butter, jedoch war der Öffentlichkeit vorgegaukelt worden, diese Vereinbarungen seien bereits Bestandteil eines gültigen Mietvertrages. Dies entsprach aber, wie man bald sehen sollte, nicht den Tatsachen.

Die Ernüchterung

Zunächst einmal hatte sich der Senat auf Kosten der BFG aus der Schlinge gezogen, und am 23. Oktober 1974 konnte Tegel-Süd mit einer großen Fete eröffnet werden. Das 400-Millionen-Bauwerk war in Betrieb, zunächst nur für die Linienflüge der Air France und für die Ferienflieger. Die Ernüchterung folgte auf dem Fuße: Die BFG, nunmehr im Besitz des Schwarzen Peters, sah sich vor die Aufgabe gestellt, den Flughafen schnellstens für den Gesamtverkehr umzufunktionieren, was allerdings enorme Schwierigkeiten bereitete. Als sich zur Jahreswende 1974/75 herausstellte, daß die Umbauten kaum rechtzeitig zu bewältigen wären, trat die BFG mit Billigung der amerikanischen Hausherren in Tempelhof mit dem Vorschlag an die PanAm heran, sie solle sich den Umzug noch einmal überlegen, und für den Fall, daß nur die BA nach Tegel-Süd umzöge, bot man der PanAm in Tempelhof großzügige Umbauten an. Die BFG errechnete nämlich, daß sie bei einem Gesamtumzug jährlich 15 Millionen DM zur Aufrechterhaltung des Betriebs in Tempelhof und zur Sicherung der Bauten zahlen müsse, während sie fünf Millionen sparen könnte, bliebe die PanAm dort. Diese zeigte sich nicht grundsätzlich abgeneigt.

British Airways reagierte jedoch unverzüglich und erklärte wiederholt, daß sie auf keinen Fall allein nach Tegel umziehen und in Tempelhof bleiben werde, wenn die PanAm auf den Umzug verzichtete. Nun hatte die PanAm den Schwarzen Peter in der Hand und mußte vom Senatssprecher hören, die Berliner Landesregierung halte am Gesamtumzug fest. Um nicht als Störenfried dazu-

Kontrollturm und Fluggastbrücke der Position 1 auf dem Flughafen Tegel.
Foto: Lufthansa

stehen, erklärte sie schließlich am 10. Februar 1975, sie werde nun doch nach Tegel umziehen.

Eingeweihten war indessen längst klar, daß der geplante Umzugstermin angesichts der unvollendeten Umbauten gar nicht zu halten war. Der Senat geriet in Druck, denn die Wahlen standen unmittelbar bevor. Daher erklärte der Senatssprecher noch am 27. Februar 1975, der Termin für den 1. April sei von allen Beteiligten »verbindlich festgelegt« worden. Die BFG mußte wider besseres Wissen über den Senatspressedienst erklären, daß alle Baumaßnahmen »termingerecht« verliefen und die »Voraussetzungen für einen Gesamtumzug geschaffen« worden seien. Diese Erklärung rief die PanAm auf den Plan, die nunmehr öffentlich enthüllte, daß vorher noch Mietverträge auszuhandeln seien, und daß »gewisse Einrichtungen« fertiggestellt werden müßten, die zu einer reibungslosen Abwicklung des Flugverkehrs gehörten. Damit war klar gesagt, daß es noch gar keine Mietverträge gab, und die Umbauten eben doch nicht vollendet waren, wie es der Senat glauben machen wollte.

Es dauerte nach der Wahl denn auch nur genau elf Tage, bis die BFG und die beiden Airlines in einer gemeinsamen Erklärung am 11. März 1975 feststellten: »Die Berliner Flughafen-Gesellschaft und die Fluggesellschaften British Airways und PanAm halten den bisher genannten Umzugstermin für nicht mehr realisierbar. Begründung:

1. Die Fluggesellschaften sind der Auffassung, daß sämtliche flugtechnischen Einrichtungen rechtzeitig vor dem Umzugstermin fertiggestellt sein müßten.

2. Bis zum heutigen Tage konnte noch keine Einigung über alle vertraglichen Einzelfragen erzielt werden.

3. Als neuer realistischer Umzugstermin wird der 1. September 1975 angesehen.«

Der Senat hüllt sich in Schweigen

Die Airlines hakten sogar noch einmal nach und bemängelten, daß ein Borddienstgebäude entgegen der ersten Zusage erst 1977 fertig werde, was erhebliche Mehrkosten verursache, weil die Bordverpflegung aus Tempelhof nach Tegel geschafft werden müsse, und daß bestimmte Flughafenanlagen nicht den internen Betriebsvorschriften der Fluggesellschaften entsprächen. Flughafen-Direktor Robert Grosch, der seit Januar 1969 im Amt war, hatte alle Hände voll zu tun, den »ungeplanten Zentralflughafen« funktionstüchtig zu machen.

Im Mai 1975 waren dann alle Verträge unter Dach und Fach, die Hauptverwaltungen der Airlines hatten die Mietverträge gebilligt, und die französische Militärregierung übertrug der BFG die Nutzung von Tegel-Süd. Aber am 20. August stand wieder alles infrage, denn nun äußerte die amerikanische Bundesluftfahrtbehörde (FAA) bei einer abschließenden Inspektion Bedenken und erklärte, die Fernschreibanlagen und das Werftgebäude wiesen ernste Mängel auf. Senat und BFG rotierten. Verkehrssenator Liehr ließ erklären, er habe mit allen Beteiligten die anstehenden Probleme »in offener Feldschlacht« erörtert. Am 29. August stellte die FAA dann befriedigt die Beseitigung der Mängel fest. Die Alliierten bildeten einen Sonderstab, der den Umzug und die Aufnahme des vollen Flugbetriebs aller Fluggesellschaften überwachen sollte.

Am 31. August 1975 startete gegen 21.30 Uhr je eine Maschine der BA und der PanAm. Es waren die letzten Flugzeuge, die Tempelhof mit Kurs auf Tegel verließen, und an Bord befanden sich die alliierten Stadtkommandanten, der Regierende Bürgermeister, mehrere Senatoren und die Direktoren der BFG. Am 1. September 1975 begann um 6.20 Uhr mit dem Start einer Maschine der BA nach Düsseldorf der volle Flugbetrieb in Tegel. Der Gesamtumzug hatte reibungslos und perfekt funktioniert, während in Tempelhof die Bevölkerung Abschied vom Zentralflughafen nahm. Erst zehn Jahre später startete hier wieder ein Linienflugzeug.

In Tegel-Süd normalisierte sich der Flugverkehr, und die starke Abwärtsbewegung der Passagierzahlen milderte noch bestehende Probleme. Doch dann ging es wieder bergauf. Eine überarbeitete Prognose der Arbeitsgemeinschaft Deutscher Verkehrsflughäfen, die in Berlin für 1980 nur noch 3,2 Millionen Passagiere voraussagte, erwies sich abermals als völliger Fehlschlag. Im September 1976 begannen die Franzosen mit dem Einbau neuer Instrumente für das ILS, die nach einer Probezeit im März 1977 zugelassen wurden, worauf Tegel für Schlechtwetterlandungen nach der Kategorie III A genutzt werden konnte. Die Amerikaner hatten zur selben Zeit mit einem Aufwand von 6,5 Millionen DM die Streckennavigation in den Luftkorridoren auf den modernsten

Stand gebracht, während die Franzosen in Tegel zusätzlich ein Bodenradar in Betrieb nahmen, das alle Rollbewegungen überwachte.

Es wird eng in Tegel

Ende 1978/Anfang 1979 nahmen die Passagierzahlen wieder deutlich zu. Luftfahrtexperten errechneten, daß bei einer anhaltenden Steigerung spätestens 1980 die Kapazität Tegels von rund fünf Millionen Fluggästen jährlich erschöpft sein werde. Bevor jedoch ernsthafte Entscheidungen getroffen werden konnten, setzte überraschend wieder eine Abwärtsbewegung ein. Unter Hinweis auf den Umzugsvertrag, der unter anderem die Gebühren für die nächsten fünf Jahre festschrieb, aber auch wegen des steigenden Defizits der Flughafen-Gesellschaft beantragte diese Anfang 1980 drastische Gebührenerhöhungen, was zu einem Proteststurm der Airlines führte. Mit Rücksicht auf die Flugpreise lehnten die Alliierten zunächst ihre Zustimmung ab, und erst zum 1. Januar 1981 konnten die Mieten, ab 1. März die Landegebühren mit der Maßgabe erhöht werden, daß weitere Erhöhungen in bestimmten Zeitabschnitten genehmigt würden.

Die BFG hatte bereits Mitte 1980 vorsorglich entschieden, die Kapazität des Flughafens mit einem Kostenaufwand von 3,5 Millionen DM auf jährlich 5,6 Millionen Passagiere zu steigern. Bis zum Frühjahr 1981 wurde die Zahl der Abfertigungspositionen auf 15 erhöht. Am 1. November 1984 feierte Tegel-Süd den zehnten Geburtstag, und die BFG konnte stolz vermelden, daß in diesem Zeitraum 39 Millionen Fluggäste und mehr als 500 000 Flugbewegungen abgefertigt worden seien. Die Bilanzen wurden zunehmend positiv. Im Januar 1986 stellte die BFG fest, daß ihr Jahresdefizit deutlich verringert worden sei. Ein Jahr später erklärte Flughafen-Direktor Grosch, daß man sich nunmehr erneut der Kapazitätsgrenze nähere, und bereits im Frühjahr 1987 traten erste Engpässe auf. Die BFG änderte daraufhin die Abfertigung für die Auslandspassagiere und richtete dezentrale Zollkontrollen ein, aber das war nur der Tropfen auf den heißen Stein. Es sollte noch schwieriger werden...

1987 fanden in Berlin die 750-Jahr-Feiern statt. Im Juni besuchte US-Präsident Reagan die Stadt und forderte, auch für seine Mitarbeiter überraschend, Berlin zu einem internationalen Luftkreuz auszubauen. Während die westlichen Verbündeten Reagan freundliche, aber zurückhaltende Zustimmung signalisierten, waren Senat und Bundesregierung begeistert. Die BFG, die sich öffentlich nicht äußern durfte, machte immerhin bescheiden geltend, ein weiteres Abfertigungsgebäude wäre frühestens in drei Jahren betriebsbereit, doch ohne einen solchen Ausbau werde Tegel nur schwerlich weitere Fluggesellschaften aufnehmen können. Die aber meldeten sich nun gleich massenweise an. Der Senat feierte jede Neuanmeldung in eitler Freude und lieferte damit einer bis dahin unbedeutenden Bürgerinitiative im Norden Berlins gehörig Munition, denn nun war auch die Bevölkerung mit Recht ob des Massenandrangs besorgt, ganz zu schweigen von der wirtschaftlichen Sinnlosigkeit einer derartigen Ausweitung des Flugverkehrs. Ganz so schlimm sollte es indessen nicht kommen. Die zunächst recht hilflosen Luftfahrtattachés genehmigten schließlich einen Rahmen für die Neuzulassungen, tat-

Blick in die Haupthalle des Flughafens Tegel.
Foto: vP

sächlich erschienen aber neu in Berlin nur die TWA und die Euroberlin France.

Inzwischen hatte der BFG-Aufsichtsrat am 13. Januar 1988 den Ausbau Tegels beschlossen. In der ersten Phase sollten Sofortmaßnahmen ergriffen werden: Der Umbau der Nebelhalle für zusätzliche Abfertigungspositionen, betriebsbereit bis zum Juni 1988 und mit einem Aufwand von 5,5 Millionen DM. In der zweiten Phase sollte der Parkplatz P 2 für 21 Millionen DM überbaut werden, damit zusätzliche Büroräume, Parkplätze und Abfertigungseinrichtungen entstehen konnten. Phase drei sah schließlich den Beginn der Vorarbeiten für die Errichtung eines weiteren großen Abfertigungsgebäudes für jährlich drei Millionen Passagiere vor. Ende 1991 sollte diese Anlage einschließlich der Vorfelder betriebsbereit sein, doch es kam wieder einmal alles anders als erwartet. Während der Umbau der Nebelhalle verwirklicht werden konnte, wurde die Phase zwei zunächst vom Bezirksamt Reinickendorf blockiert, denn es standen wieder einmal Wahlen ins Haus, und die SPD, unterstützt von der AL, hatte sich unter anderem den Kampf gegen den Fluglärm auf die Fahnen geschrieben. Für alle Beteiligten überraschend wurde der CDU/FDP-Senat im Januar 1989 abgewählt, und die erste rotgrüne Koalition Berlins kam ans Ruder. Nun blies der Flughafen-Gesellschaft der Wind ins Gesicht. Wenige Tage nach der Wahl, am 1. Februar 1989, stellten die Direktoren der BFG verärgert fest, daß alle weiteren Ausbauarbeiten blokkiert seien, daß Tegel angesichts von 5,6 Millionen Passagieren bereits überlastet und somit bereits jetzt eine unhaltbare Situation entstanden sei.

Am 4. Juli 1989 ging der Senat einen

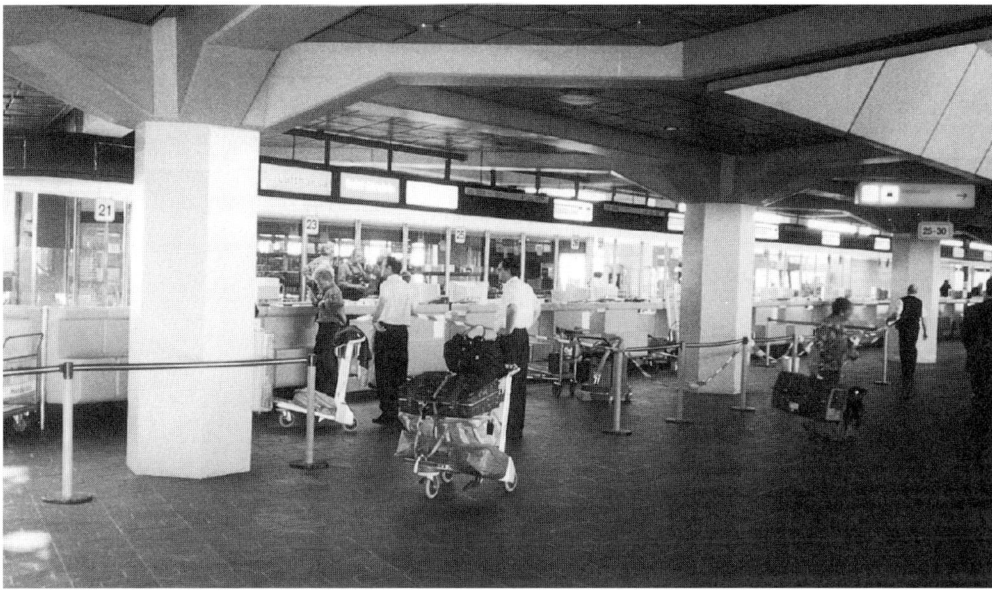

In der ehemaligen Nebelhalle, benannt nach dem deutschen Raketenforscher Nebel, wurden zusätzliche Abfertigungsschalter eingerichtet, um den Spitzenandrang in Tegel abfangen zu können.
Foto: vP

Schritt weiter und stoppte alle weiteren Arbeiten. Der Aufsichtsrat der BFG wurde aufgefordert, entsprechende Beschlüsse zu fassen, doch mit der Mehrheit der Vertreter des Bundes und der Arbeitnehmer weigerte er sich entschieden, einen solchen Beschluß zu fassen, der im Widerspruch zur Satzung stand. Der verärgerte Senat verlangte nun von einer Mitte August einberufenen Sitzung der Gesellschafter eine Entscheidung in seinem Sinne, denn in dieser Versammlung verfügte er über eine Mehrheit. Als die Sitzung am 16. August 1989 stattfand, wurde indessen kein Beschluß gefaßt, denn der Senat mußte einsehen, daß auch die Gesellschafterversammlung nicht gegen die Satzung der BFG argumentieren konnte. Eine Satzungsänderung aber hätte Einstimmigkeit bedingt, die angesichts der Haltung der Vertreter des Bundes nicht zu erzielen war. Der Schwarze Peter wurde an den Aufsichtsrat zurückverwiesen, der am 7. November 1989 zusammentrat, aber wiederum keine Einigung erzielen konnte. Alles blieb in der Schwebe, kostbare Zeit ging verloren.

Zwei Tage später fiel die Berliner Mauer. Die politische Landschaft in Deutschland war verwandelt. Erstmals eröffnete sich nun die Möglichkeit, die DDR ernsthaft in die Luftverkehrsplanung einzubeziehen. Als der Aufsichtsrat der BFG am 24. Januar 1990 zusammentrat, lag ihm die Forderung des Senats vor, die BFG solle erst dann auf ihren Antrag der ursprünglichen Phase 2 zurückkommen, wenn sich die alliierten Fluggesellschaften verpflichteten, mit Beginn des Sommerflugplanes rund 60 Prozent aller Flugbewegungen mit Flugzeugen der Lärmkategorie 3 auszuführen, und schriftlich zusagten, die Quote zum Sommer 1992 auf 90 Prozent zu erhöhen. Diese Forderung nahm der Aufsichtsrat zur Kenntnis, erklärte aber zugleich mit der Mehrheit der Vertreter des Bundes und der Arbeitnehmer, die BFG sei keinesfalls an diesen Senatsbeschluß gebunden. In den folgenden Monaten setzte sich bei der SPD die Vernunft durch. Die Passagierzahlen nahmen angesichts der politischen Entwicklung zu, und die Situation in Tegel wurde prekär. Gegen den Widerstand des Koalitionspartners AL erteilte SPD-Bausenator Nagel am 9. Juli 1990 die Baugenehmigung für den Parkplatz P 2, und am 8. Oktober konnten die Arbeiten endlich beginnen. Die Baukosten hatten sich indessen um fünf Millionen auf 26 Millionen DM erhöht.

Nun bahnte sich allerdings ein neuer Konflikt um den alten Zentralflughafen Tempelhof an. Nachdem die deutsch-alliierten Verträge über die Rückgabe der vollen Souveränität an Deutschland am 12. September 1990 unterzeichnet worden waren, meldeten mehrere deutsche und ausländische Fluggesellschaften ihr Interesse an Regionalverbindungen an. Um die Lage in Tegel zu entschärfen, beschloß die BFG im Einvernehmen mit dem Bundesverkehrsministerium, den alten Zentralflughafen, auf dem bis dahin lediglich Tempelhof Airways operierte, für die Regionaldienste mit Turboprop-Flugzeugen zu nutzen. Verkehrssenator Wagner meldete unverzüglich Widerspruch an und legte dem Senat eine Vorlage vor, daß die inzwischen genehmigten Regionaldienste auf Tegel und Schönefeld verteilt werden und daß Tempelhof nicht zivil genutzt werden solle. Der Senat faßte am 18. September 1990 einen entsprechenden Beschluß, mußte sich indessen vom Bundesverkehrsministerium belehren lassen, daß er nicht über den Flughafen zu entscheiden habe, und daß die genehmigten Regionaldienste mit Beginn des Winterflugplans in Tempelhof abgewickelt würden. Am 19. Dezember 1990 wurde die große Abfertigungshalle in Tempelhof reaktiviert.

Inzwischen war es auch möglich geworden, die Verhältnisse auf dem Flughafen Schönefeld genauer zu untersuchen. Die Experten stellten eine Reihe schwerwiegender Mängel fest, und die BFG war sich schnell klar, daß eine stärkere Nutzung dieses Flughafens erst nach langwierigen Reparatur- und Ausbaumaßnahmen realistisch wäre. So wurde 1991/1992 die Hauptstartbahn für rund 92 Millionen DM rekonstruiert und für den Betrieb der Kategorie III hergerichtet, und auch die Terminals mußten für 35 Millionen modernisiert werden.

Ende Januar 1991 wurde der rot-grüne Senat abgewählt und durch eine Große Koalition aus CDU und SPD ersetzt, doch damit endeten nicht die Probleme für die Flughafen-Gesellschaft. Sie drang auf die Errichtung eines Interims-Terminals in Tegel, um die Kapazität um drei Millionen Fluggäste zu erhöhen. Zum Sommer 1992 sollten die Arbeiten beendet sein. Bezirksverordnetenwahlen, die im Frühjahr 1992 anstanden, nahm das Bezirksamt Reinickendorf jedoch zum Anlaß, nach bewährtem Muster die Arbeiten zu blockieren, und am 3. März 1992 verkündete Verkehrssenator Haase einen endgültigen Ausbaustop für Tegel. Erst im November 1994 konnte eine Sanierung des Parkdecks am Innenring durchgeführt werden, die mit einem Aufwand von 45 Millionen DM im Juli 1995 abgeschlossen war.

Die Entwicklung vollzieht sich wie gehabt: Der Senat, unterstützt von der

Blick auf die große Anzeigetafel in der Tegeler Haupthalle.
Foto: vP

Brandenburger Landesregierung, möchte die Berliner Flughäfen schließen, wenn ein neuer Großflughafen betriebsbereit ist. Bis dahin soll möglichst viel Flugverkehr nach Schönefeld verlagert werden, aber wie im damaligen Verhältnis von Tempelhof und Tegel tut man sich schwer, dieses Vorhaben zu verwirklichen. Freiwillig wollen die Fluggesellschaften nicht umziehen, und die Alliierten, die ein Machtwort sprechen könnten, gibt es nicht mehr. Die Geschichte des alliierten Berlin-Flugverkehrs ist beendet, und nichts spricht dafür, daß man aus den Fehlern der Vergangenheit gelernt hat.

Nachzutragen wäre nur noch: Am 27. September 1994 übertrugen die Franzosen Tegel-Nord der Bundesluftwaffe, die dort die Flugbereitschaft stationierte. Die amerikanische Luftwaffe hatte schon zum 1. Juli 1993 die Anlagen in Tempelhof wieder der deutschen Seite übergeben. Trotz eines beachtlichen Anteils am Berliner Linienflugverkehr ist die Zukunft des alten Zentralflughafens ungewiß, auch wenn eilfertige Verkündungen, der Flughafen solle möglichst bald geschlossen werden, unrealistisch sind.

Nicht mehr ungewiß dagegen ist die Zukunft des Flughafens Gatow, der nach dem Abzug der Royal Air Force Hauptquartier der 3. Luftwaffendivision wurde und das Luftwaffenmuseum aus Uetersen aufnahm. Eine zivile Nutzung kommt nicht mehr infrage, weil dafür dieselben Raumordnungs- und anderen Verfahren hätten eingeleitet werden müssen, als handele es sich um einen Neubau, und dem wollte sich niemand mehr aussetzen. Am 30. Juni 1994 wurde der Flughafen entwidmet.

Die Flugpreise – eine unendliche Geschichte

Kaum ein Thema hat in der Geschichte des alliierten Berlin-Flugverkehrs die Gemüter so erregt wie die Flugpreise. Sie waren Zündstoff für unzählige Auseinandersetzungen, Konflikte und Mißverständnisse, und nicht selten vertraten die Alliierten die Interessen Berlins gegen die Bonner Ministerialbürokratie. Die Gestaltung der Berlin-Flugpreise war im Weltluftverkehr ohne Beispiel, denn aufgrund der alliierten Sonderrechte wurden sie von den Luftfahrtattachés entweder genehmigt oder abgelehnt. Die Deutschen hatten nur insofern ein Mitspracherecht, als sie nach Einführung der Fluggast-Subvention entscheiden konnten, welche Flüge in welcher Höhe zu berücksichtigen seien. Kaum jemals wurde bekannt, auf welch komplizierte Weise die Flugpreise festgelegt worden sind, kaum jemandem war klar, selbst vielen deutschen Politikern nicht, daß die Tarifdiskussionen selbst höchste Regierungsstellen der drei westalliierten Mächte beschäftigten.

Die drei alliierten Linienfluggesellschaften, denen der Zivilluftverkehr von und nach West-Berlin oblag, unterlagen den Verpflichtungen ihrer Regierungen, aus politischen Gründen zu möglichst niedrigen Tarifen zu fliegen. In der Tat lagen die Kilometerpreise von 1950 bis 1990 deutlich unter jenen der Lufthansa-Inlandstarife, aber auch der Tarife anderer europäischer Länder. Zum Beispiel forderte die Lufthansa im Herbst 1975 einen Kilometerpreis von 41 Pfennigen, die alliierten Airlines erhielten auf ihren Berlin-Strecken aber nur 29 Pfennige (einschließlich der Fluggast-Subvention). Da die Zivilmaschinen an die fiktive Höhenbegrenzung der Luftkorridore gebunden waren, lagen die Kosten deutlich höher, während die alliierten Gesellschaften – mit Ausnahme der künstlich niedrig gehaltenen Berliner Landegebühren – auf westdeutschen Flughäfen und für die Flugsicherung die gleichen Gebühren wie die Lufthansa bezahlen mußten.

Die aufgrund des Drucks der Regierungen geübte Preisdisziplin wurde allerdings derart honoriert, daß die Luftfahrtattachés gehalten waren, die Wirtschaftlichkeit der Airlines zu sichern. Dies war der Hintergrund für manche Entscheidungen, die von der Öffentlichkeit bei der Neuzulassung weiterer Airlines oder bei der Entscheidung über neue Flugstrecken nicht verstanden und als »Blockade« der Bemühungen um Verbesserungen gewertet wurden. Es ist heute kein Geheimnis, daß sowohl die Air France als auch British Airways in wirtschaftlichen Krisenzeiten des Berlin-Luftverkehrs ernsthaft mit dem Gedanken spielten, sich aus Berlin zurückzuziehen, daß sie aber in jedem Fall von ihren Regierungen aufgefordert wurden, ihr Engagement fortzusetzen. Nicht nur die Manager der Fluggesellschaften, sondern auch verantwortliche Politiker der alliierten Regierungen waren frustriert, wenn die unterschiedlichsten Regierungskoalitionen in Bonn und Berlin in einem einig waren, nämlich der Kritik an Tariferhöhungen, während sie andererseits Preissteigerungen öffentlicher deutscher Institutionen zwar als bedauerlich, nichtsdestoweniger als notwendig bezeichneten.

Wenngleich keine Fluggesellschaft eine exakte Kosten- und Gewinnrechnung für ihre innerdeutschen Dienste aufstellen wollte, sind Insider übereinstimmend der Ansicht, daß die alliierten Airlines im Berlin-Verkehr weit davon entfernt waren, sich eine Goldene Nase zu verdienen. Tatsächlich wechselten sich Jahre mit Gewinnen mit Jahren deutlicher Defizite ab, und mit dem wachsenden Wohlstand in der Bundesrepublik wurde es immer schwieriger, Tarifdisziplin zu üben und diese gegenüber den eigenen Steuerzahlern oder Aktionären zu vertreten, wenn Großbritannien, Frankreich oder auch die USA gleichzeitig unter einer Rezession litten.

Erst heute wird deutlich, wie kompliziert die Tarifgestaltung gehandhabt wurde. In der Regel kam der Anstoß für eine Flugpreiserhöhung von der Hauptverwaltung der jeweiligen Fluggesellschaft, die ihre Deutschland-Direktion mit der Vorbereitung beauftragte. Von hier aus wurde dann der Antrag beim zuständigen Luftfahrtattaché eingereicht, der den Vorgang an die entsprechende Luftfahrtbehörde und an den Botschafter in Bonn übermittelte. Der wiederum informierte sein Außenministerium; Kopien des Antrags erhielten die anderen alliierten Airlines. Nun begann eine intensive Beratungsphase. Der Botschafter informierte das Auswärtige Amt in Bonn, das seinerseits das Bundesverkehrsministerium unterrichtete. In der betreffenden alliierten Hauptstadt wurden weitere Minister, teilweise sogar der Regierungschef konsultiert sowie die alliierte Behörde in Berlin um Stellungnahme gebeten. Diese wiederum suchte den Kontakt mit dem Senat. Die beiden anderen westlichen Regierungen wurden in Kenntnis gesetzt und um Entscheidung gebeten, denn die Luftfahrtattachés mußten einstimmig entscheiden. Erst wenn alle Berichte im jeweiligen Außenministerium eingegangen waren, wurde ein Beschluß gefaßt und dem Attaché übermittelt, der nunmehr wiederum Kontakt mit seinen Kollegen und der deutschen Seite aufnahm. Nach Abschluß all dieser Verfahren wurde den Fluggesellschaften die Entscheidung über die Höhe des neuen Tarifs und den Zeitpunkt der Einführung mitgeteilt. Nicht selten lagen Monate zwischen dem Antrag und dem Inkrafttreten einer Preiserhöhung. Es gab sogar Fälle, bei denen Erhöhungen, Neuzulassungen von Airlines oder die Einführung neuer Flugstrecken Themen von Außenministertreffen waren, daß sogar Regierungschefs die Frage einer Flugpreiserhöhung im Berlin-Verkehr zur Chefsache erklärten.

Die Flugpreisentwicklung in Berlin verlief in drei Phasen: 1952 wurde ein gespaltenes Tarifsystem mit unterschiedlichen Preisen für Tag- und Nachtflüge eingeführt, 1962 kam nach dem Bau der Mauer und der Isolierung Berlins die

Fluggast-Subvention, und von 1972 an schließlich waren die Airlines erstmals bereit, auch im Berlin-Verkehr mit verbilligten Sondertarifen zu arbeiten. Jahrelang waren die Fluggesellschaften vergeblich gedrängt worden, solche Tarife einzuführen, doch als sie schließlich dazu bereit waren, mußten sie zu ihrer Überraschung feststellen, daß sie damit in Bonn und in Berlin auf Widerstand stießen. Zeitweise mutete diese Situation geradezu schizophren an: Bundesregierung und Senat wurden nicht müde niedrigere Flugtarife zu fordern, mißbilligten sie aber nach Antrag sofort, weil Bonn höhere Kosten für die Subvention sowie um das Tarifgefüge der Lufthansa fürchtete und schließlich auch eine Abwanderung zu vieler Reisender von der Bahn ins Flugzeug verhindern wollte. Die allerdings bot über 40 Jahre keine überzeugende Alternative zum Flugverkehr.

Nach der Überwindung der Blockade konnten die Passagiere im Berlin-Flugverkehr vom 1. Oktober 1949 an ihre Tickets erstmals in DM zahlen. Die Tarife wurden allerdings mit Beginn des Winterflugplans 1950/51 deutlich gesenkt und blieben bis zum 1. April 1952 gültig. An diesem Tage offerierten die Fluggesellschaften einer überraschten Öffentlichkeit ein neues Tarifsystem, das nicht nur Luftfahrtexperten wie ein Schildbürgerstreich anmuten mußte, denn die bisherigen Tarife blieben für die Tagesflüge gültig, während nur zögerlich auch verbilligte Nachtflüge am Tagesrand eingeführt wurden.

Das gespaltene Tarifsystem hatte zur Folge, daß die vor allem für Geschäftsreisende attraktiven Nachtflüge als Tagesrandverbindungen auch von den Privatreisenden genutzt wurden, so daß manche Flüge ausgebucht waren, während die Maschinen zu den teuren Tagestarifen weniger frequentiert wurden. Für viele war unverständlich, daß die Fluggesellschaften ihre attraktiven Nachtflüge billiger als die weniger gefragten Tagesflüge verkauften, und außerdem erschien die Einteilung der Flüge höchst unübersichtlich, ja sogar fragwürdig: Manche Flüge wurden noch am frühen Vormittag als Nachtflüge ausgewiesen, während auf anderen Strecken bereits der Tagestarif galt, und auf der Stuttgart-Route wurden erst gar keine Nachtflüge angeboten. Auf Drängen der deutschen Seite wurde der Nachtflug-Tarif auf der Hannover-Strecke im Juni 1955 ermäßigt, und um das Ungleichgewicht der Auslastung der Flugzeuge zu verändern, führte man 1956 den kombinierten Tages- und Nachttarif ein. Alle Vorschläge zur Änderung dieses unsinnigen Systems stießen indessen bei den Airlines auf taube Ohren.

Im März 1957 machte der Senat einen Vorstoß zur Veränderung der Situation. Er rechnete den Airlines vor, daß ihre Nachtflüge zu 86 Prozent, die Tagesflüge aber nur zu 65 Prozent ausgelastet seien. Eine nur zehnprozentige Senkung des Tagestarifs könnte den Fluggästen als Anreiz dienen, am Tage zu fliegen, und bei einem Zugewinn von jährlich 50 000 Passagieren kämen die Kosten mehr als herein. Der Vorstoß blieb jedoch ebenso erfolglos wie ein ähnlicher ein Jahr später, als man vorschlug die Tarife zu tauschen, das heißt, für Nachtflüge mehr und für die Tagesflüge weniger zu fordern. Stattdessen erhöhten die Fluggesellschaften ihre Preise zum 1. September 1958 um durchschnittlich 5,5 Prozent, und trotz dieser vergleichsweise geringen Steigerung war das öffentliche Echo negativ.

Tauziehen um die Fluggast-Subvention

Am 13. August 1961 errichtete die DDR die Mauer, die den Flüchtlingsstrom abrupt unterbrach. Auch die Zahl der Berlin-Besucher sank, und der Berlin-Flugverkehr verbuchte erhebliche Einbußen. Deutsche wie Alliierte stellten Überlegungen zur Sicherung der Verbindung Berlins zum Westen an und dachten an eine Flugpreissenkung, allerdings war man sich über das Wie höchst uneinig. Der Senat war bereit, die Flugpreise aus dem 500-Millionen-DM-Fonds der Berlin-Hilfe zu subventionieren, und zwar in Höhe von 28 Prozent für den Tages- und acht Prozent für den Nachtflug. Für den Passagier hätte das einen Einheitstarif noch unter dem gegenwärtigen Preis eines Nachtfluges ergeben, und die Fluggesellschaften hätten zwar weiter unterschiedliche Preise in Rechnung gestellt, dem Passagier aber nur den neuen Einheitstarif abgenommen und die Differenz von der Öffentlichen Hand kassiert.

Die Fluggesellschaften informierten indessen das Bundesverkehrsministerium über ihre Absicht zur Abschaffung der Einzeltarife zugunsten eines neuen Einheitstarifs, der dann zu subventionieren sei. Jedoch nahm die deutsche Seite offiziell nicht Kenntnis von diesen Plänen, obwohl sich die Airlines ihre Einheitstarife bereits von den Luftfahrtattachés hatten genehmigen lassen und ihrerseits die deutschen Subventionierungspläne ignorierten. Am 25. Januar 1962 redete man dann nicht mehr aneinander vorbei sondern endlich miteinander und stellte fest, daß man überhaupt nicht einer Meinung sei. Jede Seite unterbreitete ihre Vorschläge, und man ging mit der Erklärung auseinander, diese prüfen zu wollen. Damit war der zunächst angepeilte Termin 1. Februar für die Fluggast-Subvention natürlich hinfällig, und zudem wiesen sich beide Seiten in der Öffentlichkeit gegenseitig die Schuld zu: Der Senat betonte, die Fluggesellschaften wollten mit ihrem neuen Einheitstarif eine verschleierte Tariferhöhung durchsetzen und an der Subvention verdienen, und die Airlines fühlten sich völlig unverstanden und argumentierten, sie wollten mit dem Einheitstarif lediglich das Abrechnungsverfahren vereinfachen. Sie gaben zu, daß dieser Tarif vielleicht um ein bis zwei Prozent über dem Durchschnitt läge, auf der anderen Seite käme die deutsche Seite unter dem Strich mit ihrem Vorschlag eines geteilten Tarifs schlechter weg. Der Bund müsse nämlich für jeden Passagier, der künftig zum Tagestarif fliegen wolle, erheblich mehr zahlen als beim Einheitstarif. Da bei diesem durch die Subvention angeglichenen Einheitstarif sicherlich mehr Passagiere als bisher den teuren Tagesflug wählen würden, erhöhe sich dadurch automatisch die Subventionssumme. Diese Rechnung war zwar richtig, doch die deutsche Seite setzte sich durch – und zahlte zu!

Der Bund stellte für das Jahr 1962 25 Millionen DM zur Verfügung, und zum 1. März 1962 wurde die neue Fluggast-Subvention in Kraft gesetzt, die nun folgendermaßen kompliziert wirksam wurde: Nach Hannover betrug sie 46 DM am Tage, sechs DM in der Nacht und 26 DM für den Kombitarif, so daß der Passagier tatsächlich für jeden Flug nur 62 DM zu zahlen hatte. Nach Frankfurt entstand ein Einheitspreis von 123 DM durch einen Zuschuß von 45 DM am Tag, 13 DM in der Nacht und 29 DM für den Kombitarif. Auf der längsten Route nach München betrug die Subvention 53, 18 beziehungsweise 36 DM, und der Passagier hatte real 140 DM zu zahlen. Die deutliche Senkung der Flugpreise führte zu einem spürbaren Anstieg der Passagierzahlen, der sich in den folgenden Jahren fortsetzte.

Nun doch Einheitstarif

Bereits im Herbst 1962 begannen aber die Fluggesellschaften eine neue Flugpreisdiskussion mit dem Hauptargument, die Abrechnung der unterschiedlichen Tarife sei zu kompliziert. Allerdings hieß es auch, man müsse »kilometergerechte« Preise nehmen. Im Klartext hieß das, die Flugpreise müßten erhöht werden, was man mit dem alten Vorschlag des vom Bund subventionierten Einheitstarifs erreichen wollte. Die Airlines, die Attachés und die deutsche Seite verhandelten hinter verschlossenen Türen, und die Forderungen der Fluggesellschaften wurden erst am 15. Januar 1963 bekannt, als der Senat öffentlich protestierte. Dann herrschte wieder Stillschweigen. Anfang Februar sickerte durch, die deutsche Seite habe ihre Zustimmung zur Tarifänderung bekundet. Offiziell aber erfolgten keine Verlautbarungen, und der Grund dafür lag auf der Hand: Die deutsche Seite wollte nämlich ihre Zustimmung nicht vor den Wahlen zum Abgeordnetenhaus geben. So hatte BEA-Generaldirektor Milward, der in Berlin eine Verkaufskonferenz geleitet hatte und sich am 14. Februar 1963 der Presse stellte, einen schweren Stand, denn auch auf drängende Fragen durfte er nur ausweichende Antworten geben. Immerhin bestätigte er, daß die Flugpreise wegen der gestiegenen Kosten erhöht werden müßten, aber auch, weil »wir gerne mehr einnehmen wollen«. Die BEA habe 1962 auf den Berlin-Strecken einen »kleinen Gewinn« eingeflogen, und die neuen Kosten müßten sogleich aufgefangen werden. Wann und in welchem Umfang die Preise erhöht würden, sagte er indessen nicht.

Zwei Tage nach den Wahlen wurde die Öffentlichkeit endlich mit der Enthüllung informiert, daß eine völlig neue Tarifstruktur geschaffen worden sei. Mit ihrem Einheitstarif gingen die Fluggesellschaften zunächst einmal in die Vollen, denn er entsprach fast genau dem bisher teuersten Tagestarif. Außerdem machte der Bund noch sein »Schnäppchen«, indem er – im ganzen Tarifpaket sorgfältig versteckt – die Subventionen auf einzelnen Strecken reduzierte, am stärksten auf der Stuttgart-Route, aber auch nach Frankfurt und Nürnberg.

Im Frühjahr 1964 wurden die Fluggesellschaften gedrängt, über Tarifsenkungen nachzudenken, obwohl sie deutlich niedrigere Flugpreise als die Lufthansa in ihrem innerdeutschen Netz verlangten. Die alliierten Fluggesellschaften forderten damals einen Kilometerpreis zwischen 14,5 (nach München) und 19 Pfennigen (nach Hannover), während die Lufthansa zu Preisen zwischen 20,8 und 22,4 Pfennigen flog. Eine Erklärung des damaligen Verkehrssenators Theuner, dem Senat seien niedrigere Flugpreise wichtiger als der Service an Bord, wurde von den Airlines im März 1964 dahingehend aufgegriffen, daß sie vorschlugen, den Flugpreis auf der Hannover-Route um 14 DM für den Hin- und Rückflug zu senken und dafür den Bordservice auf allen innerdeutschen Strekken zu streichen. Sie teilten gleichzeitig mit, daß sich die Kosten für diesen Service je nach der Strecke auf drei bis neun DM für den Hin- und Rückflug beliefen. Senat und Bund lehnten das mit der Begründung ab, ein Bordservice sei international üblich, und man könne nur dann einem Verzicht zustimmen, wenn die Flugpreise auf allen Berlin-Strecken ermäßigt würden.

Am 12. Juni 1968 verkündete die DDR überraschend die Einführung der Paß- und Visapflicht im Interzonenverkehr, und für die Hin und Rückfahrt auf den Transitautobahnen mußten fortan zehn DM Visagebühren pro Person bezahlt werden. Die Bundesregierung reagierte unverzüglich und erhöhte die Fluggast-Subvention auf der Hannover-Route, weshalb die für das laufende Jahr bereitgestellte Gesamtsumme von 44 Millionen DM um fünf Millionen aufgestockt werden mußte. Der neue Flugpreis wurde am 5. Juli 1968 eingeführt, und sofort setzte eine überaus starke Nachfrage auf dieser Strecke ein. Zum 1. Mai 1970 wurden erstmals seit April 1963 die Flugpreise erhöht, und zwar um 6 bis 7 Prozent.

Erstmals Sondertarife

Mit dem Berlin-Abkommen und den darauffolgenden Erleichterungen auf den Transitstrecken nahm die Zahl der Flugpassagiere zu Beginn des Jahres 1972 rapide ab. Erstmals in der Geschichte des alliierten Berlin-Flugverkehrs machten sich nun die Airlines Gedanken über Sondertarife. Die BEA schlug zunächst vor, einen um 25 Prozent ermäßigten Jugendtarif einzuführen und – auf die Mitte der Woche beschränkt – denselben Tarif auch für Senioren. Der amerikanische Luftfahrtattaché äußerte zunächst Bedenken, denen sich die Bundesregierung anschloß, weil sie trotz rückläufiger Passagierzahlen Mehrausgaben für die Subvention befürchtete. Doch nach mehreren deutsch-alliierten Diskussionen (und nachdem auch die PanAm für diese Tarife plädiert hatte), gaben die Attachés schließlich am 5. April grünes Licht.

Nachdem die Lufthansa für ihre innerdeutschen Dienste die Flugpreise um acht Prozent erhöht hatte, beantragten die alliierten Airlines eine Erhöhung um zehn Prozent, die zum 1. Dezember 1972 genehmigt wurde. Die alliierten Fluggesellschaften flogen inzwischen auf Krisenkurs, die Auslastung der Flugzeuge war weiter gesunken, und die Zahl der Passagiere nahm ständig ab.

Im Oktober 1973 ging bei den Luftfahrtattachés ein erneuter Antrag auf eine zehnprozentige Preiserhöhung ein, die abermals mit erheblich gestiegenen Kosten begründet wurde. Der Deutschland-Direktor der British Airways, Caro, erläuterte diesen Antrag wie folgt: Seit der letzten Tarifänderung seien die Treibstoffkosten um 22, die Personalkosten um 15, die Abfertigungsgebühren um 20 und die Mieten um 15 Prozent gestiegen. Zur selben Zeit beantragte die PanAm einen verbilligten Familientarif, dem sich British Airways sogleich anschloß, jedoch verlief dieser Antrag im Sande, ohne daß weitere Informationen an die Öffentlichkeit gelangten, während der Antrag auf Tariferhöhung mit Wirkung vom 15. Februar 1974 genehmigt wurde. Doch schon am 4. Juni gab es eine weitere Erhöhung, die die Airlines mit »explosionsartig« gestiegenen Treibstoffkosten begründet hatten. Sie kassierten nunmehr einen Kilometerpreis von 29 Pfennigen (gegenüber 38 bei der Lufthansa), der Passagier zahlte bei unveränderter Subvention 25 Pfennige pro Kilometer. Die öffentliche Kritik bezog sich daher auch weniger auf die Preiserhöhung an sich, sondern vielmehr auf die Weigerung der Airlines, im Gegensatz zu Westdeutschland und dem Europa-Verkehr verbilligte Tarife für Privatreisende einzuführen. Am 12. Juni 1974 beantragte die Berliner CDU-Fraktion eine Erhöhung der Subvention, doch Bundesregierung und Senat lehnten mit der Begründung ab, die Fluggesellschaften müßten erst ihre Bilanzen offenlegen. Die jedoch lehnten ab, da allein die Luftfahrtattachés für den Berlin-Flugverkehr zuständig seien, und diese würden hinreichend mit den nötigen Angaben versorgt.

Ständiger Rückgang der Passagierzahlen

Am 4. Januar 1975 forderten die Fluggesellschaften eine Preiserhöhung von acht Prozent, und um einen zufriedenstellenden Flugplan aufrecht zu erhalten, beantragten die Airlines zugleich die Erlaubnis auf Streckenaufteilung. Nachdem die Luftfahrtattachés diesem Vorhaben zugestimmt hatten, verzichteten die Airlines auf die Flugpreiserhöhung.

Dennoch hielt der Abwärtstrend unvermindert an. Die Zahl der Fluggäste hatte 1975 gegenüber 1971 auf der Hannover-Route um 70,3, auf der Hamburg-Strecke um 48,1 und auf der Linie nach Nürnberg um 44,7 Prozent abgenommen. Was viele befürchtet hatten, war nun eingetreten: Die Zahl der Privatreisenden nahm ab, der Berlin-Flugverkehr war zu einer Domäne der Geschäftsreisenden geworden. 1975 betrug der Anteil der Privatflieger am Gesamtverkehr nur noch 42 Prozent. Nachdem die Lufthansa Ende 1975 ihre innerdeutschen Tarife um zehn Prozent erhöht hatte, beantragten die alliierten Gesellschaften am 16. Januar 1976 eine Preiserhöhung um elf Prozent. Der Senat kritisierte unverzüglich diesen Antrag und ignorierte dabei, daß der Kilometerpreis in Westdeutschland inzwischen auf 41 Pfennige gestiegen war. Zum 19. Mai 1976 trat die Erhöhung in Kraft, doch die Belastung des Passagiers stieg unverhältnismäßig stark, weil die Subvention seit ihrer Einführung unverändert bei rund 20 Prozent des Normalflugpreises geblieben war. Inzwischen erhöhten die Fluggesellschaften ihre Preise um 62 bis 64 Prozent, für den Fluggast jedoch stiegen die Tarife um 76 bis 82 Prozent, so daß allen Beteiligten klar sein mußte, daß die Subvention ihren eigentlichen Sinn nicht mehr erfüllen konnte. Sie war außerdem fraglich geworden, weil sie inzwischen in erster Linie den Geschäftsreisenden zugute kam und immer weniger den Privatreisenden, für die sie ja eigentlich gedacht war – 1976 war deren Anteil weiter auf nunmehr weniger als 40 Prozent gesunken.

Bundesregierung und Senat hielten sich bedeckt, doch letzterem blieb es vorbehalten, eine geradezu maßlose Attacke gegenüber den alliierten Fluggesellschaften zu reiten. Im September 1976 legte der Senat einen Bericht zum Flugverkehr vor, in dem er forderte, die Fluggesellschaften dürften die Preise nicht mehr erhöhen, sollten aber auf der anderen Seite ihren Service verbessern, indem sie kostenlos Imbiß und Zeitungen zu offerieren hätten. Die Fluggesellschaften waren »sprachlos«, denn allein die Treibstoffkosten lägen im Berlin-Verkehr inzwischen um bis zu 14 Prozent höher als bei den innerdeutschen

Flügen in Westdeutschland, weil in den Korridoren nicht in wirtschaftlicher Höhe geflogen werden könne. Zudem zahlten sie dieselben Gebühren wie alle anderen Fluggesellschaften.

Zum 3. Oktober 1977 wurden die Berlin-Flugpreise zum siebten Male seit 1970 erhöht. Die Fluggesellschaften forderten im Durchschnitt 7,8 Prozent mehr, infolge der unveränderten Subvention hatte der Passagier jedoch zwischen 8,3 und 11, 3 Prozent mehr zu bezahlen.

Deutsch-amerikanischer Tarifkonflikt

Bevor in der zweiten Jahreshälfte 1978 die Diskussion über die Fluggast-Subvention neu in Gang kam, stand Berlin plötzlich wegen der Flugtarife über den Nordatlantik im Mittelpunkt deutsch-amerikanischer Auseinandersetzungen. Nachdem Präsident Carter, der energisch die Deregulation des amerikanischen Flugverkehrs betrieb, der britischen Fluggesellschaft Laker Airways die Erlaubnis erteilt hatte, mit dem billigen »Skytrain« nach den USA zu fliegen, waren die Flugpreise auf dem Nordatlantik ins Wanken geraten. Im März 1978 beantragte die PanAm einen Billig-Tarif zwischen deutschen Flughäfen (einschließlich Berlins) und Nordamerika. Dieser Budget-Tarif, der nur unter bestimmten Bedingungen zu buchen war, sollte in der Nebensaison für einen Hin- und Rückflug zwischen Berlin oder München und New York nur noch 658 statt normaler 1 906 DM betragen. Bedingung war, daß der Passagier seinen Flugschein 21 Tage vor Reiseantritt bucht und bezahlt sowie zugleich eine siebentägige Zeitspanne angibt, in der er fliegen will. Spätestens sieben Tage vor Reiseantritt sollte ihm dann der Flugtermin definitiv zugesagt werden. Auf diese Weise wollte die Fluggesellschaft innerhalb dieser Zeitspanne freie Plätze besetzen. Der Budget-Tarif kam für Geschäftsreisende wegen der Zeitspanne nicht infrage, so daß er tatsächlich Privatreisenden zugute kommen mußte, und sollte zum 1. April 1978 wirksam werden. An diesem Tage jedoch lehnte das Bundesverkehrsministerium den Tarif ab, worauf es zu einem schweren deutsch-amerikanischen Konflikt kam. Die US-Zivilluftfahrtbehörde CAB ermächtigte nämlich die PanAm, den neuen Tarif ab sofort für alle Flüge zwischen Berlin und New York sowie für alle in den USA beginnenden und nach Deutschland führenden Flüge anzuwenden. Der Senat begrüßte diese Entscheidung und bezeichnete sie als »wünschenswerte Einbindung Berlins in den internationalen Luftverkehr«. Das Bundesverkehrsministerium jedoch erklärte den neuen Tarif für ungültig, und drohte der PanAm bei seiner Anwendung ein Bußgeldverfahren an. Zugleich behauptete das Ministerium, die drei alliierten Luftfahrtattachés hätten den Tarif nicht gebilligt, und Bonn werde auf sie einwirken, damit sie ihn ablehnen. Hier jedoch irrte Bonn gewaltig, denn die Attachés waren nur für die innerdeutschen Berlin-Tarife zuständig, nicht aber für die internationalen Preise, die im Rahmen der IATA von den nationalen Regierungsstellen zu genehmigen waren. Bonn mußte nachgeben, und bereits Mitte April 1978 fanden deutsch-amerikanische Luftfahrtverhandlungen statt, bei denen man vereinbarte, den neuen Tarif für Berlin zu sanktionieren.

Neue Diskussion über die Fluggast-Subvention

Mitte Juni 1978 beriet die Berlin-Kommission beim Bundespräsidenten über die Flugpreissituation und empfahl eine Neugestaltung der Subvention unter der Voraussetzung, »daß die Qualität des Flugangebots und der Serviceleistungen verbessert werden«. Damit begann ein weiterer Konflikt. Die Airlines erklärten, der Berlin-Verkehr entspreche den Leistungen anderer Inlandsdienste, Pünktlichkeit und Regelmäßigkeit lägen über dem Durchschnitt. Die Kommission ging auf diese Argumente nicht ein, wurde aber selbst nicht konkret, wohl aber die Berliner CDU-Fraktion, die im August 1978 ein Positionspapier erarbeitete, in dem folgendes gefordert wurde:

• Erhöhung des Subventionsbetrages von damals 43 Millionen DM auf 130 Millionen DM jährlich.

• Verteilung der Subvention derart, daß der Flugpreis dem anderthalbfachen Preis einer Zweite-Klasse-Bahnfahrkarte entspricht.

• Zusätzliche Subventionen für Familien von vier Personen an, damit auch diesen Flugreisen ermöglicht werden.

Der Vorstoß blieb ohne Ergebnis, trug aber immerhin dazu bei, daß die Diskussion fortgesetzt wurde. Zunächst jedoch vertagte das Bundeskabinett am 13. September 1978 einen Beschluß, nachdem Bundesverkehrsminister Gscheidle erklärt hatte, eine zusätzliche Fluggast-Subvention sei überflüssig, weil bei den Berlin-Verbindungen der Flugverkehr einen wesentlich höheren Marktanteil gegenüber anderen Verkehrsmitteln habe als in Westdeutschland. Berliner Politiker reagierten mit Mißfallen und belehrten den Minister, daß es hier schließlich nicht um Marktanteile gehe, sondern um die einzige unkontrollierte Verbindung der Stadt mit dem Westen.

In Bonn blieb man indessen unbeeindruckt. Ein interministerieller Zwischenbericht wiederholte, daß »der derzeitige Marktanteil des Berlin-Flugverkehrs mit rund 20 Prozent im Verhältnis zum Schienen- und Straßenverkehr unter Berücksichtigung der politischen und geografischen Lage Berlins als angemessen betrachtet wird«. Dann aber wurde Bonn deutlicher: »Höhere Flugsubventionen dürften kaum Neuverkehr, sondern vor allem Verlagerungen zu Lasten der Eisenbahn bringen«. Diese Rücksichtnahme spielte für Bonn auch in den folgenden Jahren eine gewichtige Rolle, als die Fluggesellschaften Billigtarife einführen wollten. Die Deutschland-Direktion der British Airways reagierte auf den Bonner Bericht und erklärte, er operiere mit falschen Zahlen. Der Marktanteil des innerdeutschen Berlin-Flugverkehrs, der allein in den Genuß der Subvention komme (Ferien- und Auslandsflüge wurden nicht subventioniert) betrage lediglich zehn Prozent, während er 1971, im letzten Jahr vor den Transiterleichterungen, noch bei 32 Prozent gelegen habe.

Erheblich mehr Zündstoff bot ein zusammen mit dem Zwischenbericht aufgestellter Forderungskatalog der Bundesregierung an die alliierten Fluggesellschaften. Nur wenn diese Forderungen erfüllt würden, könne über eine Erhöhung der Fluggast-Subvention nachgedacht werden, hieß es. In völliger Verkennung der alleinigen alliierten Verantwortung für den Berlin-Flugverkehr verlangte Bonn eine Modernisierung der Flotten, besseren Service, den Verzicht auf höhere Gewinne der Fluggesellschaften und das Mitspracherecht bei der Abwicklung des Flugbetriebs. Unter anderem sollten die Airlines die Zahl der Flüge nicht verringern und keine Flüge zusammenlegen.

Die Airlines reagierten zunächst mit einem Antrag auf eine Flugpreiserhöhung um rund sechs Prozent zum 1. April 1979, erklärten sich aber bereit, dieses Ansinnen noch einmal zu prüfen, falls die Bundesregierung die Fluggast-Subvention erhöhe. Zur Begründung des Antrags führten die Airlines an, daß sie trotz rückläufiger Passagierzahlen die Zahl der Flüge voll aufrecht erhalten hätten und auch im folgenden Jahr nicht reduzieren würden, was jedoch zu erheblichen Mehrkosten führe.

Am 16. November 1978 schließlich übergaben sie den Luftfahrtattachés ein gemeinsames Memorandum, das als Unterlage bei den Beratungen mit der Bundesregierung dienen sollte. Darin erklärten die Airlines als Antwort auf den Forderungskatalog, daß die Subvention keinen Einfluß auf die Abwicklung des Flugverkehrs haben könne. »Allein kommerzielle Gesichtspunkte sind für die Qualität und die Quantität der Flugdienste sowie für die Festlegung der Tarife maßgebend«. Eine Modernisierung der Flotten sei geplant, es sei aber nicht möglich, bereits jetzt verbindliche Zusagen über den Kauf bestimmter Flugzeuge zu machen.

In mehreren Beratungsrunden lehnten die Luftfahrtattachés die Bonner Vorstellungen ab. Weitere kritische Äußerungen von deutscher Seite führten jedoch schließlich zur Drohung der Airlines, sie würden künftig die Subvention für den Passagier nicht mehr abrechnen, was auch für die Öffentlichkeit deutlich mache, daß nicht die Fluggesellschaften sondern die Passagiere subventioniert würden. Falls die Airlines diese Drohung wahr gemacht hätten, hätte jeder Passagier sein Ticket zunächst zum vollen Preis bei der Fluggesellschaft kaufen und sich die Subvention später von einer deutschen Dienststelle erstatten lassen müssen. Soweit indessen kam es nicht.

Fluggast-Subvention erhöht

Das neue Jahr 1979 brachte Entspannung. Am 5. Januar erklärte Bonn, es sehe nunmehr ein, daß die Fluggast-Subvention keine Folgen auf den Flugverkehr haben könne, und die Airlines sagten zu, über eine »Verbesserung des Service« nachzudenken. Im Bundesverkehrsministerium begannen die Vorarbeiten für eine Neufassung der Subvention, die am 7. März 1979 mit folgendem Inhalt vom Bundeskabinett beschlossen wurde:

• Alle normalen Flugscheine (im innerdeutschen Linienverkehr) werden mit 20 Prozent des Normaltarifs subventioniert.

• Kleinkinder bis zu zwei Jahren fliegen kostenlos.

• Stark ermäßigt werden Kinder-, Jugend-, Senioren- und Gruppentarife. So wurden die Tickets erstmals wieder billiger, nur die Strecke nach Hannover verteuerte sich, weil sie schon früher erheblich höher subventioniert worden war. Damit galt für diese Linie nunmehr dieselbe Tarifstruktur wie für alle anderen. Als »Gegenleistung« für die Neuordnung der Subvention hatten zuvor die Airlines ihre Tarife nur um 4,5 Prozent erhöht.

Wenige Monate später erwies sich die ganze Arbeit als umsonst, denn infolge der Ölkrise trat am 15. November 1979

Die Fluggast-Subvention

Für die nach dem Mauerbau eingeführte Fluggast-Subvention im Berliner Linienflugverkehr wurden vom Bund bereitgestellt:

Für die ersten zehn Monate 1962:	24 610 217 DM
Für das Jahr 1963:	30 661 343 DM
Für das Jahr 1969 betrug sie bereits:	67 981 569 DM
Im Rekordjahr 1971 wurden bereitgestellt:	83 883 628 DM
Mit dem Rückgang der Passagierzahlen verringerte sich der Betrag bis 1978 auf:	40 347 300 DM
Mit der Neuordnung der Subvention wurden 1979 gezahlt:	84 453 149 DM
1980 stieg die Summe auf:	99 456 899 DM
1985 betrug die Subvention erstmals mehr als 100 Millionen DM, genau:	101 109 145 DM
Für 1988 wurden eingesetzt:	108 000 000 DM
Für 1989 wurde der Betrag reduziert auf:	100 000 000 DM

Zum Herbst des Jahres 1990 endete die Fluggast-Subvention mit der Rückgabe der Souveränität und dem Ende der alliierten Lufthoheit im Berlin-Verkehr.

ein fünfprozentiger Ölzuschlag in Kraft. Die alliierten Airlines befanden sich allerdings in guter Gesellschaft, denn die Lufthansa hatte im innerdeutschen Dienst die Preise gleich zweimal, im Mai und im September, um jeweils fünf Prozent erhöht.

Der neue Wochenendtarif

Unter dem Eindruck der Subventionsneuordnung hatten jedoch die alliierten Fluggesellschaften erstmals auch für Berlin einen verbilligten Wochenendtarif ausgeschrieben, der am 30. Mai von den Attachés gebilligt wurde und am 1. Juni 1979 in Kraft trat. Er konnte für alle Abflüge zwischen Sonnabend 12.00 Uhr und Sonntag 12.00 Uhr ohne Aufenthaltsbeschränkung gebucht werden und war gegenüber dem Normaltarif um 30 Prozent ermäßigt. Zugleich wurde der verbilligte Seniorentarif auch auf die Wochenenden ausgedehnt. Mit dem neuen Tarif, der zunächst nur ein bescheidener Anfang war, hatte man einen Flugpreis geschaffen, der in den folgenden Jahren erheblich ausgeweitet wurde und Privatreisenden einen Anreiz gab, wieder das Flugzeug als Verkehrsmittel zu wählen.

Am 29. Januar 1980 führte ein neuer Antrag der Airlines auf erstmalige unterschiedliche Verteuerung der einzelnen Strecken zu einer weiteren Auseinandersetzung. Die Diskussionen bis zur Entscheidung demonstrierten eindringlich, wie kompliziert das Berliner Luftfahrtgefüge war: Mit Rücksicht auf die tatsächlichen Kosten sollten die Preise auf den kürzeren Linien um bis zu 15,8 Prozent, auf den längeren Strecken nur um bis zu 5,1 Prozent steigen. Zur Begründung wurde erklärt, auf den kurzen Strecken werde im Verhältnis mehr Treibstoff verbraucht als auf den längeren, weil die Flugzeuge auf Flügen nach Hannover und Hamburg keine wirtschaftliche Flughöhe erreichen könnten.

Die Luftfahrtattachés kontaktierten die Bundesregierung, die ihrerseits betonte, sie könnte den Airlines nur eine lineare Erhöhung der Tarife um 3,5 Prozent zubilligen. Wenn aber die Fluggesellschaften eine von der BFG im Februar 1980 beantragte Erhöhung der Landegebühren akzeptierten, wäre Bonn bereit, eine lineare Tariferhöhung um fünf Prozent zu billigen. Die Luftfahrtattachés, die ja auch über diese Landegebühren in Berlin zu entscheiden hatten, lehnten deren Verquickung mit den Flugpreiserhöhungen jedoch ab.

Anfang April fanden weitere Beratungen zwischen den Attachés und der Bundesregierung statt, denn es lag ein neuer Antrag für unterschiedliche Tariferhöhungen auf dem Tisch. Abermals erzielte man keine Einigung, denn obwohl die Bundesregierung der Lufthansa zum 1. April eine streckenabhängige Tariferhöhung zugebilligt hatte, beharrte sie bei den alliierten Airlines auf einer linearen Erhöhung um maximal fünf Prozent.

Die Attachés konsultierten schließlich ihre Regierungen und entschieden dann eine lineare Erhöhung der Berlin-Tarife um 7,5 Prozent, wirksam ab 22. April. Damit waren nun alle verärgert: Die Bundesregierung, die zwar die lineare Erhöhung gefordert hatte, nicht jedoch in dieser Höhe, und die Airlines, die eine lineare statt der gestaffelten Erhöhung schlucken mußten. Der Berliner PanAm-Direktor Jacoby wurde erstmals auch in der Öffentlichkeit deutlich und sagte, die Entscheidung der Attachés sei schlichtweg falsch. Nach Auffassung der PanAm sollten von den Passagieren die tatsächlichen Kosten eines Fluges gefordert werden, und die Verluste auf den kürzeren Strecken dürften nicht mit den Gewinnen der längeren ausgeglichen werden. Sie seien nun einmal nicht mehr rentabel zu bedienen.

Im Juli 1980 waren sich ausnahmsweise einmal alle Beteiligten einig. Die Fluggesellschaften durften für August ihren billigen Wochenendtarif auch auf die Zeit von Montag bis Donnerstag ausdehnen, und zwar auf weniger gefragten ausgewählten Flügen. Nach einem Erfolg dieser Aktion wurde der Wochenendtarif zunächst an den Jahresenden, im Sommer und schließlich unbefristet eingeführt, und auch die Reservierung bestimmter Flüge für den Billigtarif wurde schließlich zugunsten einer Kontingentierung bestimmter Sitzplätze auf allen Flügen aufgehoben. Mit der Einigkeit war es indessen vorüber, als die Fluggesellschaften im November 1980 abermals verbilligte Gruppentarife vorschlugen und von der Bundesregierung verlangten, diese mit 20 Prozent des Normalpreises zu subventionieren. Dies wurde jedoch mit Hinweis auf die beschränkten Haushaltsmittel abgelehnt.

Bevor es im Juni 1982 zu einer weiteren Auseinandersetzung zwischen den Fluggesellschaften und der Bundesregierung kam, wurden die Berlin-Flugpreise gleich zweimal erhöht. Am 4. Juni 1982 mußten die Luftfahrtattachés auf Einspruch Bonns einen Antrag der British Airways ablehnen, die sozusagen als Test im Juli und August auf ausgewählten Flügen der Hannover-Route Stand-by-Tickets für 90 DM verkaufen wollte. Die Flugscheine wären nur unmittelbar vor dem Start zu erwerben gewesen, und Ziel der Aktion war, schlecht ausgelastete Maschinen besser zu füllen, damit das Angebot von täglich sieben Flugpaaren auf dieser Route aufrecht erhalten werden könnte. Das Bundesverkehrsministerium verweigerte die Subvention für diesen Tarif und erhob Einspruch dagegen, weil ein solcher Flugpreis nicht der Tarifstruktur der Lufthansa im innerdeutschen Verkehr entspreche. Damit war der Versuch gescheitert, doch als die

Die Entwicklung der Berlin-Flugpreise in DM (hin und zurück)

	Frankfurt	Hamburg	Hannover	Düsseld.	Köln/Bonn
1950	**158**	**106**	**102**	**192**	**192**
April 1952	**172** *134*	**106**	**102**	**192**	**192**
Oktober 1952	**159** *130*	**106**	**102** *75*	**192**	**192**
März 1953	**159** *130*	**106**	**102** *75*	**183** *145*	**183**
Juni 1953	**159** *130*	**106** *82*	**102** *75*	**183** *145*	**183**
Juni 1955	**159** *130*	**106** *82*	**102** *65*	**183** *145*	**183** *145*
September 1958	**168** *136*	**111** *86*	**108** *68*	**193** *152*	**193** *152*
01.03.1962	**123**	**79**	**62**	**140**	**140**
01.04.1963	**136**	**80**	**68**	**150**	**150**
05.07.1968	**136**	**80**	**51**	**150**	**150**
01.05.1970	**146**	**86**	**57**	**160**	**160**
01.07.1971	**160**	**96**	**67**	**174**	**174**
01.12.1972	**176**	**106**	**77**	**190**	**190**
15.02.1974	**196**	**118**	**89**	**212**	**212**
04.06.1974	**220**	**132**	**103**	**238**	**238**
19.05.1976	**244**	**146**	**117**	**264**	**264**
03.10.1977	**264**	**158**	**127**	**288**	**288**
01.04.1979	**248**	**148**	**134**	**268**	**268**
15.11.1979	**264**	**158**	**144**	**284**	**284**
22.04.1980	**288**	**172**	**158**	**310**	**310**
01.03.1981	**314**	**188**	**174**	**338**	**338**
28.03.1982	**346**	**208**	**192**	**372**	**372**
02.04.1983	**362** 234	**218** 142	**200** 126	**388** 252	**388** 252
25.03.1984	**374** 244	**226** 146	**208** 132	**402** 262	**402** 262
15.04.1985	**384** 250	**232** 152	**214** 136	**414** 270	**414** 270
10.04.1988	**388** 254	**262** 173	**242** 156	**418** 274	**418** 274
01.04.1989	**404** 266	**272** 180	**258** 168	**436** 286	**436** 286
16.05.1989	**418** 280	**282** 190	**268** 178	**452** 302	**452** 302
06.07.1990	**450** 306	**312** 216	**296** 202	**482** 328	**482** 328
07.09.1990	**EE/TWA**	**T.Airw.**	**BA**	**AF/BA**	
	460 316	**322** 226	**306** 212	**492** 338	**492** 338
	PanAm	**PanAm**	**PanAm**	**PanAm**	
	488 333	**338** 235	**322** 220	**524** 357	

Normal- bzw. Tagestarif, ***Nachttarif,*** Spartarif
AF: Air France, BA: British Airways, EE: Euroberlin France, T-Airw.: Tempelhof Airways, PanAm: PanAmerican Airways

Lufthansa wenige Tage später erklärte, sie habe gar keinen Einspruch gegen den BA-Tarif erhoben, präzisierte das Ministerium seine Ablehnung und gab nun offiziell zu, der Tarif hätte »einen ruinösen Wettbewerb mit der Bundesbahn« bedeutet.

Der große Krach mit Bonn

Die Auseinandersetzung um den Hannover-Tarif war indessen erst der bescheidene Anfang eines großen Konflikts, der sich im Juli 1982 anbahnte, und zwar zwischen dem Senat und den Alliierten

München	Bremen	Nürnberg	Stuttgart
183	**150**	**160**	**-**
183	**-**	**160**	**-**
183	**160**	**149**	**-**
183	**-**	**149**	**-**
183	**130**	**149**	**-**
183 ***150***	**-**	**144**	**183**
193 ***158***	**-**	**152**	**193**
140	**99**	**109**	**140**
160	**-**	**120**	**162**
160	**-**	**120**	**162**
170	**108**	**128**	**174**
186	**120**	**140**	**190**
204	**132**	**154**	**208**
228	**148**	**172**	**232**
256	**166**	**194**	**260**
284	**184**	**216**	**290**
316	**200**	**240**	**314**
298	**190**	**228**	**296**
316	**202**	**242**	**314**
346	**220**	**264**	**344**
378	**240**	**288**	**376**
416	**264**	**318**	**414**
434 282	**276** 178	**332** 216	**432** 280
448 292	**286** 186	**344** 224	**446** 290
460 300	**294** 192	**354** 232	**458** 298
464 304	**296** 196	**356** 234	**462** 302
484 318	**308** 202	**370** 244	**482** 316
500 334	**320** 214	**384** 258	**498** 332
536 364	**344** 238	**410** 280	**532** 362
BA/EE	**BA**	**BA**	**BA/EE**
546 374	**354** 246	**420** 290	**542** 372
PanAm	**PanAm**	**PanAm**	**PanAm**
582 397	**374** 257	**446** 305	**578** 394

auf der einen und der Bundesregierung auf der anderen Seite. Bereits in den ersten Julitagen hatten sich Berichte aus Bonn verdichtet, daß die Bundesregierung eine drastische Kürzung der Fluggast-Subvention mit dem Ziel plane, sie nach und nach völlig abzuschaffen. Obwohl sich Berliner Politiker aller Parteien mit Ausnahme der AL gegen eine Kürzung ausgesprochen hatten, beschloß das Bundeskabinett am 7. Juli, die Subvention von 1983 an um jährlich 25 Prozent zu verringern, so daß sie ab 1987 völlig entfalle. Dieser Beschluß, gefaßt ohne vorherige Konsultation mit den Alliierten, löste in Berlin eine heftige Protestwelle aus, und der Regierende Bürgermeister von Weizsäcker sprach gar von einer »berlinpolitischen Instinktlosigkeit«. Bundesfinanzminister Lahnstein antwortete darauf: »Den Schreiern in Berlin sei in aller Deutlichkeit gesagt: Der Finanzminister läßt sich nicht erpressen«. Die Bundesregierung mußte nun aber auch zur Kenntnis nehmen, daß sich die Alliierten den »Schreiern in Berlin« anschlossen. Ihre Botschafter sprachen im Auswärtigen Amt vor, protestierten in scharfer Form gegen die Pläne der Bundesregierung und verlangten eine Überprüfung des Beschlusses. Auch protestierten sie dagegen, daß sie nicht in die Planung einbezogen worden waren, und verlangten sofortige eingehende Konsultationen. Zugleich übergab der französische Botschafter eine Demarche seiner Regierung, in der es hieß, die Verringerung der Fluggast-Subvention mit dem Ziel einer völligen Streichung würde ernste Konsequenzen für die Aufrechterhaltung und Erweiterung der Bindungen Berlins an den Bund zur Folge haben.

Die Auseinandersetzung wurde am 13. Juli in einer Sitzung der deutsch-alliierten Arbeitsgruppe in Bonn fortgesetzt, in der die Alliierten hervorhoben, daß die Bonner Pläne die Struktur des Berlin-Flugverkehrs zu verändern drohten. Die Bundesregierung habe offensichtlich die Konsequenzen nicht hinreichend bedacht, und der Kabinettsbeschluß könne auch als ein »politisches Signal gegen die einzige unkontrollierte Verbindung der Stadt zum Westen verstanden werden«.

Daß dieser Verdacht nicht unberechtigt war, zeigen die Leistungen, die Bonn seit dem Inkrafttreten der Berlin-Vereinbarungen 1972 für den Berlin-Verkehr insgesamt erbracht hatte, und die zum überwiegenden Teil der DDR zugute kamen – insgesamt 3,7 Milliarden DM als sogenannte Transitpauschale und zusätzlich 1,86 Milliarden für den Ausbau der Verkehrswege zwischen Berlin und Westdeutschland auf dem Gebiet der DDR. Für die Fluggast-Subvention hatte Bonn dagegen in den zehn Jahren 617,8 Millionen DM gezahlt, für die Abdeckung der Verluste der Berliner Flughafen-Gesellschaft und für den Bau des Flughafens Tegel weitere 245 Millionen DM, mit anderen Worten: Für den Berlin-Verkehr zahlte der Bund in den zehn Jahren insgesamt 6,4 Milliarden DM, von denen der Luftverkehr nur 862,8 Millionen DM erhielt. Zudem flossen erhebliche Mittel für den Flugverkehr in bundesdeutsche Kassen zurück. Die Airlines gaben nämlich erhebliche Mittel für die Flugsicherung und für Landegebühren in Westdeutschland aus. Allein British Airways zahlte pro Jahr auf westdeutschen Flughäfen 5,8 Millionen DM an Landegebühren, 9,8 Millionen für die Abfertigung und 4,7 Millionen für die Flugsicherung, zusammen also 20,3 Millionen in bundesdeutsche Kassen. Immer wieder wurde von den Kritikern des Flugverkehrs und der Fluggast-Subvention übersehen, daß Bonn jeden Bahnreisenden zwischen Berlin und Westdeutschland mit zehn DM für die Visagebühren an die DDR subventionierte, aber auch mit der Straßenbenutzungsgebühr, die je nach Strecke zwischen zehn und 40 DM für den Hin- und Rückweg betrug. Oder: Während der Flugpassagier – und nur der Linienpassagier – je nach Strecke in den Genuß einer Subvention zwischen 38 und 80 DM kam, wurden alle Transitpassagiere auf den Landwegen mit Beträgen zwischen zehn und 50 DM unterstützt.

Am 21. September 1982 legte der Senat dem Abgeordnetenhaus einen Bericht zur Lage des Flugverkehrs vor, in dem er abermals heftige Kritik an den Beschlüssen der Bundesregierung übte und warnend darauf hinwies, daß mit der Kürzung der Subvention bereits ab 1983 mit einer Flugpreiserhöhung von 15 Prozent zu rechnen sei. Der Anteil des Flugverkehrs am gesamten Berlin-Verkehr habe sich in den vergangenen zehn Jahren von damals 41,9 Prozent auf nunmehr 16,2 Prozent verringert.

Neue Regierung – neue Zusagen

Aber dann kam alles völlig anders, denn die Bonner SPD/FDP-Koalition wurde abgewählt. Bereits bei seinem ersten Berlinbesuch als neuer Bundeskanzler verkündete Helmut Kohl am 18. Oktober 1982, die Fluggast-Subvention werde in vollem Umfange beibehalten. British Airways nutzte die Gunst der Stunde und erneuerte den Antrag auf einen zeitlich begrenzten Billigtarif auf der Hannover-Route, der vom 15. Dezember bis zum 7. Februar 1983 für den Hin- und Rückflug eingeführt werden und 96 DM kosten sollte. Nachdem die Bundesregierung die Subvention auch dieses Tarifs bestätigt hatte, erhielt British Airways am 2. Dezember 1982 die Erlaubnis der Luftfahrtattachés. PanAm zog nach und beantragte für die Zeit vom 15. Januar bis zum 13. März 1983 einen Familientarif nach Hamburg und Nürnberg. Er sah vor, daß Ehepartner auf ausgewählten Flügen dieser Strecken Flugscheine zum Spartarif buchen und zwei Kinder zwischen einem und 21 Jahren kostenlos mitnehmen können. Einige Hotels in Berlin und Hamburg schlossen sich diesem Versuch an und boten Eltern, die ein Doppelzimmer buchten, kostenlos ein zweites Zimmer für zwei mitreisende Kinder an. Endlich war frischer Wind in die Berliner Tarifpolitik gekommen.

Als die beiden Fluggesellschaften nach dem Ende der Sondertarife Bilanz zogen, hatte British Airways die Auslastung der Flugzeuge auf der Hannover-Route um 2,6 auf 66,1 Prozent steigern und auch die PanAm einen Passagierzuwachs um drei Prozent verbuchen können. Für die Zeit vom 1. Juli bis zum 31. August 1983 beantragten nun alle drei Liniengesellschaften die Familientarife sowie zusätzlich einen Stand-by-Tarif für Jugendliche, Studenten und Senioren, der ebenfalls genehmigt wurde. Diese Tarife waren auch in den verkehrsarmen Sommermonaten sowie über die Jahreswechsel der folgenden Jahre im Angebot.

Regionaldienste ohne Subvention?

Zum Jahresende 1983 kam es nun auch mit der neuen Bundesregierung zu einer Konfrontation, denn die Directair hatte für die geplanten Regionalflüge ebenso eine Fluggast-Subvention beantragt wie British Airways für die Strecke nach Münster. Am 1. Dezember teilte das Bundesverkehrsministerium mit, Regionalflüge könnten nicht subventioniert werden, weil man fürchte, daß die für die Subvention bereitgestellten Mittel überzogen würden. Die Bonner Luftfahrtpolitik hinsichtlich Berlins nahm schizophrene Züge an: Einmal wurden die Airlines wiederholt gedrängt, den Flugverkehr auszuweiten und neue Strecken zu erschließen, doch wenn dies der Fall war, weigerte sich die Bundesregierung, die Passagiere auf den neuen Strecken gleich zu behandeln. Die ablehnende Haltung Bonns gegenüber dem Regionalverkehr war jedoch nicht von Dauer. Als Directair und British Airways im Laufe des Jahres 1984 ihre Regionallinien eröffneten, wurde den Passagieren dieser Routen, soweit es sich um Inlandsstrecken handelte, die Subvention gewährt. Auch die folgenden Regionaldienste kamen in den Genuß der Förderung.

Am 25. März 1984 trat eine weitere Flugpreiserhöhung in Kraft. Der Berliner Senat erklärte sein Bedauern, räumte aber ein, daß die Lufthansa ihre innerdeutschen Tarife um drei Prozent erhöht habe, weshalb man den alliierten Airlines die Anhebung nicht abschlagen konnte.

Mitte 1985 schlossen sich nacheinander die British Airways und dann auch die PanAm der Praxis der Air France an und führten eine teuere Klasse an Bord ihrer Berlin-Maschinen ein. Bei der Air France hieß sie Classe Affaires, bei den Briten Club-Klasse und bei der PanAm Clipper-Klasse. Ohne Murren gewährte die Bundesregierung auch den Passagieren dieser teuren Klassen die volle Fluggast-Subvention, was nicht nur von den Kritikern der Förderung bemängelt wurde. Warum, so mußte man sich fragen, erhielten auch jene Passagiere einen Zuschuß, die aus Bequemlichkeit freiwillig höhere Flugpreise zahlen, für die demnach die Subvention gar nicht gedacht war?

»Mondscheintarif« geplatzt

Was den Passagieren der teureren Klassen recht war, sollte den Fluggästen, die möglichst billig fliegen wollten, billig sein. Als die PanAm für ihren täglichen Nachtpostflugdienst zwischen Frankfurt und Berlin den Airbus einsetzte, beantragte sie einen »Mondscheintarif«, der nur 97 DM für den einfachen Flug betragen sollte. Die Passagierkabine des Flugzeuges blieb nämlich leer, weil die gesamte Post im Laderaum untergebracht werden konnte. Die Luftfahrtattachés stimmten zu, die Bundesregierung indessen verweigerte für den Tarif die Subvention. Daraufhin zog die PanAm ihren Antrag zurück. Ohne große Publizität änderten die Airlines inzwischen die Handhabung ihres Spartarifs. Dieser aus dem ehemaligen Wochenendtarif hervorgegangene Flugpreis wurde auf fast alle Flüge ausgedehnt, doch legten die Buchungsabteilungen der Fluggesellschaften zugleich Kontingente fest. Damit konnten die Airlines die Passagiere manipulieren, indem sie einmal eine Buchung zum Spartarif verweigerten, zum anderen aber mehr Plätze zum Spartarif verkauften. Für den Passagier gab es keine Möglichkeit mehr, die Kontingente zu durchschauen.

Mit der Begründung, sie hätten auf den Berlin-Strecken Verluste hereingeflogen, beantragten die drei Liniengesellschaften zum 1. April 1986 eine vierprozentige Flugpreiserhöhung, doch wurde der Antrag nach heftigen Protesten ohne Kommentar zurückgezogen.

Undurchsichtige Lage

1987 waren die Passagierzahlen im Berlin-Verkehr um mehr als 14 Prozent gestiegen. Die Bundesregierung, die für 1988 108 Millionen DM an Subventionsmitteln eingeplant hatte, fürchtete, daß dieser Betrag überschritten würde, und kürzte daher die Subvention zum 1. April um zwei bis vier DM für den Hin- und Rückflug.

Als sich die alliierten Airlines, die seit Jahrzehnten im Berlin-Verkehr engagiert waren, im Jahre 1988 einem plötzlichen Run zahlreicher weiterer Fluggesellschaften auf die Berlin-Strecken gegenüber sahen, und sich zudem herausstellte, daß die Newcomer lediglich an den lukrativen Langstrecken partizipieren wollten, drehten British Airways und PanAm zuerst bei der unwirtschaftlichen Hannover-Route an der Preisschraube. Die Lage wurde nun auch für den Passagier etwas undurchsichtig. Die neu in Berlin erscheinende TWA beantragte »Einführungstarife« auf den Routen nach Frankfurt, Hamburg und Stuttgart, die erst genehmigt, dann abgelehnt und schließlich doch erlaubt wurden. PanAm und British Airways zogen sofort nach und glichen die Preise auf konkurrierenden Flügen an. Unabhängig von diesen befristeten Sondertarifen beantragten die Fluggesellschaften zum 1. April 1989 eine Preiserhöhung zwischen 3,5 und 5,5 Prozent, unterschiedlich nach den Strekken, wobei die Preise nach Hannover am stärksten steigen sollten. Gleichzeitig aber wurde ein neuer Billigtarif beantragt, ein Super-Flieg- und Spar-Tarif, der um 59 Prozent unter dem normalen Preis liegen sollte. Zwar wurde die allgemeine Preiserhöhung zum 1. April 1989 genehmigt, doch verweigerte Bonn dem neuen Super-Spartarif die Subvention und verhinderte ihn damit. Wieder war es in erster Linie Rücksichtnahme auf die Bundesbahn, die diese Entscheidung beeinflußte. Eine pikante Einzelheit: Nachdem Deutschland im Oktober 1990 die Souveränität zurückerhalten hatte und die alliierte Verantwortung für den Berlin-Flugverkehr erloschen war, konnten die deutschen Fluggesellschaften diesen Tarif ohne weiteren Kommentar einführen.

Eine dreiprozentige Haushaltssperre traf zum 16. Mai 1989 auch den Berlin-Flugverkehr. Die Fluggast-Subvention wurde reduziert, die Flugpreise stiegen um 3,5 bis 4,5 Prozent. Kurz zuvor hatte Bonn TWA und BA noch einen Sondertarif nach Frankfurt, Hamburg und Stuttgart genehmigt, dem sich PanAm anschloß. In den Sommermonaten gab es dann auch wieder die ermäßigten Familien und Stand-by-Tarife, und für den Passagier wurde es immer schwieriger, sich zurechtzufinden. Die Ereignisse in der DDR überschatteten natürlich auch so profane Fragen wie die Berlin-Flugpreise, und das Interesse daran ließ nach. Am 6. Juli 1990 langten die Fluggesellschaften noch einmal zu, aber das wurde von der Öffentlichkeit kaum noch bemerkt und nicht mehr kommentiert.

Neue Tarifstruktur nach der Souveränität

Als der Winterflugplan 1990 in Kraft trat, war Deutschland souverän, und nun gab die Lufthansa – zumindest auf den innerdeutschen Strecken – den Ton an. Eine neue Tarifstruktur wurde eingeführt, denn die Fluggast-Subvention war entfallen; die Mehrwertsteuer wurde nun auch auf innerdeutschen Flugstrecken erhoben. Normal- und Spartarife zogen kräftig an, zugleich aber wurde der einst den alliierten Fluggesellschaften verwehrte Super-Flieg- und Spar-Tarif eingeführt, der sogar noch unter den früheren Spartarifen lag, indessen jedoch kontingentiert wurde. Die Aerolloyd, die in Konkurrenz zur Lufthansa auf der Frankfurt-Route erschien, konnte Tarife anwenden, die unter denen der anderen deutschen Airlines lagen.

Nur um der Chronistenpflicht zu genügen: Am 1. Januar 1991 führte die Lufthansa in aller Stille einen Treibstoffzuschlag ein, der sich beim Normaltarif um 24 DM für den Hin- und Rückflug und beim Spartarif um 16 DM belief. Weder in Berlin noch in Bonn traf diese Erhöhung auf die Kritik, die man hier vier Jahrzehnte lang gewöhnt war, wenn es um die Flugpreise der alliierten Fluggesellschaften ging. Warum auch? Jene Ministerialbürokratie und jene Politiker, die sich in der Vergangenheit so gerne an der alliierten Verantwortlichkeit gerieben hatten – sie hatten keine geeigneten Partner mehr ...

Die Berliner Flugtouristik

Die Berliner Flugtouristik ist ein wesentlicher Bestandteil der Geschichte des Berliner Nachkriegsflugverkehrs. Mittelständische Kaufleute wagten sich auf touristisches Neuland und leisteten mit ihrer seriösen Arbeit einen bedeutenden Teil an der Lebensfähigkeit der Stadt, deren Einwohner aufgrund der Insellage mehr als andere das Verkehrsmittel Flugzeug bevorzugten. Ein preiswerter und zuverlässiger Ferienflugverkehr war anfangs keine Selbstverständlichkeit, doch während die Anfänge der westdeutschen Flugtouristik häufig von Skandalen begleitet waren, vollzog sich ihr Aufbau in Berlin geradezu vorbildlich.

Die Geschichte der Berliner Flugtouristik begann am 15. April 1956 mit einem Ferienflug nach Mallorca, organisiert von Hans Heinrich Mars, der drei Hotels in Paguera unter Vertrag genommen hatte. Die britische Fluggesellschaft Independent war mit einer Vickers »Viking« verpflichtet worden und flog in sieben Stunden von Tempelhof nach Palma de Mallorca, mit einer Zwischenlandung zunächst in Basel und später in Lyon. 497 DM kostete damals ein 15tägiger

Von 1959 bis 1961 setzte die am Berliner Flug Ring beteiligte Overseas Aviation auf den Ferienflügen eine »Argonaut« ein, eine bei Canadair modifizierte DC-4 mit Druckkabine und Rolls-Royce-Motoren. Das Flugzeug konnte 56 Passagiere 460 km/h schnell bis zu 6 000 Kilometer weit befördern und hatte am 2. April 1948 seinen Erstflug bestanden. Die Spannweite betrug 35,8 Meter, die Länge 28,6 Meter und die Startmasse 37,7 Tonnen. Insgesamt wurden 58 Flugzeuge produziert, die auch unter dem Namen »North Star« für kanadische Airlines über den Atlantik flogen. *Foto: BFG*

Ferienflug einschließlich des Hotelaufenthaltes mit Vollpension.

Der Erfolg war geradezu überwältigend, und um die Nachfrage decken zu können, gründeten Mars und sein Geschäftsführer Rudolf Joseph 1958 den Berliner Flug Ring, an dem sich auch die Reisebüros Berolina, Hansa und Paul Kühn beteiligten. Als weiterer Gesellschafter wurde die britische Fluggesellschaft Overseas Aviation herangezogen, und nun nahm das Unternehmen Gestalt an. Als es zur Saison 1959 mit der Arbeit begann, standen neben Mallorca bereits die Costa Fina, die Adria, Kärnten und Tunesien im Angebot. Die Overseas wartete mit der modernen »Argonaut« auf, die die Strecke von Tempelhof nach Palma de Mallorca nonstop in viereinhalb Stunden bewältigte. In seinem ersten Jahr konnte der Flug Ring bereits 5 900 Berliner in den Urlaub befördern. Das Unternehmen organisierte zwei Leitstellen – im Reisebüro Mars für Spanien und Tunesien, im Reisebüro Berolina für Italien und Österreich – und zeichnete sich durch eine Kundenfreundlichkeit und vor allem Kundennähe aus, die heute Legende sein dürfte. Hans Heinrich Mars und Rudolf Joseph waren für die Berliner Urlauber gute Bekannte, die sich nicht scheuten, bei berechtigten Beschwerden unverzüglich am Ferienort für Ordnung zu sorgen.

Im Herbst 1961 geriet die Overseas in finanzielle Schwierigkeiten und mußte den Betrieb einstellen. Ihre Anteile übernahmen die übrigen Gesellschafter, die für 1962 die amerikanische Fluggesellschaft International Airlines mit drei DC-6 verpflichteten. Als das Jahr 1963 zu Ende ging, hatte der Flug Ring bereits 50 000 Berliner in die Ferien geflogen.

Eine starke Konkurrenz ließ nun nicht länger auf sich warten, und noch im Jahr 1963 schlossen sich die Berliner Reisebüros Bayern Express, Haru-Reisen, P. Kühn OVG und Urlaubsreisen zur Flug-Union Berlin zusammen, zu deren Geschäftsführer Rudolf Teichmann, bis dahin Mitarbeiter des Flug Rings in der Leitstelle Berolina, bestellt wurde. Für die Sommersaison 1964 verpflichtete die Flug-Union die amerikanische Saturn Airways, die zunächst eine DC-7 in Tempelhof zur Verfügung hielt und neben den klassischen Urlaubsgebieten in Spanien, Italien und Österreich erstmals auch das Gebiet um den Gardasee anflog.

Nachdem das Jahr 1964 allein für den Flug Ring einen Passagierzuwachs von 33 Prozent gebracht hatte, verpflichtete das Unternehmen nun die amerikanische Capitol Airways, die zwei »Super-G-Constellations« nach Tempelhof schickte und damit die gestiegene Nachfrage befriedigen konnte. Auch die Flug-Union stockte auf. Für die Saison 1965 stationierte die Saturn eine zweite DC-7 in Berlin.

Die heile Welt der Berliner Flugtouristik – die Organisation funktionierte perfekt, und die Fluggesellschaften verkehrten zuverlässig und mit einer Verspätungsquote, die weit unter jener der westdeutschen Flugtouristik und des Linienverkehrs lag – lenkte naturgemäß begehrliche Blicke der inzwischen etablierten westdeutschen Reiseveranstalter nach Berlin. Neckermann (NUR) erschien zur Sommersaison 1966 als erster mit einem speziellen Berlin-Programm und verpflichtete die britische Lloyd International mit einer Bristol »Britannia«. Flug Ring und Flug-Union konnten indessen ihre führende Position verteidigen. Die Berliner honorierten den beson-

Der Berliner Flug Ring flog 1965 mit viermotorigen »Super-G-Constellations« der Capitol International Airways. *Foto: R Kuhnt*

1964 verpflichtete die Flug-Union Berlin die Saturn Airways für ihr Ferienflugprogramm, und die Gesellschaft stationierte zwei DC-7 in Tempelhof. Die Maschine, die 96 Passagiere bis zu 6 500 Kilometer weit befördern konnte und eine Geschwindigkeit von 510 km/h erreichte, hatte 1953 ihren Erstflug bestanden. Insgesamt wurden 338 Exemplare gebaut. Die Spannweite betrug 38,8 Meter, die Länge 34,2 Meter und die Startmasse 63,5 Tonnen. *Foto: R. Kuhnt*

1966 flog im Auftrag Berliner Reiseveranstalter eine Bristol »Britannia 102« in den Farben der Britannia Airways. Das Flugzeug hatte 1952 seinen Erstflug absolviert und konnte 130 Passagiere befördern. Es hatte eine Spannweite von 43,4 Metern, eine Länge von 34,2 Metern, einen Startmasse von 77,5 Tonnen, die Geschwindigkeit lag bei 640 km/h und die Reichweite bei 5 000 Kilometern. *Foto: BFG*

deren Service der einheimischen Veranstalter. Während in den westdeutschen Katalogen (übrigens bis heute) lediglich die Namen der verpflichteten Fluggesellschaften verzeichnet waren, ohne detailliert zu erläutern, welcher Flug von welcher Airline ausgeführt werde, zudem die genauen Start- und Landezeiten fehlten, so daß die Urlauber erst kurzfristig über ihre Reisezeiten informiert wurden, veröffentlichten die Berliner Veranstalter exakt Fluggesellschaft, Flugzeugtyp und Flugzeiten. Das war möglich, weil aufgrund der alliierten Vorbehaltsrechte die gesamten Flugketten von den Luftfahrtattachés genehmigt werden mußten und daher die genauen Flugzeiten bereits vor Saisonbeginn festgelegt waren. Auch in bezug auf Saisonzeiten, Zuschläge und Unterkünfte wahrten die Berliner Veranstalter ein hohes Maß an Prospektehrlichkeit.

Umrüstung auf Strahlflugzeuge

Die beiden führenden Unternehmen verpflichteten für 1968 gemeinsam die Modern Air, und damit begann ein steiler Aufstieg, denn in geschickten Verhandlungen hatte der inzwischen zu dieser Airline gewechselte ehemalige Europa-Manager der Saturn, John McDonald, das Programm vorbereitet. Die Fluggesellschaft verfügte über fünf hochmoderne Convair »Coronado«, die damals schnellsten Verkehrsflugzeuge, von denen zunächst zwei Exemplare fest in Tegel stationiert wurden, denn die Maschinen hätten ohnehin nicht in Tempelhof operieren können. Chefpilot war Flugkapitän Neff, der mehrere Jahre lang die berühmte US-Präsidentenmaschine »Air Force One« geflogen hatte und nun die ersten Flüge von Berlin aus leitete. Die »Coronados« stürmten in etwas mehr als zwei Stunden von Berlin nach Mallorca, und die Airline eroberte sich binnen kürzester Zeit einen hervorragenden Ruf. Zur selben Zeit eröffnete auch die britische Dan-Air ihren Betrieb in Berlin und flog für Neckermann zunächst mit der »Comet IV«. Nach langem Zögern hatte damit auch die Berliner Flugtouristik auf Strahlflugzeuge umgestellt.

Während der Flug Ring die Modern Air als Vertragspartner behielt, kündigte die Flug-Union die Zusammenarbeit und verpflichtete für 1969 Laker Airways mit einer BAC 111. Zugleich etablierte sich in Berlin ein weiterer Veranstalter: Der erst 25jährige Hans-Peter Unger, zuletzt Mitarbeiter der Flug-Union, gründete seine eigene Firma Unger-Flugreisen, die sich zunächst auf Städteflüge spezialisierte. Der risikobereite und unkonventionelle Firmengründer nutzte geschickt ohnehin fällige Werkstattflüge der in Berlin stationierten Flugzeuge und arbeitete auch mit ausländischen Kurzreiseveranstaltern zusammen. Auch die westdeutschen Veranstalter, die sich zur Touristik-Union zusammengeschlossen hatten, entdeckten nun den Berliner Markt und legten ein eigenes Programm auf, so daß stürmische Jahre begannen. Eine Reihe kleinerer Unternehmen in der Stadt engagierte ebenfalls Flugzeuge oder beteiligte sich mit Kontingenten an den Flügen der großen Reisebüros. Obwohl weitere westdeutsche Veranstalter auf den Markt drängten, konnten die Berliner Unternehmen ihre Position zunächst verteidigen. Allein der Flug Ring beförderte 1972 fast so viele Urlauber wie alle westdeutschen Unternehmen in Berlin zusammen. Aber die Zeiten

1968 eröffnete die Modern Air mit Convair »Coronados« den Betrieb in Berlin, die damals mit 1 022 km/h die schnellsten Verkehrsflugzeuge waren, jedoch wegen ihres hohen Treibstoffverbrauchs 1974 zurückgezogen werden mußten. Die Spannweite betrug 36,6 Meter, die Länge 42,4 Meter, die Startmasse 114,7 Tonnen und die Reichweite des 121-Sitzers lag bei 6 900 Kilometern. Der Erstflug hatte am 27. Januar 1959 stattgefunden, und nur 102 Maschinen wurden in mehreren Versionen gebaut.
Foto: BFG

Für die Saison 1969 verpflichtete die Flug-Union Berlin erstmals Laker Airways mit BAC 111, deren Prototyp am 20. August 1963 den Erstflug bestanden hatte. Das Flugzeug kann 85 Passagiere 820 km/h schnell über Distanzen von 1 660 Kilometern befördern, hat eine Spannweite von 26,9 Metern, eine Länge von 28,5 Metern und eine Startmasse von 35,8 Tonnen. Vom Grundmodell wurden mehrere Versionen mit unterschiedlichen Triebwerken und Rumpflängen abgeleitet. Das Foto zeigt eine BAC 111-320 auf dem Taxiway in Tempelhof. *Foto: Sammlung Kuhnt*

wurden rauher. 1973 stieg Unger-Flugreisen auch in den Ferienflugverkehr ein und baute zugleich das Städteflug-Programm aus.

Ende 1973 wurde die internationale Luftfahrt ein Opfer der ersten größeren Ölkrise. Besonders betroffen war die Modern Air, deren schnelle »Coronados« außergewöhnlich viel Kraftstoff verbrauchten. So verbrannten sie auf einem Flug von Berlin zu den Kanarischen Inseln etwa 20 Prozent mehr Kerosin als die etwa gleichgroße Boeing 720. Im Juni 1974 faßte daher der Flug Ring einen folgenschweren Entschluß, kündigte den Vertrag mit der Modern Air und verpflichtete die PanAm für das Winterflugprogramm 1974/75. Zur Begründung hieß es, die Modern Air habe wegen des hohen Verbrauchs bei gleichzeitig hohen Treibstoffpreisen kein akzeptables Angebot mehr unterbreiten können. Das war das Ende für die das Unternehmen, und es wurde verkauft, jedoch nur seine Lizenzen, nicht aber die Flugzeuge. Käufer war die Aeroamerica, die sich sogleich um die Erlaubnis für Berlin-Flüge bemühte und mit dem Flug Ring über das Sommerprogramm 1975 verhandelte. Nachdem sie zugesagt hatte, drei Boeing 720 in Tegel zu stationieren, erhielt sie den Zuschlag des Flug Rings für 1975. Am 6. November 1974 wurde die Fluggesellschaft von den Luftfahrtattachés für den uneingeschränkten Flugbetrieb im Berlin-Verkehr zugelassen.

Aus Anlaß seines 20jährigen Jubiläums konnte der Flug Ring im Herbst 1978 seinen millionsten Passagier begrüßen; allein in jenem Jahr hatte das Unternehmen rund 91 000 Flugtouristen befördert. Aber auch die gesamte Berliner Flugtouristik konnte ein stolzes Ergebnis vorweisen: Von 1963 bis 1978 hatte sich die Zahl der Flugurlauber um 1 600 Prozent erhöht, der Anteil der Ferienflugpassagiere betrug nun 18 Prozent.

Als Nachfolgerin der Modern Air im Berliner Ferienflugverkehr flog die Aeroamerica mit Boeing 720B. Die Maschine hatte am 23. November 1959 ihren Erstflug absolviert, und flog mit 165 Passagieren 960 km/h schnell bis zu 6 670 Kilometer weit. Ihre Spannweite betrug 39,8 Meter, die Länge 41,5 Meter und die Startmasse 92 Tonnen. 154 Exemplare wurden gebaut. *Foto: vP*

Eine Krise war indessen bereits vorprogrammiert. Noch bevor das Jahr 1978 zu Ende ging, löste sich der Flug Ring von der Aeroamerica mit ihren prekären finanziellen Verhältnissen, deren Ende im November 1979 kam, als die ameri-

1979 ging die Air Berlin USA zunächst mit zwei Boeing 707 in Berlin an den Start, die zeitweilig auch Linien in die USA beflogen. Das erste amerikanische Strahlverkehrsflugzeug war am 20. Dezember 1957 zum Erstflug gestartet und konnte 179 Passagiere 5 360 Kilometer weit befördern. Es hatte eine Spannweite von 39,8 Metern, eine Länge von 44 Metern, eine Startmasse von 112 Tonnen und eine Geschwindigkeit von 940 km/h. *Foto: BFG*

kanische Zivilluftfahrtbehörde dem Unternehmen die Lizenz entzog. Kurz zuvor war in Tegel erstmals in der Geschichte des Berlin-Flugverkehrs eine Maschine der Gesellschaft an die Kette gelegt worden, weil eine Rechnung in Höhe von 100 000 DM nicht mehr hatte bezahlt werden können. Der Flug Ring verpflichtete für die Saison 1979 die neugegründete Air Berlin, bei der wieder John McDonald auftauchte, der das Unternehmen gemeinsam mit Kim Lundgren gegründet hatte. Die erste Saison für den Flug Ring eröffnete die Air Berlin mit zwei Boeing 707.

Im September 1979 konnte Unger-Flugreisen das zehnjährige Bestehen feiern. Mit rund 80 000 Buchungen hatte sich das Unternehmen inzwischen zu einem ernsthaften Mitbewerber in der Berliner Flugtouristik entwickelt, eine beachtliche Leistung, auch wenn die Berliner Konkurrenz die Firma mit besonders kritischen Blicken betrachtete, nicht zuletzt, weil Hans-Peter Unger immer wieder einen beachtlichen Teil seines Programms über den DDR-Flughafen Schönefeld abwickelte.

Zum Jahresende 1979 häuften sich dann die Schwierigkeiten für die Berliner Flugtouristik, die noch einmal umfangreiche Winterprogramme aufgelegt hatte. Eine neue Ölpreiskrise war von den Fluggesellschaften nicht mehr ohne kräftige finanzielle Zuschläge zu meistern, die auf die Urlauber abgewälzt werden mußten. Erschwerend kam hinzu, daß gemeinsam mit östlichen Airlines arbeitende Unternehmen immer stärker die Pauschalpreise unterboten und damit Passagiere nach Schönefeld abziehen konnten. Ein weiteres Problem stellte ein bundesweiter Buchungsrückgang in der deutschen Flugtouristik dar, nachdem sich die wirtschaftlichen Verhältnisse in Westdeutschland verschlechtert hatten. Dennoch konnten die Berliner Veranstalter vergleichsweise ganz gut abschneiden, denn während zum Beispiel in Westdeutschland die Zahl der Buchungen für Ferienflüge nach Spanien zwischen 30 und 40 Prozent abnahm, belief sich der Rückgang in Berlin nur auf etwa fünf Prozent – dennoch ein Alarmsignal für den begrenzten Berliner Markt.

Weitere Unruhe kündigte sich im Herbst 1980 an, als Freddy Laker, der agile Chef der britischen Laker Airways, die Einführung des Airbus auch in Berlin und die Gründung eines eigenen Reisebüros ankündigte. Am 25. November 1980 wurde Laker Holidays in Berlin gegründet und ein eigenes Sommerprogramm für 1981 aufgelegt. Die Berliner Veranstalter, die aus Gewohnheit jeder mit einer »eigenen« Fluggesellschaft operierten, wurden unruhig, weil mit dem Airbus mit seinen 300 Plätzen erstmals ein Großraum-Flugzeug zu niedrigen Preisen in der Berliner Flugtouristik zum Einsatz kommen sollte. Von einer Beteiligung am Laker-Programm wollten sie indessen nichts wissen. Die Flug-Union, bis dahin größter Kunde der Laker Airways, wechselte sogar die Fluggesellschaft und verpflichtete Monarch Airways für ihr Programm.

Noch ein Ereignis hatte, wie sich freilich erst später herausstellen sollte, Folgen für die Berliner Flugtouristik: Der Geschäftsführer des Flug Rings, Rudolf Joseph, schied aus dem Unternehmen aus. Zu seinem Nachfolger wurde Rainer Westermann ernannt, der unter den erschwerten Bedingungen nur 20 Monate im Amt blieb und dann seinen Posten zur Verfügung stellen mußte, nachdem das Unternehmen zum Jahresbeginn 1982 in finanzielle Schwierigkeiten geraten war und nur durch eine Kapitalspritze gerettet werden konnte, für die Rudolf Joseph mit einer von ihm gegründeten Finanzierungsgesellschaft gesorgt hatte. Paul Gräfe, Geschäftsführer des Gesellschafters Berolina, übernahm vorübergehend die Leitung des Flug Rings, um das Unternehmen aus der Krise zu führen.

Aufstieg und Fall von Freddy Laker

Doch zunächst zurück zum Jahre 1981. Zu Beginn der Saison stürmte Laker mit seinem Airbus und mit Kampfpreisen auf den Berliner Markt, worauf TUI und NUR mit ebensolchen Preisen reagierten. Die Berliner Veranstalter gerieten in Panik, nicht unbegründet, denn als Ende 1981 Bilanz gezogen wurde, stellte sich

Laker Airways sorgte 1981 mit dem Großraumflugzeug Airbus A300B4 für Furore auf dem Berliner Flugtouristik-Markt. Das erste Modell der europäischen Airbus-Familie hatte am 28. Oktober 1972 den Erstflug absolviert und kann in der Version B4 250 Passagiere 5 285 Kilometer weit befördern. Es hat eine Spannweite von 44,8 Metern, eine Länge von 53,5 Metern, eine Startmasse von 165 Tonnen und eine Geschwindigkeit von 850 km/h. *Foto: R. Kuhnt*

Freddy Laker.
Gründer der Laker Airways.
Foto: dpa

heraus, daß weder die Preispolitik der Konzerne noch Lakers Billigangebote den Markt belebt hatten, im Gegenteil: Die Zahl der Flugtouristen war um ein Prozent zurückgegangen, und es hatte lediglich eine Umverteilung zuungunsten der Berliner Veranstalter stattgefunden.

Das Ende für Laker kam indessen schneller als erwartet. Nach einem von den Linienfluggesellschaften initiierten Preiskampf und einem daraus resultierenden Preisverfall auf der Nordatlantik-Route brach die Fluggesellschaft zusammen und mußte am 5. Februar 1982 den Betrieb einstellen. Tausende Berliner Urlauber saßen in ihren Feriengebieten fest, bis andere Airlines einsprangen und sie heimholten, und obwohl Laker Holidays seit ihrer Gründung rund 50 000 Urlauber befördert und für die Saison 1982 bereits 10 000 Buchungen hatte, fand sich kein Käufer für das Unternehmen, das in den Sog des Untergangs von Laker Airways geriet und schließlich am 24. Februar 1982 aufgelöst werden mußte. Berlins Flugtouristik hatte ihren ersten großen Zusammenbruch, dem bald ein zweiter folgen sollte.

Rezession, höhere Preise und das Ostblock-Dumping hatten zur Folge, daß die Zahl der Berliner Flugtouristen rapide abnahm. Die mangelhafte Auslastung der Charterflugzeuge führte zu einer weiteren Preiserhöhung, was sich wiederum negativ auf die Buchungszahlen niederschlug. Die Berliner Reiseveranstalter blickten mit Sorge auf das Jahr 1983. Dennoch schlug am 1. Juni dieses Jahres die Nachricht vom Konkurs der Flug-Union wie eine Bombe ein. Während sich etwa 2 000 Gäste in ihren Urlaubsquartieren befanden und weitere 13 000 feste Buchungen vorlagen, erklärte die Geschäftsführung des Unternehmens lapidar: »Die derzeitigen Marktverhältnisse in Berlin lassen eine Weiterführung des Unternehmens nicht zu. Die nächsten Abflüge und die Rückbeförderung der Gäste werden in Zusammenarbeit mit anderen Veranstaltern weitestgehend geregelt.«

Mit den »derzeitigen Marktverhältnissen« waren der heftige Preiskampf, den sich die westdeutschen Konzerne auch in Berlin um die Kunden lieferten, sowie die Dumpingangebote für Flüge ab Schönefeld gemeint. Sie hatten die beiden privaten Gesellschafter der Flug-Union, Haru und Urlaubs-Reisen, veranlaßt, keine weiteren finanziellen Mittel mehr in das Unternehmen zu schießen. Sie boten ihre Anteile zunächst zum Verkauf an und waren schließlich sogar bereit, sie zu verschenken. Eine interessierte private Gruppe soll jedoch von den Mehrheitsgesellschaftern Bayern Express und P.Kühn, zu einhundert Prozent Töchter der Bundesbahn, auf Weisung des Bahnvorstands abgelehnt worden sein, wie damals in eingeweihten Kreisen berichtet wurde. Verhandlungen mit einem anderen Interessenten scheiterten ebenfalls, so daß nur der Weg zum Konkursrichter blieb. Die Branche rätselte, warum die Bundesbahn den Zusammenbruch drei Wochen vor Beginn der Ferien nicht verhindert hatte, und es kann nicht verwundern, daß man in diesem Zusammenhang ihre Beteiligungen an anderen touristischen Unternehmen unter die Lupe nahm. Die Bahn war beispielsweise zu 50,1 Prozent an der Deutschen Reisebüro GmbH beteiligt, welche wiederum mit 11,5 Prozent Gesellschafter der TUI ist, und sie hielt auch 55 Prozent am Amtlichen Bayerischen Reisebüro, das ebenfalls 11,5 Prozent der TUI-Anteile besitzt. Soweit die Lage der »derzeitigen Marktverhältnisse«. Die regionalen Berliner Flugreiseveranstalter hatten ihre führenden Positionen endgültig verloren.

Dan-Air auf Platz 1

Auch bei den Ferienfluggesellschaften hatte sich eine Umschichtung ergeben. Nach einem kurzen mißglückten Ausflug in den Linienflugverkehr kehrte die Air Berlin zum reinen Ferienfluggeschäft zurück, hatte in Tegel aber nur noch eine Boeing 737 stationiert. Auf dem ersten Platz, den sie bis zur Wiedervereinigung verteidigte, rangierte nun die Dan-Air, die 1983 drei Flugzeuge in Tegel zur Verfügung hatte. Die PanAm hatte sich inzwischen ebenfalls massiv im Ferienflugverkehr engagiert; später folgte auch British Airways, die in der Hauptsache für Unger-Flugreisen flog, und zwar an den Wochenenden, wenn der reguläre Linienverkehr eingeschränkt war. Im Januar 1984 ging Hans-Peter Unger öffentlich mit den Berliner Reiseveranstaltern ins Gericht und kritisierte den »Luxus«, den sie sich leisteten, indem sie jeder für sich Fluggesellschaften verpflichteten und nicht den Weg zu einer gemeinsamen Belegung der Flugzeuge fänden, was angesichts der Dumping-Politik in Schönefeld eigentlich schon aus Kostengründen überfällig sei. Nachdem die Zahl der Flugtouristen in West-Berlin 1983 abermals um 5,5 Prozent abgenommen hatte, sprach auch Flughafen-Direktor Laudien von der Flugtouristik als dem Sorgenkind des Berlin-Flugverkehrs.

Dennoch gingen die Veranstalter mit Optimismus in die Saison 1984. Mit 37 Starts pro Woche führte die Dan-Air, gefolgt von der PanAm (32), der Air Berlin (11) und der British Airways (1). Im Herbst 1984 erschien Rolf Teichmann, der die Flug-Union von der Gründung bis zum Zusammenbruch geleitet hatte, wieder auf dem Markt und gründete mit ehemaligen Mitarbeitern das Unternehmen Transferia, das sich hauptsächlich auf Spanien-Flüge konzentrierte. Die Bilanz des Jahres gab dem Optimismus recht: Mit 584 762 in Tegel abgefertigten Flugtouristen konnte eine Steigerung um 9,8 Prozent erzielt werden, der erste Erfolg nach vier schweren Jahren. Dennoch wurde das folgende Jahr durch einen weiteren Zusammenbruch betroffen: Der Ischia-Reisedienst/Kurfürstendamm-Reisebüro, der mit einem selbständigen Programm auch mit Flügen von Westdeutschland aus die Insel Ischia angesteuert hatte, mußte am 22. Februar 1985 Konkurs anmelden, nachdem die Verbindlichkeiten bei den Hotels und den Fluggesellschaften auf rund zwölf Millionen DM gestiegen waren. 4 000 Urlauber konnten indessen mühelos bei der Konkurrenz untergebracht werden.

Endlich rangen sich nun die Veranstalter auch in Berlin dazu durch, Flugzeuge

Von 1983 an entwickelte sich die britische Dan-Air zum Hauptträger des Berliner Ferienflugverkehrs. Die Berlin-Flotte bestand aus der BAC 111 (im Vordergrund) und der Boeing 727, die auch in der 200er Version eingesetzt wurde.
Foto: BFG

gemeinsam zu nutzen und damit das Risiko zu mindern. Die Erholung der Flugtouristik setzte sich fort, obwohl 1986 von Tschernobyl und dem wachsenden Terrorismus überschattet wurde, Faktoren, die auch den internationalen Linienverkehr erheblich gebeutelt hatten.

Die Wende in der DDR, die Rückgabe der vollen Souveränität an Deutschland und die Wiedervereinigung im Herbst 1990 beendeten das erste Kapitel der Nachkriegsgeschichte der Berliner Flugtouristik. Neue Veranstalter und neue Fluggesellschaften erschienen auf dem Gesamtberliner Markt, und der Air Berlin gelang es als einziger alliierter Airline, in ein deutsches Unternehmen umgewandelt zu werden. Der Berliner Flug Ring ging in den Besitz der Fluggesellschaft Germania über, die sich ebenfalls in Tegel engagierte, und immerhin bemerkenswert ist, daß der zunächst mißtrauisch beäugte mittelständische Veranstalter Unger-Flugreisen heute das einzige große Berliner Flugtourismus-Unternehmen ist, das von einer Berliner »Mannschaft« geleitet wird.

Das Kapitel Dumping-Preise in Schönefeld gehört der Vergangenheit an. Dort etablierten sich die großen Fluggesellschaften Condor und LTU und als Berlin-Brandenburger Unternehmen die inzwischen in Konkurs gegangenen Berline. Heute fliegt bereits die Hälfte der Flugtouristen von Schönefeld, wenngleich der Flughafen Tegel seine Marktposition noch immer verteidigt.

Die Betrachtung wäre unvollständig, wenn jene kleineren Veranstalter unerwähnt blieben, die einen wesentlichen Teil zu ihrem guten Ruf beitrugen, in erster Linie das Reisebüro Germania, das auch heute noch mit speziellen Angeboten auf dem Markt ist. Ferner das 1970 von Hans Heinrich Mars´ Sohn gegründete Reiseunternehmen Jet-in-Club, das sich auf meist jüngere Urlauber spezialisierte, und das Reisebüro Wilmersdorf mit seinen Österreich-Flügen. Kaum erwähnenswert dagegen sind jene Berliner

Agenturen, die sich auf dem grauen Flugschein-Markt betätigten und heute erfreulicherweise ihre Existenz verloren haben, sowie das Reisebüro des Gerhard Marcks, der als bedeutender Agent der Interflug galt, aber im Februar 1983 Konkurs anmelden mußte, nachdem die Airline die Zusammenarbeit gekündigt hatte. Ein Jahr später, am 2. April 1984, wurden die Räume des inzwischen neugegründeten Unternehmens von der Polizei durchsucht, nachdem Marcks abermals Pleite gemacht und viele Kunden betrogen hatte, oder das Unternehmen General Touring, dessen Chef Herbert Schaumburg 1980 für den ersten Skandal in der Berliner Flugtouristik sorgte, als die von ihm beförderten Berliner in Florida strandeten, und schließlich etwa 400 Geschädigte ihr Geld verloren.

Touristik unter erschwerten Bedingungen

Die Leistungen der Berliner Flugtouristik sind nur zu würdigen, wenn an die erschwerten Bedingungen erinnert wird, unter denen sie arbeiten mußte. In den ersten zehn Jahren entschieden die Luftfahrtattachés nicht nur über die Zulassung der Fluggesellschaften und der Flugpläne, sondern auch über die Preisarrangements. Im Gegensatz zu Westdeutschland, wo die Pauschalpreise in freier Vereinbarung zwischen Airlines und Veranstaltern ausgehandelt werden konnten, mußten die Berliner Reiseunternehmen ihre Programme und Preise zur Genehmigung vorlegen, und die Attachés achteten darauf, daß die Arrangements einen bestimmten Preisabstand zu den regulären Flugpreisen im Linienverkehr einhielten. Die unangenehme Folge für die Berliner Veranstalter war, daß sie nicht so preisgerecht wie ihre westdeutsche Konkurrenz kalkulieren konnten, so daß sie mit einer Abwanderung von Flugtouristen nach Westdeutschland konfrontiert wurden. Erst als sich 1966 Neckermann mit einem eigenen Programm in Berlin etablierte, konnten die Luftfahrtattachés zu einer Änderung ihrer bisherigen Haltung bewegt werden. Die Flugpauschalarrangements waren nun nicht mehr genehmigungspflichtig, und die Attachés verzichteten auch auf die Entscheidung über Zusatzflüge, die Veranstalter und Fluggesellschaften bei besonders starker Nachfrage einlegen wollten.

Die Ferntouristik blieb auf der Strecke

Obwohl sich der Berliner Linienflugverkehr in den ersten Jahrzehnten auf die innerdeutschen Strecken konzentrierte, und die Linien nach Paris und London sowie zeitweise nach New York die einzigen Auslandsverbindungen blieben, scheiterten alle Pläne Berliner Veranstalter, auch hier eine Ferntouristik aufzubauen. So kam es im Jahre 1972 zu einem ernsten Konflikt, denn der Berliner Flug Ring legte ein Fernreiseprogramm auf, das im Dezember beginnen sollte. Da der Markt für Nonstop-Flugreisen von Berlin aus zu klein war, hatte das Unternehmen eine Zusammenarbeit mit der Schweizer Firma Hotelplan vereinbart, die folgendermaßen aussah: Die Urlauber sollten von Modern Air nach Zürich geflogen werden und dort in Linienmaschinen der Schweizer Balair beziehungsweise der damaligen British Overseas Airlines (BOAC) umsteigen. Die Preise waren höchst attraktiv, 14 Tage Badeferien in Ostafrika (Flug sowie

Hotel mit Frühstück) wurden bereits für 999 DM angeboten, eine ähnliche Reise nach Ceylon für 1 295 DM. Während die Schweizer Luftfahrtbehörde der Modern Air unverzüglich die Landeerlaubnis einräumte, lehnten dic Attachés die Fluggenehmigung mit der Begründung ab, es sei unstatthaft, einen Charterflug mit einer IT-Reise zu koppeln (IT = Inclusive Tour, ein Pauschalarrangement, bei dem der Passagier Flug und Unterkunft bezahlt, aber mit Linienmaschinen fliegt). Das stieß auf Unverständnis, denn seit Jahren hatten westdeutsche Reiseveranstalter auch in Berlin Reisen angeboten, bei denen der Urlauber zunächst mit Linienmaschinen zu einem westdeutschen Flughafen flog und dort in eine Chartermaschine umstieg. Damals berechneten diese Veranstalter für die Teilstrecke zwischen Berlin und Frankfurt nur 80 DM, obwohl der reguläre Linienflugpreis 176 DM betrug. Dessen ungeachtet scheiterte im Frühjahr 1973 ein weiterer Versuch zum Aufbau einer Ferntouristik, als der Berliner Veranstalter Air Berlin die britische Fluggesellschaft Northeast Airlines für Charterflüge zwischen Berlin und Luxemburg verpflichtete und von dort aus mit der Air Bahama beziehungsweise der Carribean Airways in Feriengebiete Mittel- und Südamerikas fliegen wollte. Northeast mußte zunächst bei der britischen Zivilluftfahrtbehörde eine allgemeine Berlin-Lizenz beantragen, die ihr auch gewährt wurde. Den folgenden Antrag für die Luxemburg-Flüge beschieden die Luftfahrtattachés jedoch wieder abschlägig. Den Berlinern blieb auf Jahre die direkte Ferntouristik verschlossen, und die großen westdeutschen Veranstalter nutzten alsbald diese Gelegenheit und trieben die Preise für die Zubringerflüge zu ihren eigenen Chartermaschinen nach Fernost, Afrika und Amerika in die Höhe.

Die Alliierten behindern sich gegenseitig

Ein wesentlich ernsterer Konflikt entstand Ende 1975, als sich die westalliierten Regierungen aus Gründen des Protektionismus für die nationalen Linienfluggesellschaften gegenseitig mit Landeverboten belegten und auch auf höchster Ebene keine Einigung erzielen konnten. Was war geschehen? Unger-Flugreisen bot anfangs vorwiegend Charterflüge nach Paris und London an und verpflichtete dafür die in Berlin stationierten Bedarfsfluggesellschaften. Weil infolge der Berlin-Abkommen der Linienflugverkehr steigende Passagierverluste zu beklagen hatte, wurden diese Charterflüge mit steigendem Mißtrauen beobachtet, und als dann noch die PanAm Ende 1975 im Auftrag mehrerer Berliner Veranstalter Charterketten nach Paris und vor allem nach London beantragte, kam es zum Eklat: Zehn Tage vor dem Heiligen Abend untersagte die französische Regierung allen amerikanischen und britischen Fluggesellschaften Charterflüge nach Paris, und im selben Augenblick wurden von der britischen Regierung alle Charterflüge amerikanischer Gesellschaften von Berlin nach London abgelehnt. Die PanAm erhielt für 16 beantragte Flüge nur fünf Genehmigungen, mit der Maßgabe, daß vom 1. Januar 1976 an eine Landeerlaubnis für Charterflüge grundsätzlich verweigert werde. Etwa 1 000 Berliner Urlauber, die bereits eine Flugreise gebucht hatten, waren von diesen Restriktionen betroffen.

Für die untersagten Charterflüge boten die französischen Behörden den Reiseveranstaltern und ihren Kunden ein ungewöhnliches »Bonbon« als Ersatz an: Den »Kulturtarif« der Air France, einen Gruppentarif, den der Reisende zusammen mit einer touristischen Leistung buchen konnte, und dessen Preis um 55 Prozent unter Normal lag. Bereits 1976 machten rund 12 000 Berliner davon Gebrauch, denn es blieb ihnen auch weiter nichts anderes übrig, weil echte Charterflüge ja nicht mehr angeboten werden durften. Die Air France ließ dann auch die Katze aus dem Sack und erläuterte: »Es könnte sich die Frage stellen, was für Berliner Reiseinteressenten günstiger ist: Zu einigen wenigen Daten, zu denen ungenutztes Fluggerät zur Verfügung steht und deshalb zu Dumpingpreisen erhältlich ist, eventuell noch billiger nach Paris zu fliegen oder bis zu dreimal täglich einen Liniendienst nach Paris zu haben, auf dem für jeden Abflug und für jeden Rückflug die Möglichkeit besteht, zum günstigen Kulturtarif zu fliegen. Darüber hinaus sind wir der festen Überzeugung, daß nur die regelmäßigen Liniendienste – besonders die internationalen – Bedeutung haben können für die für Berlin lebensnotwendigen Luftverkehrsverbindungen.«

British Airways reagierte zurückhaltender, und ihre Deutschland-Direktion erklärte, daß nicht sie die Initiative für die britischen Maßnahmen gegen die amerikanischen Fluggesellschaften ergriffen habe. Daß die Behörden dennoch allein das Wohl der BA im Auge hatten, wurde deutlich, als ein geheimes Dokument der britischen Zivilluftfahrtbehörde an die Öffentlichkeit gelangte, in dem es hieß, die drei Westmächte hätten die Aufgabe, die bestmöglichen Flugverbindungen nach Berlin aufrechtzuerhalten, wobei dem Linienverkehr Prioritäten einzuräumen wären. Ende 1975 seien die britischen Behörden besorgt gewesen, daß die Liniendienste der British Airways von Berlin nach London vom starken Charterverkehr auf dieser Route beeinträchtigt worden seien. Beispielsweise hätten die drei britischen Chartergesellschaften Dan-Air, Laker Airways und Britannia Airways im Sommer 1974 genau 11 762 Berliner nach London befördert, im Sommer 1975 dagegen waren es bei zwei Gesellschaften und der PanAm schon 16 841 Charterpassagiere, während der Anteil der Urlauber auf den Linienmaschinen der British Airways im Sommer 1975 um 6 000 zurückgegangen sei. Da auch die Zahl der Geschäftsreisenden rückläufig war, habe die Gefahr bestanden, daß British Airways die Zahl ihrer Linienflüge hätte einschränken müssen, weshalb man beschlossen habe, die Zahl der Charterflüge unverzüglich zu verringern. Die beantragten Flüge der PanAm seien deshalb abgelehnt worden, weil diese Fluggesellschaft als letzte auf dem Markt erschienen sei und zudem die Veranstalter mit ihr als einer Linienfluggesellschaft geworben hätten.

In dem Dokument regten die Briten Beratungen über die Zukunft des Linienflugverkehrs an und schlugen vor, daß künftig auf Flugstrecken mit Linienverkehr nur dann Charterflüge genehmigt werden sollten, wenn die Nachfrage nach Teilcharterflügen und Sondertarifen an Bord von Linienmaschinen nicht befriedigt werden könnten. Bei Charterflügen sollten jene Gesellschaften bevorzugt werden, die traditionell diese Linien befliegen. Während diese Vorstellungen in späteren Jahren verwirklicht wurden, und vor allem die Liniengesellschaften mit immer neuen Sondertarifen auch um die Urlauber warben, wurde ein Passus des Dokuments stillschweigend gestrichen, und zwar die politische Aussage, daß »der Errichtung von Flugverbindungen zwischen Berlin und Punkten außerhalb Westdeutschlands Aufmerksamkeit geschenkt werden sollte, es aber notwendig ist, die bekannten Bedenken der Sowjetunion und der DDR gegen derartige Flüge in Rechnung zu stellen. Es ist bedeutend, daß nicht ein Disput über den Flugverkehr in den alliierten Korridoren provoziert wird, der diesen Verkehr berühren könnte, der allererste Priorität genießt.«.

Doch zurück zu Weihnachten 1975. Das von den Briten verhängte Landeverbot mußte zwar gelockert werden, weil es galt, gestrandete Passagiere nach Berlin zurückzubringen. Im neuen Jahr 1976 aber blieben die Briten hart, Charterflüge nach London blieben britischen Gesellschaften vorbehalten, auch dann, als die PanAm im Februar erneut vorstellig wurde und 100 Charterflüge nach London und 60 nach Paris beantragte. Paris und London lehnten abermals ab und erklärten, es handele sich um eine gemeinsame Haltung beider Regierungen.

Moderater reagierten die Amerikaner. Obwohl der Air-France-Deutschlanddirektor noch im Frühjahr 1977 erklärt hatte, seine Gesellschaft biete genügend Kapazität auf der Paris-Route an, erhielt überraschend die französische Air Alpes die Erlaubnis der Pariser Behörden, Charterflüge zwischen Berlin und Paris zu veranstalten. Der amerikanische Luftfahrtattaché verweigerte zunächst seine Zustimmung, gab sie aber schließlich doch, so daß die Flüge am 22. Dezember 1977 beginnen konnten. Air Alpes flog bis zum Jahre 1979, und zuletzt beteilig-

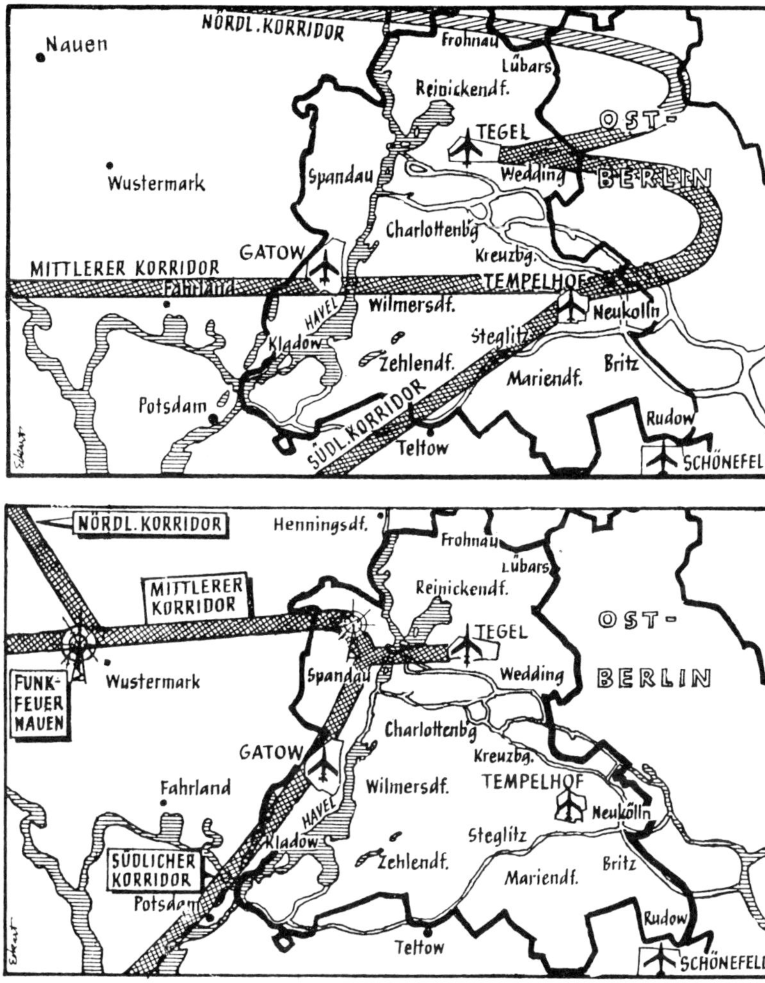

Mit dem Gesamtumzug der Fluggesellschaften von Tempelhof nach Tegel am 1. September 1975 wurden die Abflüge von Tegel neu eingeteilt. Die obere Karte zeigt den Abflug bei Westwind, die untere den bei Ostwind.
Karten: Der Tagesspiegel

te sich an den Charterflügen nach Paris auch die Air-France-Tochter Air Charter International. Von großer Bedeutung waren diese Flüge allerdings nicht mehr, denn der »Kulturtarif« der Air France hatte sich durchgesetzt.

Auch wenn die interalliierten Querelen Veranstalter und politische Instanzen zeitweise erregten, blieb doch der klassische Berliner Ferienflugverkehr von ihnen unberührt. Die Veranstalter hatten gewichtigere Probleme zu lösen, wie zum Beispiel die Wahl der Fluggesellschaften, denn nur alliierte Airlines waren in Berlin zugelassen. Indessen gab es eine große Zahl britischer und amerikanischer Fluggesellschaften, deren Namen damals in Deutschland so gut wie unbekannt waren. Bereits in den ersten Jahren zeigten verschiedene von ihnen Interesse am sich kontinuierlich entwickelnden Berliner Chartermarkt, und für die Berliner Unternehmen war es sehr schwierig, die Spreu vom Weizen zu trennen. Doch sie entwickelten einen guten Spürsinn, und von Ausnahmen abgesehen gelang es ihnen, seriöse Airlines zu verpflichten, die sich in Berlin alsbald einen hervorragenden Ruf erwarben.

Ein weiteres ernstes Problem gleichwohl für Veranstalter wie für Charterfluggesellschaften war die Tatsache, daß der Berlin-Flugverkehr aufgrund der alliierten Verantwortung nicht in die zweiseitigen internationalen Luftfahrtabkommen einbezogen war. Während der Linien- und der Charterflugverkehr der Bundesrepublik in Abkommen mit den Urlaubsländern genau geregelt war, mußten die Berliner Unternehmen sozusagen im luftleeren Raum operieren und waren dabei auf Gedeih und Verderb dem guten Willen jener Länder ausgesetzt, deren Flughäfen angesteuert werden sollten. Höchst erschwerend war, daß die alliierten Fluggesellschaften, die ihre jeweilige Landeerlaubnis für die Berliner Flugketten bei den Luftfahrtministerien der Zielländer selbständig beantragen mußten, den Airlines dieser Länder keine reziproken Rechte einräumen konnten.

Schweizerisch-britische Komödie

Daß es aufgrund der strengen Auslegung der alliierten Verantwortlichkeit zu geradezu komischen Ereignissen kam, beleuchtet ein schweizerisch-britischer Konflikt aus dem Frühjahr 1969: Ein Schweizer Veranstalter wollte Charterflüge nach Berlin veranstalten und verpflichtete dafür die Tell Air, doch da diese Berlin nicht anfliegen durfte, verfiel man auf einen Trick: Aus dem Nachlaß der in Konkurs gegangenen British Eagle erwarb die Tell Air eine Bristol »Britannia« samt Besatzung, die aber in Großbritannien registriert blieb, während man mit der formalen Abwicklung der Korridor-Flüge die British Caledonian Airways beauftragte, die sie bei den Alliierten anmeldete und die Flugleitung übernahm. Die ersten Flüge wurden denn auch genehmigt und durchgeführt.

Kurz vor Pfingsten 1969 platzte dann die Bombe: Der britische Luftfahrtattaché erklärte, die Tell Air sei eine Schweizer Fluggesellschaft und dürfe nicht die Korridore benutzen, gleichgültig, ob sie eine britisch registrierte Maschine einsetze oder nicht. Der Caledonian wurde die Landeerlaubnis entzogen, worauf der Veranstalter, der bereits Hunderte Buchungen aus Zürich und Berlin hatte, die in Tegel stationierte Modern Air für die Flüge verpflichtete. Nun aber legten sich die Schweizer quer: Wenn Tell Air nicht fliegen dürfe, dann dürfe auch die Modern Air nicht nach Zürich fliegen. Nunmehr wollte die Tell Air nach Schönefeld, doch das wurde ebenfalls von den Briten abgelehnt, da die Maschine noch in Großbritannien registriert sei, und britische Flugzeuge dürften nicht nach Schönefeld fliegen.

Der Bulgarien-Meineid

Alle Probleme waren zusammengefaßt nicht so schwerwiegend wie die ständigen Versuche der DDR, den Flugverkehr West-Berlins zu schädigen. Die Interflug arbeitete mit einer Serie von Dumpingpreisen, um ganze Marktsegmente aus der Flugtouristik herauszubrechen, und die devisenhungrigen osteuropäischen Fluggesellschaften taten ein Übriges zur Abwerbung möglichst vieler Passagiere. Eklatante Beispiele waren die Flugverbindungen ans Schwarze Meer, in die Türkei und nach Griechenland, die mit Niedrigpreisen erobert werden sollten. Daß man selbst vor ernsten Luftzwischenfällen nicht zurückscheute, zeigt das Beispiel der Bulgarien-Flüge.

Als erster Berliner Reiseveranstalter bemühte sich seit 1964 die Flug-Union um Pauschalflüge an die Schwarzmeerküste, und im Frühjahr 1965 erhielt Saturn Airways Landerechte in Warna. Der erste Flug fand am 16. Juni 1965 statt, doch konnten die Dienste nur eine Saison lang durchgeführt werden. Dann bedeutete Sofia der Fluggesellschaft und der Flug-Union, daß die Flüge für 1966 nicht mehr genehmigt würden, und der Veranstalter wurde auf die bulgarische Airline ab Schönefeld hingewiesen. Konzessionsbereiter zeigten sich indessen die Rumänen, die 1966 der Lloyd International für Neckermann eine Landeerlaubnis an ihrer Schwarzmeerküste gaben.

Im November 1970 machten der Berliner Flug Ring und die TUI einen neuen Vorstoß in Sofia, und die Modern Air bekam auch anscheinend unproblematisch eine Landeerlaubnis. Zwei Tage vor dem ersten Flug widerrief die bulgarische Regierung jedoch ihre Zusage, und bot dem Flug Ring an, mit bulgarischen Maschinen ab Schönefeld zu fliegen. In eiligen Verhandlungen bestanden die Veranstalter und die Airline auf ihren Rechten, und Sofia erklärte sich schließlich bereit, Flüge aus Berlin zuzulassen, wenn die Modern Air »irgendwo in Westdeutschland« eine Zwischenlandung machte. Mit Rücksicht auf die Urlauber stimmten die Veranstalter zu, nachdem sich Bulgarien bereiterklärt hatte, die Mehrkosten für die Zwischenlandung zu tragen. Nun aber meldeten sich die Luftfahrtattachés zu Wort und erklärten, die politische Zwischenlandung sei illegal und zu unterlassen. Aber auch sie nahmen schließlich Rücksicht auf die Passagiere und stellten ihre Bedenken zurück, jedoch unter einer Bedingung: Die Modern Air sollte ihren Flugplan mit Startflughafen Berlin-Tegel und Zielflughafen Warna sowie dem Vermerk eines Meldepunktes Nürnberg einreichen. Das heißt, die Maschine sollte nicht in Nürnberg landen, sich aber sozusagen auf dem Weiterflug nach Bulgarien dort abmelden. Nachdem die ersten Flüge auf diese Weise abgewickelt worden waren, erhöhten die Bulgaren überraschend ihre Forderungen und verlangten nun, daß Berlin als Startflughafen nicht mehr erwähnt werden dürfe. Da dies internationalen Regelungen widersprach und zudem eine Flugplanfälschung dargestellt hätte, lehnte die Modern Air ab. Am 28. Mai 1971 kam es dann zum Eklat: Mit 45 Passagieren war eine »Coronado« gestartet, nachdem der Flugplan eingereicht und nach Sofia übermittelt worden war. Über Nürnberg meldete sich der Pilot nach Warna ab, wurde jedoch im rumänisch-bulgarischen Grenzgebiet gezwungen abzudrehen. Nachdem die Maschine etwa eine Stunde ergebnislos über Bukarest gekreist war, kehrte sie um und landete in Frankfurt, von wo aus die Passagiere schließlich mit einem Flugzeug der Condor nach Bulgarien gelangten. Berliner Flug Ring und TUI sagten unverzüglich ihre Bulgarien-Flüge ab und buchten die Urlauber nach Rumänien um. Eine Stunde vor dem Start einer »Coronado«

nach Rumänien tauchten am 29. Mai 1971 plötzlich bulgarische Vertreter in Tegel auf und baten darum, die Umleitung rückgängig zu machen, doch wurde ihnen bedeutet, daß man ohne bindende Garantien für einen ungehinderten Ferienflugverkehr nicht mehr nach Bulgarien fliegen werde. Schwankend zwischen dem Wunsch nach harten Devisen und dem Druck der Sowjetunion und der DDR gab Bulgarien schließlich nach und erteilte der Modern Air am 7. Juni 1971 die Erlaubnis, wieder nonstop von Berlin nach Warna zu fliegen, worauf die TUI die Flüge wieder aufnahm. Der Berliner Flug Ring hingegen blieb bei seiner Absage, hatte allerdings inzwischen, wie auch andere Veranstalter, ein Parallelprogramm ab Schönefeld aufgelegt.

Noch vor Ablauf der bewegten Sommersaison 1971 bemühte sich die Modern Air im Auftrage der TUI abermals in Sofia um Landegenehmigungen für den Sommer 1972, mit geplantem Starttermin am 16. Mai. Nach zwei Anfragen in Sofia wurde der Airline im Dezember 1971 gesagt, die Anträge seien verlorengegangen, und sie solle einen neuen stellen, der jedoch auch ohne Antwort blieb. Daraufhin erklärte die TUI am 5. Januar 1972, falls Modern Air keine Landeerlaubnis erhalte, werde man auf die Bulgarien-Flüge verzichten, jedoch keinesfalls über Schönefeld fliegen. Nun traten die West-Berliner Reiseveranstalter ins politische Fettnäpfchen, denn sie gaben eine Erklärung heraus, daß es nicht vertretbar sei »Experimente von Berlin-Tegel nach Bulgarien zu unternehmen«, die nur erhebliche Unruhe hervorriefen. Der Ferienflugverkehr über Schönefeld könne zudem korrekt, zuverlässig und vor allem wesentlich preiswerter abgewickelt werden.

Ein Schrei der Empörung war die Antwort. Allen voran tönte der Senat, der von einer »obskuren Initiative für Schönefeld« sprach. Die Reiseveranstalter waren derart verschreckt, daß sie sich sogleich als völlig mißverstanden erklärten und betonten: »Auch wir sind der Meinung, daß es wichtig und wünschenswert ist, direkte Flugverbindungen von West-Berlin in alle Welt, also auch in den Ostblock zu haben.« Man habe sich nur deshalb für Schönefeld entschieden, weil bis zur Drucklegung der Prospekte keine Landeerlaubnis aus Bulgarien vorgelegen habe, und Angebote könnten erst veröffentlicht werden, wenn alle Genehmigungen vorlägen. Inoffiziell wurde bekannt, daß bulgarische Vertreter den Berliner Veranstaltern bedeutet hatten, es werde keine Flüge von West-Berlin nach Bulgarien geben. Die TUI aber sah sich ob ihrer Weigerung, von Schönefeld zu fliegen, als Held der Stunde, der für West-Berlins Flugverkehr kämpfte und sich – irrigerweise, wie sich später herausstellte – der Unterstützung der Regierenden sicher fühlte. Indessen: Man sollte niemals nie sagen.

Die nun ehrlich beunruhigten Reiseveranstalter ergriffen die Initiative, weil sie sich von den Westdeutschen nun doch nicht übertrumpfen lassen wollten. Am 1. Februar 1972 fand eine Besprechung aller deutschen Reiseveranstalter mit Experten des Bundeswirtschafts- und des Bundesverkehrsministeriums sowie des Berliner Senats in Bonn statt, bei der man vereinbarte, im Jahre 1973 den gesamten Ferienflugverkehr nach Bulgarien – also auch von Westdeutschland aus – einzustellen, wenn das Land an der Verweigerung der Landeerlaubnis für Flüge aus West-Berlin festhalten sollte. 21 Tage später sagte die TUI für den Sommer 1972 alle Bulgarien-Flüge ab, weil Sofia der Modern Air noch immer eine Antwort schuldig war.

Ende September 1972 jedoch wurde der Bulgarien-Schwur der Reiseveranstalter zum Meineid, denn hinter dem Rücken der Berliner Unternehmen hatten TUI, NUR und ITS bereits gültige Charterverträge für die Saison 1973 mit Bulgarien abgeschlossen, wobei die Flüge ab Berlin in Schönefeld beginnen sollten. Die Berliner Veranstalter konnten die Wende aus den Zeitungen entnehmen und waren ihrerseits ins Hintertreffen geraten. Bundesregierung und Senat zeigten sich abermals empört, mußten sich indessen von den westdeutschen Veranstaltern sagen lassen, daß »trotz ständiger Mahnungen« ein klärendes Eingreifen der Bundesregierung in Sofia ausgeblieben sei. Als Bonn schließlich andeutete, man erwäge ein Landeverbot für die bulgarische Fluggesellschaft im Bundesgebiet, sagten die Konzerne, man müsse sich fragen, warum Bonn nicht vor der Entscheidung tätig geworden sei. Nicht mehr als Theaterdonner war auch eine Stellungnahme des Senats, in der er andeutete, man erwäge ein Verbot des Flugscheinverkaufs in West-Berlin für Flüge ab Schönefeld. Immerhin waren die Bulgaren so erschrocken, daß sie zum wiederholten Male eine »definitive Entscheidung« über Flüge ab West-Berlin binnen 14 Tagen treffen wollten. Das war am 4. Oktober 1972, doch wartete man auf diese Entscheidung vergeblich. Mit Ausnahme von GUT flogen alle Veranstalter ab 1973 nur noch von Schönefeld nach Bulgarien.

Unmittelbar nach dem Jahreswechsel 1972/73 hatte der Senat noch einmal einen Vorstoß in Bonn unternommen, wo er für Sanktionen gegen Bulgarien plädierte, doch das Auswärtige Amt winkte ab. Am 12. Januar 1973 tagte in Bonn der Staatssekretärsausschuß, und nun wurde deutlich, daß die Bundesregierung im Interesse eines angestrebten Luftverkehrsabkommens mit der DDR auf Sanktionen gegen Bulgarien verzichtete. Offiziell hieß es: »Bei den Gesprächen mit der bulgarischen Seite ist erkennbar geworden, daß die bulgarische Regierung nicht aus eigenem Antrieb tätig geworden ist. Sie hat sich deshalb auch unnachgiebig gezeigt. Die bulgarische Regierung hat nicht mitgeteilt, von welcher Seite Druck auf sie ausgeübt wurde. Es ist zu vermuten, daß der eigentliche Urheber die Sowjetunion ist, die Flüge durch die Korridore in dic Ostblockstaaten als Eingriff in ihre Interessen ansieht. Ob und in welcher Weise auch die DDR auf Bulgarien eingewirkt hat, ist der Bundesregierung unbekannt.« Die Hoffnung auf ein Luftverkehrsabkommen mit der DDR veranlaßte Bonn, West-Berlin in der Bulgarien-Frage im Regen stehen zu lassen. Äußerst bedenklich war ein weiterer Passus in der Bonner Regierungserklärung, in dem es hieß: »Die Bundesregierung hält in Übereinstimmung mit dem Senat von Berlin die Einbeziehung von West-Berlin in den internationalen Flugverkehr für geboten. Dieses Ziel kann nur im Einvernehmen aller Beteiligten erreicht werden.« Im Klartext: Bonn war bereit, die alleinige westalliierte Verantwortung für den Berlin-Flugverkehr zugunsten eines dubiosen Luftverkehrsabkommens mit der DDR zu schmälern, indem man der östlichen Seite ein Mitspracherecht in originäre Rechte der westlichen Alliierten anbot.

Bulgariens ständiger Verstoß gegen die ICAO-Regeln

Die Bonner Beschwichtigungspolitik gegenüber Bulgarien hatte im Sommer 1974 abermals ernste Konsequenzen, als die Zypernkrise ausbrach und Griechenland den Luftraum über der Ägäis sperrte. Während alle Flugzeuge in Richtung Türkei nunmehr Bulgarien überflogen, wurde dieses Recht den in Berlin startenden Maschinen unter Bruch der Bestimmungen der Internationalen Organisation für Zivilluftfahrt (ICAO) verweigert. Tausende türkischer Gastarbeiter in Berlin und viele Touristen waren von dieser neuerlichen Diskriminierung durch Sofia betroffen, denn alle mußten zunächst nach Westdeutschland gebracht werden und konnten erst von dort in Richtung Türkei starten. Alle Proteste blieben wirkungslos, und die Bulgaren erklärten kategorisch, daß sie keinerlei Flugpläne aus Berlin akzeptierten. So wurde abermals in die berühmte Trickkiste gegriffen, und über den Umweg einer

Wegen der Zypern-Krise im Sommer 1974 sperrte Griechenland den Überflug über die Ägäis in Richtung Türkei, und der gesamte Flugverkehr von Mitteleuropa mußte durch bulgarischen Luftraum geführt werden. Die Karte zeigt unter (1) den südlichen Berliner Luftkorridor nach Fulda, den Flugzeuge mit Kurs Türkei benutzten. (2) bezeichnet die Luftstraße über Jugoslawien zum Dreiländereck Griechenland, Jugoslawien und Bulgarien, wo die Maschinen auf die Luftstraße (4) zur Türkei einschwenkten. Wegen der Sperrung dieser Luftstraße mußten die Flugzeuge von Belgrad zunächst Burgas ansteuern und konnten dann erst in Richtung Süden nach Istanbul fliegen, was Flugzeugen aus West-Berlin aber verwehrt war. Daher mußten die alliierten Fluggesellschaften eine Zwischenlandung in Nürnberg einlegen oder sich dort abmelden, so daß die Maschinen pro forma aus Nürnberg und nicht aus West-Berlin kamen.
Karte: Der Tagesspiegel

Zwischenlandung in Nürnberg und der Einreichung zweier getrennter Flugpläne – einer von West-Berlin nach Nürnberg und ein zweiter von Nürnberg nach Istanbul – erreichte man den bulgarischen Überflug. Da politische Unterstützung aus Bonn nicht zu erwarten war, entschloß sich der Senat, den Reiseveranstaltern die Kosten für die Zwischenlandung zu ersetzen, wofür 700 000 DM bereitgestellt wurden. Trotz dieser politisch bedenklichen Zwischenlandung kam es am 7. September 1974 abermals zu einem Luftzwischenfall, als die bulgarischen Behörden einer PanAm-Maschine den Einflug in ihren Luftraum verwehrten und sie zum Abdrehen zwangen. Bulgarien und die DDR wurden nicht müde, allen Veranstaltern Türkei-Flüge ab Schönefeld zu empfehlen, denn diese könnten problemlos über Bulgarien geführt werden. Zum allem Überfluß inszenierten die Bayern im Herbst 1975 eine Provinzposse, als sie den alliierten Fluggesellschaften erklärten, die erzwungenen Zwischenlandungen in Nürnberg dürften nicht mehr in den Nachtstunden erfolgen, was nur noch von der Bundesregierung überboten wurde, die die Airlines einzeln anwies, die Zwischenlandungen nur noch vorzutäuschen. Dieses Ansinnen wurde unverzüglich zurückgewiesen, nicht zuletzt, weil man bulgarische Repressionen befürchtete, und überhaupt: Deutsche Anweisungen könne man gar nicht entgegennehmen. Hinter den Kulissen wurden die Alliierten nun energisch, mit dem Ergebnis, daß die Zwischenlandungen in Nürnberg gesichert blieben.

Am 29. August 1978 setzte das Auswärtige Amt den Schlußpunkt unter die Bulgarien-Affäre, indem es den drei westlichen Alliierten die Verantwortung in die Schuhe schob. In der dem Berliner Bundestagsabgeordneten Wohlrabe übermittelten offiziellen Stellungnahme hieß es: »Betroffen von der vertragswidrigen Verweigerung der Überflugrechte (über Bulgarien, d.A.) für Direktflüge aus Berlin sind alliierte Fluggesellschaften, deren Rechte formell nicht durch die Bundesregierung wahrgenommen werden können, zumal der Luftverkehr Berlins in die Vorbehaltsrechte der Drei Mächte fällt. Diese, mit denen die Bundesregierung diese Frage schon früher aufgenommen hatte, hielten es nicht für opportun, gegen die bulgarische Haltung zu protestieren oder Maßnahmen zu ergreifen. Hierbei war unter anderem die Befürchtung maßgeblich, daß Bulgarien auch die Überflüge nach Zwischenlandungen im Gebiet der Bundesrepublik versagen könnten. Die Bundesregierung hat jedoch ihrerseits die Frage der Überflüge in der Vergangenheit auf hoher Ebene mit der bulgarischen Seite aufgenommen. Die bulgarische Seite sah und sieht keine Möglichkeit, von ihrer bisherigen Haltung abzugehen. Beim Besuch des bulgarischen Außenministers Mladenow im Juli dieses Jahres wurde die Frage nach reiflicher Überlegung nicht angesprochen, da nach den bisherigen Gesprächen feststand, daß die bulgarische Regierung in dieser Frage keine Entscheidungsfreiheit besitzt. Ein erneutes Insistieren hätte lediglich die bulgarische Seite gezwungen, diese Beschränkung ihrer Handlungsfreiheit zu bekennen, es jedoch nicht vermocht, eine Änderung ihrer Haltung herbeizuführen.« So rücksichtsvoll und feinfühlend konnte Bonn sein.

Spanien blieb Berlin treu

Der Osteuropa-Markt mußte für die Berliner Flugtouristik mit Flügen ab West-Berlin abgeschrieben werden. Inzwischen hatte sich in der Stadt auch ein grauer Markt mit Flugscheinen entwickelt, wo Verkaufsagenten der Interflug und anderer Ostblock-Fluggesellschaften zu Niedrigstpreisen teils obskure Flugreisen an- und sich dabei gegenseitig unterboten. Da die Tickets mit den Sonderpreisen nicht übertragbar waren, mußten die Passagiere manchmal erhebliche Verspätungen in Kauf nehmen. Eine wesentliche Gefahr für den freien Flugverkehr bildete jedoch der graue Markt nicht, wogegen die wiederholten Versuche der DDR, in die Flugtouristik nach Westeuropa einzudringen, von anderer Qualität waren. Dank der festen Haltung der spanischen Regierung und der überzeugenden Tätigkeit eines alten Berliners in Madrid, des deutschen Botschafters Brunner, konnten alle Versuche verhindert werden, mit Spanien-Flügen ab Schönefeld den freien Ferienflugverkehr entscheidend zu schädigen. An solchen Vorstößen hatte es nicht gefehlt, und bereits im Februar 1980 machte die Interflug den ersten in Madrid, indem sie Landerechte in Gerona beantragte, die indessen abgelehnt wurden. Ende 1983 aber spitzte sich die Lage zu, als die spanische Regierung von Bonn einen höheren Anteil spanischer Fluggesellschaften am deutsch-spanischen Flugverkehr verlangte. Schon 1982 hatte die spanische Aviaco versucht, gemeinsam mit der Interflug eine Flugkette ab Schönefeld aufzubauen, und im Oktober waren bereits Ferienflüge nach Gran Canaria fest verabredet, die jedoch nach einer Bonner Intervention abgelehnt wurden. Im Zuge der Neuregelung des deutsch-spanischen Ferienflugverkehrs Ende 1983 war schon mehr Überzeugungskraft nötig, um die Spanier zur Unterstützung West-Berlins zu drängen.

In Griechenland nicht erfolgreich

Weniger erfolgreich verliefen die Bemühungen, den Flugverkehr von West-Berlin nach Griechenland zu verteidigen. In aller Stille hatten die Interflug und andere Ostblock-Gesellschaften eine Fülle von Flugverbindungen ab Schönefeld aufgebaut, wobei die Interflug Nonstop-Angebote offerierte, die anderen Airlines aber noch billigere Flüge mit Umsteigemöglichkeiten in Osteuropa im Programm hatten. Die Berliner Veranstalter waren im Dilemma: Während sie bei den alliierten Airlines jeweils ganze Flugketten mit dem Risiko chartern mußten, die Flugzeuge nicht immer rentabel füllen zu können, verknüpften die Ost-Fluggesellschaften Linien- mit

Charterflügen, indem sie auf ihren Linienmaschinen den Veranstaltern Plätze zu günstigen Konditionen anboten, die je nach Bedarf belegt und bezahlt werden konnten. Im Jahre 1980 deutete sich eine ernste Krise an, als in den ersten drei Monaten allein zwei West-Berliner Griechenland-Veranstalter rund 6 000 Touristen an die östlichen Fluggesellschaften verloren. Für den Sommerflugplan bot sich folgendes Bild: Die Interflug flog von Schönefeld aus zweimal wöchentlich nach Athen, die Syrian Airlines ebenfalls zweimal pro Woche, die Aeroflot leitete ihre Linie Leningrad-Athen zweimal wöchentlich über Schönefeld, Ungarns Malev flog viermal pro Woche über Budapest nach Athen, Bulgariens Balkan dreimal über Sofia, Polens LOT viermal über Warschau und die CSA täglich über Prag in die griechische Hauptstadt. Für den Hin- und Rückflug forderten die Airlines zwischen 390 und 440 DM, während der billigste Ferienflug von West-Berlin nach Athen mit 600 DM berechnet werden mußte. Zudem legte die Interflug echte Charterketten nach Kreta und Saloniki auf, die ebenfalls rund 200 DM pro Platz billiger angeboten wurden. Auf besorgte Anfragen versicherte die Bundesregierung allerdings, sie sehe keine »strukturelle Verlagerung« des Flugverkehrs nach Schönefeld. Zum Winterflugplan 1980/81 kündigte Unger-Flugreisen an, sie werde nur noch von Schönefeld nach Athen fliegen, da die westlichen Fluggesellschaften mit den Dumping-Angeboten der Interflug nicht mehr Schritt halten könnten. Von West-Berlin aus gab es in der Wintersaison keine Athen-Flüge mehr.

Im Sommer 1981 machten die PanAm-Piloten ein geradezu dramatisches Angebot, indem sie sich bereiterklärten, monatlich 800 Flugstunden ohne Bezahlung nach Griechenland abzuleisten, damit alle Flüge ab West-Berlin gesichert werden könnten. Daraufhin stellte die PanAm-Hauptverwaltung ein zusätzliches Flugzeug zur Verfügung, doch die Offerte stieß auf Ablehnung. Im September 1981 gab die PanAm-Direktion bekannt: »PanAm-Verkaufsmitarbeiter haben die in West-Berlin tätigen Reisebüros, die hauptsächlich Ferienflüge mit Ostblock-Fluggesellschaften über den DDR-Flughafen Schönefeld abwickeln, das neue verbilligte Charterangebot der PanAm für Flüge ab Tegel unterbreitet. Die einhellige Meinung der Leiter dieser Reisebüros lautete: Was immer auch die PanAm anbieten sollte, die Ostblock-Fluggesellschaften werden in jedem Falle die Preise der PanAm unterbieten.«

In den Jahren 1982 und 1983 erhöhten die Ostblock-Fluggesellschaften ihr Griechenland-Angebot derart, daß die Flüge ab Tegel eingeschränkt werden mußten. Die Berliner Veranstalter reagierten darauf mit der Zusammenlegung eines Teils ihrer Flüge und der gemeinsamen Belegung ihrer Flugketten. Im Sommer 1983 fanden wöchentlich 28 Starts nach Griechenland in Schönefeld statt, in Tegel dagegen nur noch sieben. Bis zur Wende in der DDR änderte sich die Lage kaum.

Wie Tausend-und-eine-Nacht

Bei der Betrachtung der Berliner Flugtouristik darf die Erwähnung der Gastarbeiterflüge in die Türkei nicht fehlen. Türkische Reiseveranstalter in West-Berlin hatten schon frühzeitig derartige Flüge für ihre Landsleute organisiert und dafür die alliierten Fluggesellschaften zu günstigen Nachttarifen verpflichtet. Die

Airlines hatten allerdings die Landeerlaubnis in der Türkei nur erhalten, nachdem sie zusagten, der türkischen Fluggesellschaft THY eine »Sitzsteuer« in Höhe von 58 DM pro Platz für einen Hin- und Rückflug zu zahlen, gleichgültig, ob der Platz belegt war oder nicht. Im September 1973 eröffnete die THY nun selbst den Flugverkehr nach Schönefeld, und es kam zu jahrelangen Auseinandersetzungen, zumal die THY, die nun im Pool mit der Interflug flog (aber weiter die Sitzsteuer kassierte), die festgelegten Flugpreise unterbot. Immerhin waren jährlich rund 60 000 Gastarbeiter zu befördern.

Ende 1974 versuchten die Alliierten, die West-Berliner Position zu sichern, indem sie der THY eine Landeerlaubnis in Tegel erteilten, allerdings unter der Maßgabe, daß sich die Fluggesellschaft Überflugrechte über die DDR beschaffte, die jedoch erwartungsgemäß niemals erteilt wurden. Der Kampf jeder gegen jeden um den Gastarbeitermarkt wurde mit harten Bandagen unvermindert fortgesetzt. Im Jahre 1983 sah die Bilanz so aus: In Tegel wurden nur noch 26 660 türkische Gastarbeiter abgefertigt, in Schönefeld dagegen 50 646. Der Anteil Tegels am Gastarbeiterverkehr war auf 34,5 Prozent gesunken, alle Interventionen der Bundesregierung und der Alliierten beim NATO-Partner Türkei waren ergebnislos geblieben.

Die Probleme, die Querelen, sie gehören heute der Vergangenheit an. Sie aber nicht zu vergessen, gehört auch zur Geschichte der Berliner Flugtouristik.

Der Flughafen Schönefeld und die Interflug

Am Vormittag des 10. August 1989 wurde die Boeing 737-300 »Reutlingen« der Lufthansa auf dem Frankfurter Flughafen mit großem Bahnhof zum ersten Linienflug nach Leipzig in der Nachkriegsgeschichte verabschiedet. Bevor sie abhob, hatte der Vorstandsvorsitzende Heinz Ruhnau die Eröffnung des deutsch-deutschen Linienverkehrs als Jahrhundertereignis und zugleich als bedeutenden Schritt zur Normalisierung der deutsch-deutschen Beziehungen gewürdigt, ohne jedoch auf den Zusatz zu verzichten, daß »die Luftverkehrsverhältnisse in unserem Vaterland erst dann wieder normal sind, wenn die Lufthansa in Berlin landen darf.« Mit dem deutsch-deutschen Linienflugverkehr hatte Ruhnau einen wichtigen Schritt auf dem langen Weg getan, der die westdeutsche Linienfluggesellschaft endlich auch nach Berlin führen sollte. Für die DDR-Staatslinie Interflug war das Ereignis indessen überschattet von der Tatsache, daß in diesem August 1989 Hunderttausende von DDR-Bürgern mit den Füßen über das SED-Regime abstimmten und versuchten, per Ausreiseantrag in die Bundesrepublik zu gelangen. So mußten wohl die Worte des Interflug-Generaldirektors Klaus Henkes reichlich hohl klingen, wenn er sagte, die touristische

Blick auf das Abfertigungsgebäude des Flughafens Schönefeld
Foto: FBS

Zusammenarbeit zwischen beiden Ländern würde sich bedeutend verbessern, zumal die Airline ihr langersehntes Ziel der Erlangung von Streckenrechten über das Bundesgebiet hinaus nach Westeuropa noch keineswegs erreicht hatte. Ein Jahr später hatten die Ereignisse alle markigen Worte und alle Prognosen überrollt. Deutschland war wieder vereint, die Lufthansa konnte nach Berlin fliegen, die Interflug aber als »erster sozialistischer Luftfahrtbetrieb der Deutschen Demokratischen Republik« hatte nicht überlebt. Der Flughafen Schönefeld ist heute zum Hoffnungsträger des Berlin-Flugverkehrs geworden, weil die im Westteil der Stadt gelegenen Flughäfen Tempelhof und Tegel kaum noch ausbaufähig sind. Ausgerechnet der Gewerkschaft ÖTV ist es zu danken, daß sie mit ihrem ersten Streik in der Geschichte dieser beiden Flughäfen dafür sorgte, Schönefeld wenigstens für ein paar Tage zum Luftverkehrsdrehkreuz zu machen, und das Personal in Schönefeld bestand diese Bewährungsprobe glänzend. Doch dann trat wieder Ruhe ein, und es wird viel Überzeugungskraft nötig sein, damit der Flughafen auch von den Reisenden aus dem Westteil der Stadt endlich voll akzeptiert wird.

Die Abflugebene auf dem Flughafen Schönefeld. *Foto: FBS*

Das Vorfeld in Schönefeld, das 1990 noch von den Flugzeugen der Interflug beherrscht war. Im Vordergrund ein Airbus A310-304, dahinter Tu-134 und IL-62. *Foto: FBS*

1961 entstand in Schönefeld eine 3 000 Meter lange Hauptstartbahn. Während der Bauarbeiten erfolgte der Flugbetrieb auf der alten Bahn des Henschel-Werkflughafens. Im Hintergrund stehen zwei IL-14 der DDR-Lufthansa.
Foto: Sammlung Gründer

Vom Werksflughafen zum Heimatflughafen der Interflug

Schönefeld hat eine bewegte Geschichte. Die im März 1933 gegründeten Henschel-Flugzeugwerke begannen im Oktober 1934 mit dem Bau des Flughafens, der bis zum Kriegsende dem Einfliegen und den Tests neuer Militärflugzeuge diente. Nach der Besetzung durch sowjetische Truppen im April 1945 wurden alle Anlagen demontiert und als Reparationsleistung abtransportiert. 1947 ordneten die sowjetischen Besatzungsbehörden den Wiederaufbau an, und zunächst erhielt der Flughafen einen 2 000 Meter lange Startbahn, auf der nunmehr Verkehrsflugzeuge der Aeroflot und anderer östlicher Fluggesellschaften landeten und starteten.

Am 27. April 1955 übertrug die Sowjetunion der DDR die schrittweise Nutzung des Flughafens und schuf damit die Voraussetzung für die Gründung einer eigenen Fluggesellschaft, die zunächst unter dem Traditionsnamen Deutsche Lufthansa startete. Am 30. Juli 1955 landete die erste IL-14 aus der Sowjetunion in Schönefeld, dem künftigen Heimatflughafen der DDR-Fluggesellschaft.

Die Ausweitung des Osteuropaverkehrs erforderte den Ausbau des Flughafens, der sich in mehreren Etappen vollzog. Am 16. Juli 1961 wurde zunächst die Hauptstartbahn mit einer Länge von 3 000 Metern in Betrieb genommen; ihr folgte 1965 eine zweite mit 2 700 Metern.

Mit dem Bau der Mauer war der Flughafen, der zwar in der Luftkontrollzone Berlin, nicht aber auf dem Stadtgebiet lag, für Reisende aus dem Westteil kaum noch erreichbar, doch im Juli 1962 richtete die LOT einen Zubringerbusverkehr von West-Berlin nach Schönefeld ein, der weder mit den West-Berliner Behörden abgesprochen, geschweige denn von diesen genehmigt worden war, nichtsdestotrotz geduldet wurde. Sehr viel mehr Aufsehen erregten indessen DDR-Bautrupps, die am 13. Juni 1963 begannen, an der Waltersdorfer Chaussee einen neuen Grenzübergang für den Zubringerverkehr nach Schönefeld zu errichten. Die westlichen Alliierten registrierten diese Aktivitäten mit Mißtrauen, doch der Senat überhörte alle Bedenken. Der damalige Regierende Bürgermeister Albertz sagte am 14. Juni 1963: »Mauern zu bauen ist bisher das traurige Vorrecht der kommunistischen Behörden gewesen. Wenn diese Behörden, aus welchen Gründen auch immer, an einer bestimmten Stelle einen neuen Durchlaß schaffen, ist es für den Senat von Berlin, der unverrückbar nach den Grundzügen der Freizügigkeit handelt, politisch unmöglich, einen solchen Übergang von westlicher Seite zu schließen. Eine völlig andere Frage ist es, an Takt und Gesinnung unserer Mitbürger zu appellieren, ob sie einen offensichtlich aus geschäftlichen Interessen neu geschaffenen Reiseweg von der Zone aus benutzen wollen, der nur im wirtschaftlichen Interesse der Zone liegt.«

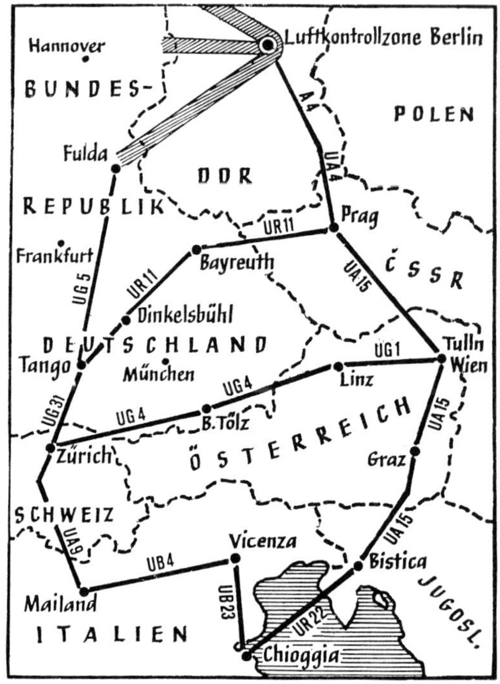

Die Einteilung der internationalen Luftstraßen erschwerte es der Interflug außerordentlich, in die Schweiz oder nach Italien zu fliegen. Die direkte Flugstraße UG 1 und UG 4 von Wien nach Zürich mit Anschluß an die UA 9 nach Mailand führte nördlich von Bad Tölz ein kurzes Stück über bundesdeutsches Gebiet. Die Interflug-Maschinen mußten daher bis Chioggia in Italien Südkurs einschlagen, bevor sie nach Norden in Richtung Mailand und Zürich fliegen konnten. Die Bundesregierung verweigerte der Interflug im Linienverkehr den Überflug über ihr Gebiet und damit die Nutzung der Luftstraße UG 4, weil sie von der DDR keine ausreichenden Gegenleistungen erhielt. *Karte: Der Tagesspiegel*

Flüge in Richtung Westen

Mit dem Ausbau des Streckennetzes nach Osteuropa, Afrika und in den Nahen Osten durch die Interflug nutzten reziprok auch Fluggesellschaften aus diesen Regionen den Flughafen Schönefeld, während in Richtung Westeuropa nur die LOT verkehrte. Als erste westeuropäische Airline legte von 1965 an die niederländische KLM auf ihrem Kurs Amsterdam-Moskau bei Bedarf hier eine Zwischenlandung ein und bediente in den folgenden Jahren diese Linie allein. Am 11. November 1970 gelang der Interflug der erste Einbruch in den Westverkehr, als sie die Linie nach Wien eröffnete, und schon ein Jahr später wurde der Flughafen erheblich stärker in diesen Verkehr einbezogen, als die Aeroflot auf ihren wöchentlichen Flügen nach

Frankfurt eine Zwischenlandung einlegte. Am 1. April 1972 flog die österreichische AUA erstmals von Wien aus Schönefeld an, drei Tage später folgte die skandinavische SAS auf dem Kurs Kopenhagen-Schönefeld. Diese Linie wurde aber wegen mangelnder Nachfrage am 26. September 1982 aufgegeben. Am 1. April 1973 steuerte die Finnair von Helsinki aus Schönefeld an, am 6. November 1973 eröffnete die türkische THY den Linienverkehr, und am 1. Juli 1974 kam die Mailand-Linie der Interflug hinzu. Zum Winterflugplan 1974/75 operierten neben der Interflug 17 Airlines in Schönefeld, und täglich wurden bis zu 54 Starts und Landungen abgewickelt, so daß der Flughafen ausgebaut werden mußte. Am 1. Juni 1974 wurde das neue Abfertigungsgebäude mit einer Jahreskapazität von 2,5 Millionen Fluggästen seiner Bestimmung übergeben.

Mit dem Ausbau des Streckennetzes Richtung Westeuropa und mit der Aufnahme zahlreicher Ferienflüge durch die Interflug entwickelte sich eine massive Bedrohung des freien Flugverkehrs, und auch andere osteuropäische Airlines unterboten offenkundig die offiziellen Tarife.

Als die Abwerbung immer deutlicher betrieben wurde, rief der damalige Verkehrsminister Dollinger am 14. Juli 1983 zum Boykott Schönefelds auf und handelte sich damit einen Kommentar der amtlichen sowjetischen Nachrichtenagentur TASS ein, in dem es hieß, Dollinger mische sich grob in die inneren Angelegenheiten der DDR ein. Bonn und Berlin hatten es indessen längst aufgegeben, energisch gegen die DDR-Praktiken vorzugehen, während die Lufthansa unter Ruhnau an deutsch-deutschen Verbindungen bastelte, die eines Tages den Anflug Berlins ermöglichen sollten. Im Januar 1985 erleichterte die DDR Westreisenden den Abflug in Schönefeld, indem sie eine neue Transithalle in Betrieb nahm und die Kontrollen der Reisenden vom Grenzübergang auf den Flughafen verlegte. In Schönefeld wurde rund um die Uhr geflogen, denn ein Nachtflugverbot existierte nicht.

Am 21. Februar 1985 fand in Schönefeld eine Tagung der Internationalen Flughafen-Vereinigung statt, in deren Vorfeld die DDR eine Teilnahme der Berliner Flughafen-Gesellschaft (BFG) mit dem Hinweis ablehnte, Tegel sei ein Militärflughafen. Erst nachdem die Vereinigung an einer Teilnahme der BFG bestanden hatte, gab die DDR nach.

Schönefeld und die Wende in der DDR

Nach der Wende in der DDR gingen der Vorstandsvorsitzende der Lufthansa, Heinz Ruhnau, und Interflug-Generaldirektor Klaus Henkes unverzüglich ans Werk zur Erweiterung nicht nur des deutsch-deutschen Flugverkehrs, sondern auch des Flughafens Schönefeld. Bereits am 19. Januar 1990 bildeten beide Airlines eine Vertragsgemeinschaft, die ein erhebliches Lufthansa-Engagement in Schönefeld vorsah. Der von Ruhnau beabsichtigten starken Einflußnahme wurde allerdings am 18. September 1990 überraschend eine Absage erteilt, als die Treuhandanstalt den Flughafen ohne Absprache mit dem Senat und der BFG aus der Interflug ausgliederte und eine »Flughafen Schönefeld GmbH in Gründung« formierte.

Die neue Geschäftsführung, die sich vor allem durch Tatenlosigkeit auszeichnete, sah sich vor erheblichen Schwierigkeiten, denn die Interflug erlitt drastische Passagiereinbußen auf ihren Osteuropa-Diensten und mußte den Flugbetrieb erheblich einschränken. Zwar etablierten sich hier die Chartergesellschaften Condor und LTU, auch Singapore Airways und El Al flogen den Flughafen an, doch Alitalia, Iberia und Swissair änderten ihre diesbezüglichen Pläne angesichts der Wiedervereinigung und konzentrierten sich fortan auf Tegel.

Mit der Rückgabe der vollen Souveränität an Deutschland wurde es endlich möglich, eine realistische Berliner Flughafen-Planung unter Einbeziehung aller drei Berliner Flughäfen zu erarbeiten. Zunächst aber registrierten die Experten mit Erschrecken den schlechten Zustand Schönefelds, denn hier waren Sanierungsarbeiten vor allem an der Hauptstartbahn unerläßlich. Fast ein Jahr verging jedoch, bevor man die Aufgaben anpackte, und erst am 5. Juni 1991 wurde endlich von den Landesregierungen Brandenburgs und Berlins ein Aufsichtsrat für die Schönefelder Flughafen-Gesellschaft gebildet, als dessen erste Entscheidung die Direktoren der BFG in die Geschäftsführung berufen wurden. Der Ausbau Schönefelds begann, aber von der Masse der Passagiere und der Fluggesellschaften wurde der Flughafen deshalb noch nicht angenommen, zumal die Verkehrsanbindung mangelhaft blieb.

Die Interflug konnte nicht überleben

Am 30. April 1991 fand der letzte planmäßige Flug der Interflug statt; die ehemalige nationale Fluggesellschaft der DDR hatte die Wiedervereinigung Deutschlands nicht überlebt.

Im Mai 1954 war unter dem Traditionsnamen Deutsche Lufthansa eine DDR-Fluggesellschaft geschaffen worden, doch erst am 28. April 1955 wurde die Öffentlichkeit davon unterrichtet. Ab 1. Juli 1955 fungierte die erste Betriebsleitung unter dem »bewährten Arbeiterfunktionär« Arthur Pieck als Hauptdirektor, und am 1.Juli 1955 landete die erste IL-14 mit dem Kennzeichen DDR-ABA der neuen DDR-Airline, gesteuert von einer sowjetischen Besatzung, in Schönefeld. Unter Leitung des Aeroflot-Piloten Pawlow wurden die ersten ostdeutschen Verkehrspiloten ausgebildet, und am 16. September 1955 fand der erste Flug der DDR-Lufthansa mit einer DDR-Regierungsdelegation nach Moskau statt. Der Linienverkehr begann indessen erst am 4. Februar 1956 auf der Strecke nach Warschau, der noch Linien nach Prag, Budapest, Sofia, Bukarest und schließlich am 7. Oktober 1956 nach Moskau folgten. Am 16. Juni 1957 begann auch ein Inlandsverkehr mit Zielen in Dresden, Leipzig, Erfurt und Barth, vorübergehend nach Karl-Marx-Stadt (Chemnitz) und später nach Usedom.

Indessen kam die Gesellschaft in Schwierigkeiten, denn am 1. April 1955 hatte in der Bundesrepublik die Deutsche Lufthansa den Flugbetrieb eröffnet und erwirkte alsbald eine international gültige Gerichtsentscheidung, daß ihr allein der Traditionsname zustünde. Daraufhin mußte die DDR-Lufthansa bei Landungen außerhalb des Ostblocks eine Beschlagnahme ihrer Flugzeuge befürchten. Um sich das anvisierte lukrative Westgeschäft nicht entgehen zu lassen, wurde zunächst eine weitere Airline mit dem Namen Interflug gegründet, die offiziell als Charterunternehmen operierte. Doch schließlich entschloß sich die DDR-Führung zur Aufgabe des Na-

Anfangs noch im Inlandsflugverkehr eingesetzt, dienten die einmotorigen Doppeldecker An-2 später beim Interflug Betrieb Fernerkundung, Industrie- und Forschungsflug.
Foto: Sammlung Gründer

Von 1965 bis 1976 waren für den DDR-Inlandsflugverkehr sieben Antonow An-24 eingesetzt, von denen später eine nach Bulgarien und sechs nach Vietnam verkauft wurden. Das Foto zeigt die DM-SBD noch mit Interflug-Kennzeichen, aber schon in der Bemalung der Hang Khong Viet Nam kurz vor der Überführung nach Südostasien. Die Kennzeichen der Maschinen tauchten später wieder an Transportflugzeugen An-26 der DDR-Luftstreitkräfte auf, die für Auslandseinsätze in Interflug-Bemalung flogen.
Foto: Sammlung Gründer

menskampfes, die DDR-Lufthansa stellte zum 31. August 1963 ihren Betrieb ein und übergab alle Einrichtungen an die Interflug, die fortan als nationale Fluggesellschaft fungierte. Das SED-Zentralorgan »Neues Deutschland« tröstete sich mit dem Hinweis, der Name Lufthansa sei ohnehin nicht mehr attraktiv und stellte fest: »Mit der Wahrnehmung der gesamten Luftverkehrsaufgaben der DDR durch die Interflug wird auch eine äußerliche Unterscheidung gegenüber der westdeutschen Lufthansa AG zum Ausdruck gebracht, die in immer stärkerem Maße in die revanchistische und expansionistische Politik des Bonner Staates einbezogen wird.«

Die Interflug operierte nunmehr mit 30 IL-14, von denen mehrere in der DDR in Lizenz gebaut worden waren, mit drei IL-18 und sechs An-2. 1966 wurden die ersten Turboprop-Flugzeuge An-24 vor allem für die Inlandsdienste beschafft und ab 1969 die ersten Strahlflugzeuge Tu-134 und IL-62 eingesetzt. Bereits im Mai 1964 hatte die Interflug ihre erste Linie außerhalb des Ostblocks nach Nikosia eröffnet, und parallel zum Ausbau des Streckennetzes nach Osteuropa beflog man nach und nach auch Linien nach Westeuropa, Nahost und Afrika. Im Jahre 1975 veranstaltete die Interflug wöchentlich 125 Starts in Schönefeld, und ihr 86 000 Kilometer langes Streckennetz umfaßte 41 Städte in 27 Ländern auf vier Kontinenten.

Die Westflüge, meist im Pool mit westeuropäischen Airlines abgewickelt, offenbarten bald, in welcher Weise die Interflug die Flugpreise manipulierte, um Passagiere aus West-Berlin abzuwerben und die eigenen Maschinen auch gegenüber den Poolpartnern besser zu füllen.

Seit 1972 hatte die Interflug auch erstmals Messesonderflüge in die Bundesrepublik veranstaltet, die indessen nicht in den Flugplänen vermerkt waren, doch in zunehmendem Maße flogen auch Maschinen westeuropäischer Fluggesellschaften zu den Leipziger Messen. Als 1977 die Interflug selbst Messeflüge ins westeuropäische Ausland veranstalten wollte, wurde ihr aus Bonn bedeutet, Überflüge kämen nur infrage, wenn die DDR der Lufthansa den Überflug nach West-Berlin gestatte. Stillschweigend erhielt sie jedoch die Erlaubnis, bei ihren Messeflügen Bundesgebiet zu überqueren, da diese Flüge in Bonn als Sonderflüge deklariert wurden.

1980 versuchte die Interflug eine Ausweitung ihrer Westaktivitäten und bediente sich dabei zahlreicher West-Berliner Reiseagenten. Jedoch erlitt sie im Herbst 1982 einen Millionenverlust, als ihr Hauptagent in West-Berlin, das Reisebüro Marcks, in Schwierigkeiten geriet und im Februar 1983 Konkurs anmeldete. Die Interflug feuerte das verantwortliche Personal und verbannte den Chef dieser Truppe, Wegener, sinnigerweise auf einen Posten in Moskau.

Im innerdeutschen Verhältnis, ausgenommen West-Berlin, bahnte sich 1984 eine Entspannung an, nachdem Ruhnau und Henkes erste Kontakte geknüpft hatten. Die Kontakte zwischen beiden deutschen Airlines wurden in den folgenden Jahren verstärkt fortgesetzt, doch alle Verhandlungen über ein deutsch-deutsches Luftverkehrsabkommen scheiterten, da niemand so recht wußte, wie Berlin in ein solches Abkommen einbezogen werden könnte, ohne die Lebensfähigkeit des freien Flugverkehrs zu gefährden.

Als im Januar 1988 der DDR-Staatsratsvorsitzende Honecker einen Staatsbesuch in Paris absolvierte, begleiteten ihn auch Interflug-Experten, die einen Abstecher zur europäischen Airbus Industrie unternahmen. Das bestätigte offiziell, was in Berlin bereits seit Dezember 1987 bekannt war, nämlich die Kaufabsichten der Interflug für den Airbus A310, und als der Cocom die Lieferung dreier Maschinen genehmigt hatte, wurde am 24. Juni 1988 der Vertrag zur Lieferung ab 1989 unterzeichnet. Die

Sechs russische Transporthelikopter Mil Mi-8T dienten bei der Interflug als Kranhubschrauber, vor allem bei der Streckenelektrifizierung der Deutschen Reichsbahn. Einige fliegen heute noch beim Nachfolgeunternehmen Berliner Spezial Flug.
Foto: *Sammlung Gründer*

Interflug beauftragte die Lufthansa mit der Wartung der Flugzeuge, die allerdings von einem Bankenkonsortium gekauft und an die Interflug nur verliehen worden waren. Am Zustandekommen dieses Geschäfts war der bayerische Ministerpräsident Strauß maßgeblich beteiligt.

Als am 26. Juni 1989 der erste Airbus in Schönefeld eintraf, beklagte Klaus Henkes, daß es der Interflug noch immer nicht möglich sei, auf Linienflügen bundesdeutsches Gebiet zu überfliegen, denn man habe beim Kauf der Flugzeuge eigentlich vorausgesetzt, daß diese Erlaubnis nun erteilt werde. Die A310-304 waren Spezialversionen für Langstrekken, die unter anderem nonstop nach Kuba fliegen konnten, so daß man Zwischenlandungen in Shannon oder Gander vermied, was von DDR-Bürgern auch immer wieder zur Flucht genutzt worden war. Der Hauptgrund jedoch war die Einsparung der Lande- sowie der Kraftstoffgebühren, die ja in Devisen zu entrichten waren. Erst nach der Wende wurde bekannt, daß Klaus Henkes gegenüber der SED-Spitze einen erheblichen Widerstand hatte überwinden müssen, um den Erwerb der Flugzeuge aus dem »nichtsozialistischen Wirtschaftsgebiet« durchzusetzen.

Fünf Monate später begann mit dem Fall der Mauer das Ende der DDR, aber auch das der Interflug, wovor diese zunächst von der Lufthansa kräftig umarmt wurde. Ruhnau und Henkes schlossen am 19. Januar 1990 eine Vertragsgemeinschaft, und am 26. Februar teilte die Lufthansa mit, daß sie mit der Interflug über eine Minderheitsbeteiligung verhandele; zudem wolle sie die Interflug bei der Flottenmodernisierung beraten. Die einzigen modernen und rentablen Interflug-Maschinen waren die drei Airbusse, während die übrigen Flugzeuge sowjetischer Bauart unwirtschaftlich flogen und zudem nicht die Lärmnormen der ICAO erfüllten: 28 Tu-134 (zwischen sieben und 17 Jahre alt), 17 IL-62 mit einem Alter zwischen drei und 20 Jahren sowie 13 IL-18 mit dem stattlichen Alter zwischen 26 und 30 Jahren.

Am 3. Mai 1990 kamen die Verkehrsminister der DDR und der Bundesrepublik, Gibtner und Zimmermann, überein, daß der »volkseigene Betrieb« Interflug entflochten werden müsse, daß künftig der Staat 51 Prozent, die Lufthansa 26 Prozent und »andere« 23 Prozent der

Anteile halten sollten. Die Lufthansa erklärte sich zur Unterstützung der Interflug bereit, um vor allem Arbeitsplätze zu sichern und meldete am 10. Mai 1990 den geplanten Erwerb an der Interflug beim Bundeskartellamt an.

Die Interflug selbst sah sich angesichts der bevorstehenden Währungsunion und dem darauffolgenden Zusammenbruch der Nachfrage nach Osteuropa-Flügen großen Problemen gegenüber, denn niemand wußte so recht, wie der Übergang zu einem marktwirtschaftlich funktionierenden Betrieb vonstatten gehen sollte. Zum 2. Juli 1990 wurde daher zunächst der Flugplan drastisch zusammengestrichen und der größte Teil der Osteuropa-Flüge abgesagt. Am 30. Juni 1990 hatte das Bundeskartellamt erklärt, es werde die Lufthansa-Beteiligung an der Interflug untersagen, weil die Lufthansa sonst marktbeherrschend würde. Es betonte ferner auch die Ablehnung des Planes, daß die Berliner Lufthansa Airport Services (BLAS) in Schönefeld tätig werde und 800 Mitarbeiter der Interflug-Abfertigung übernehmen könne. Unter dem Interflug-Personal wuchs die Unruhe, zumal dem Unternehmen nunmehr die Zahlungsunfähigkeit drohte.

Am 31. Juli 1990 erklärte sich die Lufthansa gegenüber der Treuhandanstalt bereit, nunmehr alle Anteile an der Interflug zu erwerben, in Schönefeld eine Wartungsstation zu errichten und einen rentablen Streckenplan zu erarbeiten, doch die Treuhand verhandelte indessen mit anderen Fluggesellschaften, darunter der PanAm, der British Airways und der Japan Airlines über eine mögliche Beteiligung. Indessen war mit der Rückgabe der vollen Souveränität eine neue Rechtslage entstanden, indem die Interflug nunmehr, ebenso wie die

Rechte Seite von oben nach unten:
Mit vier Iljuschin IL-18 wurde nach der Wende aus der Interflug die Regionalfluggesellschaft Berline ausgegliedert. Zwei Maschinen erhielten im Herstellerwerk unter anderem eine große Ladeluke für Transportflüge, doch konnte das Unternehmen in der Nachwendezeit nicht bestehen und mußte Konkurs anmelden; die Maschinen wurden verkauft. *Foto: Gründer*

Nach der Wende verfügte die Interflug noch über neun Iljuschin IL-62M, die einst den Kern ihrer Langstreckenflotte gebildet hatten. Die abgebildete Maschine (ex DDR-SEV) jedoch flog zwar in den Interflug-Farben, war aber eine von drei Maschinen der ehemaligen Regierungsfliegerstaffel der NVA, die noch eine ganze Weile im Beamten-Shuttle der Bundeswehr-Flugbereitschaft eingesetzt waren, bevor auch sie verkauft wurden. *Foto: Gründer*

Inzwischen haben sich in Schönefeld die großen deutschen Ferienfluggesellschaften etabliert. Das Bild zeigt eine Boeing 757-200 der Condor nach der Landung. *Foto: Gründer*

Lufthansa, Eigentum des Bundes war, und so zog die Lufthansa am 15. Oktober 1990 ihren Antrag auf Zusammenschluß zurück. Gleichzeitig unterbreitete sie dem Bundesverkehrsministerium den Vorschlag, »im Auftrag des Eigentümers« (des Bundes) den Geschäftsbetrieb der Interflug zu übernehmen. Sie stellt das Spitzenmanagement und definiert die Sanierung mit dem Eigentümer, wonach die Interflug bewertet und eine Übernahme geprüft werde. Der Bund überträgt schließlich sein Eigentum an der Interflug an die Lufthansa im Austausch gegen LH-Aktien.

Am 19. Oktober 1990 erklärte die Interflug-Geschäftsleitung jedoch, sie könne mit den drei Airbussen und acht neuen Boeing 737 einen eigenständigen Betrieb aufrechterhalten und die Arbeitsplätze von 1 200 Mitarbeitern si-

Berline
IL 18
D-AOAS

IL-62M

Condor

Beförderungsleistungen der Interflug

Jahr	Passagiere	Jahr	Passagiere
1956	12 553	1970	850 000
1957	81 514	1972	925 000
1958	194 669	1973	911 000
1959	223 295	1975	1 140 000
1960	292 377	1976	1 120 000
1961	244 469	1978	1 200 000
1962	310 279	1980	1 200 000
1963	377 303	1983	1 350 000
1965	440 366	1984	1 500 000
1967	680 840	1989	1 616 400

chern; bei der Integration in die Lufthansa gingen mehr Arbeitsplätze verloren. Allerdings müßten nur die richtigen Kooperationspartner gefunden werden. Am 21. Dezember 1991 teilte sie lapidar mit, sie lege keinen Wert mehr auf die Mitarbeit der Lufthansa im technischen Bereich.

Die Lufthansa wiederholte ihre Bereitschaft zur Übernahme, doch die Treuhandanstalt zeigte sich nicht in der Lage, eine DM-Eröffnungsbilanz der Interflug vorzulegen. Da sie auch keine anderen Partner fand und die Golfkrise ein Übriges tat, mußte die Interflug am 30. April den Betrieb einstellen. Der letzte Flug fand von Wien nach Schönefeld statt, der ersten Weststrecke der Fluggesellschaft. Das Projekt Intercondor war bereits im Oktober 1990 stillschweigend begraben worden, und die Interhansa ging im Juni 1991 in der Lufthansa-Tochter LSG auf. Die Lufthansa-Überholungswerft in Schönefeld wurde aber zunächst verwirklicht, wo 420 Interflug-Mitarbeiter Arbeit fanden, und schließlich konnte die BLAS doch noch in Schönefeld tätig werden, wo sie weitere 400 Interflug-Mitarbeiter einstellte. Eine gewisse Zahl ehemaliger Piloten fliegt heute bei der Condor und der Germania sowie bei Regional- und Taxiflugunternehmen.

Der ehemalige Interflug-Betrieb Fernerkundung, Industrie- und Forschungsflug wurde am 1. August 1991 privatisiert und ist heute unter anderem im Regionalverkehr engagiert. 102 Mitarbeiter der ehemaligen IL-18-Staffel gründeten die Fluggesellschaft Berline, die mit vier Maschinen am 2. November 1991 den Betrieb aufnahm, jedoch nach andauernden wirtschaftlichen Schwierigkeiten am 28. Oktober 1994 endgültig Konkurs anmelden mußte. Aus dem Interflug-Betrieb Agrarflug wurde das Unternehmen Flugservice Berlin, und die drei Airbusse gingen in den Besitz der Flugbereitschaft des Bundesverteidigungsministeriums über.

Devisenbringer zum »Schwindelkurs«

Eine Betrachtung des DDR-Zivilluftfahrt wäre ohne eine Untersuchung ihrer Flugpreispolitik unvollständig, denn nach dem Willen der DDR-Führung sollte die Airline als Devisenbringer fungieren. Das kann keinesfalls die teilweise hervorragenden Leistungen der Interflug-Mitarbeiter schmälern, die unter erschwerten Bedingungen einen sicheren Flugverkehr aufgebaut und betrieben haben.

Die Interflug-Tarife wurden in der DDR-Öffentlichkeit nicht diskutiert, und das hatte seine triftigen Gründe. Erst im Dezember 1990 gab der letzte Interflug-Generaldirektor Kramer in einem Beitrag der Betriebszeitung »start« zu, was im Westen allgemein, in der DDR aber gar nicht bekannt war: Die DDR-Regierung tauschte die harte DM, die sie von westdeutschen und West-Berliner Passa-

Die Abwanderungsbewegung nach Schönefeld

Die aggressive Preispolitik der Interflug und anderer Ostblock-Fluggesellschaften führte, beginnend mit dem Jahr 1980, zu einer verstärkten Abwanderung von Fluggästen nach Schönefeld. Exakte Zahlen liegen nicht vor, denn es konnte lediglich die Zahl der Passagiere registriert werden, die aus West-Berlin kommend den Grenzübergang Waltersdorfer Chaussee benutzten. Bei ihnen handelte es sich um West-Berliner, Westdeutsche, aber auch um Ausländer, in erster Linie um türkische Gastarbeiter, die den billigeren Flug über Schönefeld nutzten. Zusätzlich flogen über diesen Flughafen aber auch ganze Reisegruppen aus Westdeutschland, die mit Bussen unter Umgehung von West-Berlin nach Schönefeld fuhren und deren Zahl daher nicht erfaßt werden konnte.

Über den Grenzübergang Waltersdorfer Chaussee fuhren:

Jahr	Personen	Zuwachs in %
1981	327 514	+22,1
1982	366 923	+10,0
1983	353 526	-3,6
1984	365 897	+3,5
1985	399 266	+9,1
1986	417 819	+5,0
1987	447 661	+7,1
1988	496 106	+10,8

Für das Jahr 1989 wurden keine vollständigen Zahlen mehr ermittelt, nachdem am 9. November die Mauer gefallen war.

gieren verlangte, zum Kurs von 1:4,4 um, was sie selbst allerdings immer als »Schwindelkurs« gebrandmarkt hatte. Schlechterdings konnte man ja nicht zugeben, daß die DDR-Behörden ihre eigenen Bestimmungen außer Kraft setzten, zumal sogar die Bundesregierung den Zwangsumtausch von 1:1 für alle Westbesucher akzeptierte. Die Interflug dagegen konnte sehr zufrieden sein, denn da sie die meisten ihrer Kosten in Ostmark bestritt, war natürlich ihr Betriebsergebnis beträchtlich, und so konnte sie auch den Vorwurf zurückweisen, sie arbeite mit Dumpingpreisen. Tatsächlich aber betrieb die DDR-Regierung bezüglich der Flugpreise in West-Berlin eine Dumpingpolitik, durch die sie nicht nur wertvolle Devisen einnahm, sondern auch den freien Flugverkehr der Stadt nachhaltig schädigte.

Die nicht in den Flugplänen veröffentlichten offiziellen Interflug-Tarife galten nur für DDR-Bürger, und alle West-Ausländer, einschließlich der Bundesbürger und der West-Berliner, hatten ihre Tikkets in DM zu bezahlen. Soweit es sich um reine Ostblock-Flüge handelte, lag der Flugpreis für DDR-Bürger unter dem für Ausländer, denn auch Flugtickets wurden, wie die meisten DDR-Waren oder Dienstleistungen, vom Staat subventioniert. Ende der sechziger Jahre kostete zum Beispiel ein Hin- und Rückflug von Schönefeld nach Budapest 178 Ostmark, für Ausländer dagegen 320 DM, nach Warschau waren es 128 beziehungsweise 320 Mark. Für Flüge außerhalb des Ostblocks, die DDR-Bürgern weitestgehend verschlossen waren, sah das Ganze umgekehrt aus: Ein Hin- und Rückflug nach Nikosia kostete 1 350 DDR-Mark, aber nur 580 DM, für die Interflug immer noch ein hervorragender Preis, denn sie erhielt von der Regierung den Gegenwert von 2 552 DDR-Mark gutgeschrieben.

Als Anfang der siebziger Jahre der Westverkehr nach Schönefeld begann, und westeuropäische Airlines den Betrieb in die DDR im Pool mit der Interflug aufnahmen, hätte die Interflug die offiziellen IATA-Tarife anwenden müssen, doch arbeitete sie mit niedrigeren als den vorgeschriebenen Preisen. Meist wurden diese Billig-Tickets mit dem Hinweis verkauft, es handele sich um »verbilligte Gruppenpreise«, obwohl Testkäufe westlicher Fluggesellschaften ergaben, daß auch Einzelreisende als »Gruppe« fungierten. Die westlichen Airlines standen diesem Treiben machtlos gegenüber, denn da sie mit der Interflug im Pool flogen, erhielten sie bei der Abrechnung den internationalen Tarif ausbezahlt, für die DDR-Seite blieb jedoch nach dem Umtausch zum Schwindelkurs immer noch genügend übrig.

Nachdem die Interflug mit dem Aufbau der Südeuropa-Dienste begonnen hatte, wurde der Preiskampf besonders deutlich. Über das West-Berliner Verkaufsnetz wurden nun vor allem im Griechenland-Verkehr Kampftarife eingeführt, wobei man Linien- und Charterflüge bunt mischte. Ein Teil der Flüge waren echte Charter-, ein anderer aber Linienflüge, auf denen die Veranstalter zwar Charterpreise bezahlten, nicht aber das Risiko trugen, ein ganzes Flugzeug chartern zu müssen, was sie natürlich mehr als nützlich fanden. Die anderen West-Berliner Reiseunternehmen, die bei den alliierten Fluggesellschaften jeweils ganze Flugketten chartern mußten, wurden in die Enge getrieben. Im Sommer 1981 wurde beispielsweise in West-Berlin ein Hin- und Rückflug von Schönefeld nach Athen für 289 DM verschleudert, dagegen hätte ein DDR-Bürger, wenn er denn hätte fliegen dürfen, 1 636 DDR-Mark bezahlen müssen.

Die Ostmark wurde zur »starken Währung«

Mitte der achtziger Jahre wurde bekannt, daß die DDR bei der Verrechnung ihrer Flugpreise auf allen Strecken außerhalb des Ostblocks die DDR-Mark als sogenannte starke Währung einstufte und sie als stärker als die DM bezeichnete. Überraschenderweise wurde diese Preismanipulation weltweit anerkannt.

Um diese Praktiken zu verstehen, ist zunächst ein kurzer Ausflug in die Flugpreispolitik des Jahres 1985 nötig: Nach dem Zweiten Weltkrieg wurden alle Flugpreise im grenzüberschreitenden Verkehr außerhalb des Ostblocks vom Internationalen Lufttransport-Verband IATA auf Dollarbasis erarbeitet und für verbindlich erklärt, jedoch brachten dessen starke Kursschwankungen die Tarife mehr und mehr ins Wanken. Die Abrechnung der Flugscheine über die IATA-Clearingstelle wurde immer komplizierter, und so entschloß man sich 1973, eine neue Berechnungsbasis zu schaffen. Es entstand der sogenannte »Tarifdollar« der in der Fachsprache als Fair Construction Unit (FCU) bezeichnet wird, und seitdem wurden die von der IATA vereinbarten Flugtarife nur noch in FCU ausgewiesen. Jedes Land setzte den Umrechnungskurs der eigenen Währung zum FCU selbst fest, und in der Bundesrepublik betrug er seit 1973 3,25 DM. Zur Anpassung der Flugtarife an den tatsächlichen Wert einer Währung vereinbarte man ferner Zu- oder Abschläge, die wiederum von den einzelnen Regierungen festgelegt wurden, das heißt, Länder mit schwacher Währung berechneten Zuschläge, Länder mit starker Währung entsprechende Abschläge. Die Abschläge der Bundesrepublik schwankten im Europa-Verkehr zwischen 15 und 33 Prozent, die Zuschläge der Franzosen 40 Prozent und die der Italiener bis zu 139 Prozent.

Die DDR indessen ernannte ihre Mark

aus nicht nachvollziehbaren Gründen zur starken Währung und berechnete bei ihren West-Flügen Abschläge, die teilweise höher lagen als jene für die DM. Zudem hatte die DDR den Umrechnungskurs zum FCU mit 3,20 Ostmark festgelegt, was geradezu ein währungspolitischer Scherz war, der indessen weltweit ernst genommen wurde. Diese eigenwillige Einstufung führte zu kuriosen Ergebnissen, denn für dieselbe Flugstrecke von Berlin ins westliche Ausland war der Ost- häufig niedriger als der West-Tarif. Ersteren hätten alle DDR-Bürger zahlen müssen, den gleichen aber auch Ausländer in DM, wenn sie ihr Ticket auf DDR-Gebiet gekauft hätten, denn hier galt wiederum der 1:1-Umtauschkurs. Jedoch waren bei der Interflug ausgeschriebene und tatsächlich zu zahlende Tarife zwei verschiedene Seiten einer Medaille. Für die Strecke Berlin-Athen, gleichgültig, ob in Tegel oder Schönefeld gestartet wurde, wies das internationale Tarifhandbuch 1985 einen Hin- und Rückflugpreis von 932,40 FCU aus. Wenn ein Passagier das Ticket in Tegel buchte, stellten die Airlines folgende Berechnung an: 932,40 FCU erhielten den festgelegten Abschlag von 34 Prozent, und der restliche Betrag wurde mit 3,25 (dem Umrechnungskurs zum FCU) multipliziert, wonach der Preis 2 001 DM betrug. Bei der Interflug erhielten die 932,40 FCU den Abschlag von 40 Prozent, der Rest wurde mit 3,20 multipliziert, was einen Preis von 1 792 Ostmark ergab, doch in der Praxis wurde ein solcher Flugschein in West-Berlin für nur 410 DM verkauft.

Die Beispiele ließen sich beliebig fortsetzen. Interflug-Generaldirektior Henkes hatte in seinem ersten West-Interview auf die Frage, ob sein Unternehmen Dumping betreibe, geantwortet: »Dumping ist laut Knaurs Lexikon, letzte Ausgabe, der Export einer Ware unter ihrem Inlandspreis, um einen ausländischen Markt zu erobern ... Und der Verkauf von Flugscheinen unter dem Inlandspreis, also praktisch unter den Selbstkosten, ist mir als Volkseigener Betrieb, der einen wirklich nicht geringen Nettogewinn zu erwirtschaften und an den Staatshaushalt abzuführen hat, erst recht nicht möglich.« Kannte Henkes seine eigenen Tarife nicht?

Nach der Währungsunion zwischen der Bundesrepublik und der DDR im Sommer 1990 räumte Henkes' Nachfolger, Andreas Kramer, denn auch freimütig ein, daß die Interflug unter der Herrschaft der DDR-Regierung wegen des Umtauschkurses der eingenommenen Devisen »eine Effektivität aufgewiesen hat, die eigentlich gar nicht vorhanden war«. Die durch den Umtausch überhöhten Einnahmen »ermöglichten die Deckung von Kosten, die dem marktüblichen Niveau nicht entsprachen«. Kramer führte weiter aus, daß die Interflug-Flotte wegen des hohen Treibstoffverbrauchs und der großen Störanfälligkeit nicht mehr kostendeckend eingesetzt werden könne, daß die Interflug zudem ihre bisherige Monopolstellung verloren habe. »Bisher konnten Luftverkehrsleistungen in der DDR nur bei der Interflug oder ihren Generalagenten gekauft werden. Wir konnten bestimmen, wer mit welcher Route zu fliegen hat.« Doch in dem Augenblick, als sich die Interflug, dieser Privilegien beraubt, dem freien Wettbewerb stellen mußte, brach sie zusammen.

Abschied der Alliierten

1990: Deutschland wieder souverän

Am 19. Januar 1990 verkündeten der Vorstandsvorsitzende der Lufthansa, Heinz Ruhnau, und der Generaldirektor der Interflug, Klaus Henkes, den Ausbau des deutsch-deutschen Linienverkehrs, die enge Zusammenarbeit im Luftfrachtgeschäft, die Gründung einer gemeinsamen Charterfluggesellschaft Intercondor, die Bildung einer Cateringgesellschaft und den Bau eines Hotels in Schönefeld, die Nutzung von Trainingseinrichtungen der Lufthansa durch Interflug-Piloten und die Zusammenarbeit bei der Flugzeugwartung. Zugleich beschlossen beide Airlines die Planung für einen neuen Großflughafen »Berlin-International«. Dieser Beschluß nährte den Verdacht, die Lufthansa wollte über die Interflug, der damals auch die Flughäfen der DDR unterstanden, Einfluß auf die Flughafengestaltung und -verwaltung nehmen.

Während Henkes erklärte, die gemeinsamen Pläne mit der Lufthansa tangierten nicht die originären Rechte der Alliierten im Berlin-Luftverkehr, wurde Ruhnau deutlicher und sagte, die Zeit sei vorüber, in der »die Deutschen am Katzentisch sitzen«. Ein Denkprozeß sei auch bei den Alliierten im Gange. Diese jedoch beobachteten die Aktivitäten der Lufthansa und vor allem Ruhnaus mit zunehmendem Mißtrauen. Noch waren sie für die Sicherung des Berlin-Luftverkehrs verantwortlich, und es konnte schließlich weder in ihrem Interesse noch in dem der Berliner liegen, daß Verkehr gefährdet wurde.

Der Denkprozeß hatte indessen längst begonnen. Als die Sowjetunion im August 1989 ihr Interesse signalisiert hatte, nun doch mit den westlichen Alliierten über deren Berlin-Initiative zu sprechen, arbeiteten diese an einer Neukonstruktion des Berlin-Flugverkehrs, die im Mai 1990 den Sowjets übergeben wurde.

Zunächst aber wurde der Lufthansa bereits am 31. Januar 1990 gestattet, einen Sonderflug mit einer bayerischen Regierungsdelegation von München nach Dresden durch die NATO-Sicherheitslinie im Grenzgebiet, die sogenannte ADIZ (Air Defence Indentification Zone) zu veranstalten. Auch eine Regierungsdelegation des DDR-Ministerpräsidenten Modrow konnte diese Zone in Richtung Bonn durchfliegen. Während die Alliierten in Bonn über eine generelle Freigabe der ADIZ diskutierten, richtete die DDR eine neue Luftstraße von Leipzig in südlicher Richtung bis nach Blankenstein an der Saale ein. Überraschenderweise aber war es nun die DDR, die sich zwar bereiterklärte, daß diese

Anfang März 1990 erlaubten die westlichen Alliierten allen Fluggesellschaften das Überfliegen der NATO-Sicherheitszone an der innerdeutschen Grenze, nachdem die DDR eine neue Luftstraße von Leipzig nach Blankenstein eingerichtet hatte. Alle Flugzeuge aus Westdeutschland konnten nun von Frankfurt die UA 19 in Richtung Eger benutzen und südlich Blankensteins die Grenze in Richtung Leipzig überfliegen. Bis dahin hatten sie einen Umweg über Eger und Prag machen müssen, bevor sie mit Nordkurs in die DDR und nördlich von Dresden nach Leipzig fliegen konnten. *Karte: Der Tagesspiegel*

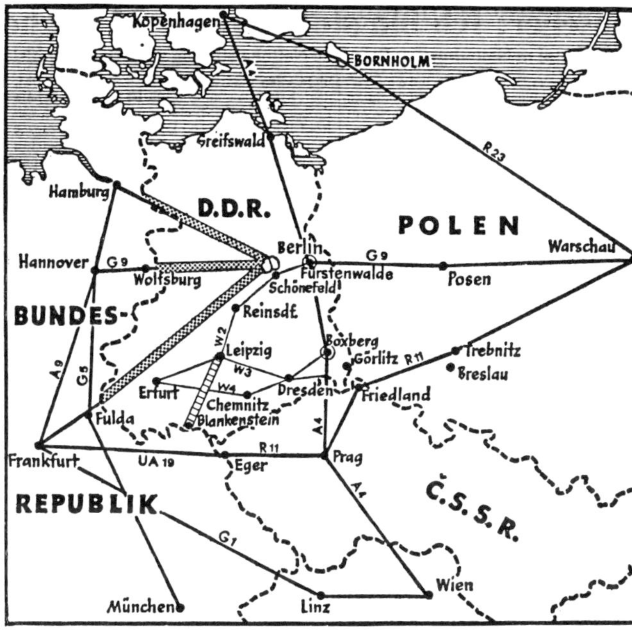

Luftstraße durch die ADIZ-Zone in die Bundesrepublik verlängert wird, zugleich aber deutlich machte, sie sei an einer generellen Aufrechterhaltung dieser Zone aus »militärpolitischen und kontrolltechnischen Gründen« interessiert.

Am 10. März 1990 gaben die westlichen Alliierten den Durchflug durch die ADIZ frei und erlaubten eine Verlängerung der neuen DDR-Luftstraße in Richtung Bundesrepublik. Der gesamte Flugverkehr von Lufthansa und Interflug zwischen Leipzig und Dresden auf DDR-Seite und den westdeutschen Häfen konnte nunmehr über diese Trasse abgewickelt werden.

Die westalliierte Zwischenlösung

Am 10. Mai 1990 überreichten die Westmächte den Sowjets einen Katalog von Vorschlägen: Vertreter der westlichen Alliierten sollten mit Beauftragten der Sowjetunion und der beiden deutschen Staaten zusammenarbeiten und gemeinsam den Berlin-Flugverkehr koordinieren, die Luftkorridore sollten für Flugzeuge aller Airlines geöffnet werden und die Höhenbegrenzung nun auch offiziell entfallen, die Flugsicherung in Schönefeld und die in West-Berlin sollten ihre Arbeit koordinieren und die Zulassung weiterer Fluggesellschaften von dem deutsch-alliierten Gremium gemeinsam geregelt werden. Mit diesem Vorstoß gingen die Alliierten erstmals von ihrem bisherigen Standpunkt ab, daß der Sowjetunion und der DDR ein Mitspracherecht am Korridorverkehr nicht zustehe. Aufgrund der weitreichenden politischen Veränderungen glaubten sie nämlich diese Zugeständnisse machen zu können, nicht zuletzt aber auch deshalb, um selbst bis zur Rückgabe der Souveränität ein Höchstmaß an Kontrolle zur Sicherung des Flugverkehrs zu behalten. Moskau antwortete schnell. Am 25. Mai

1990 sagte der Leiter der außenpolitischen Abteilung der sowjetischen Botschaft in Ost-Berlin, Grinin, die Sowjetunion sei hinsichtlich des Flugverkehrs zu »sehr weitgehenden Änderungen bereit«. Zu einer Zwischenlösung kam es indessen nicht mehr, denn Deutsche wie Alliierte wurden von den Ereignissen überrollt: Am 16. Juli 1990 gab Gorbatschow in der Frage der gesamtdeutschen Bündnispolitik nach. Der Wiedervereinigung und der Rückgabe der vollen Souveränität an Deutschland stand nichts mehr im Wege!

Die Überleitung der Verantwortung

Am 26. Juli 1990 bildeten die vier Großmächte mit den beiden deutschen Staaten einen Zwei-plus-vier-Unterausschuß, der die Überleitung der Verantwortlichkeit im Berlin-Flugverkehr an die gesamtdeutsche Regierung vorbereiten sollte. Nachdem am 12. September 1990 in Moskau der Souveränitätsvertrag unterzeichnet worden war, wurden mit Wirkung vom 14. September 1990 die Flüge in den Luftkorridoren zunächst bis zu einer Höhe von 6 100 Metern freigegeben und ferner vereinbart, daß die alliierten Luftfahrtattachés zunächst noch die Winterflugpläne genehmigen werden, daß aber alle anderen Airlines, die Berlin neu ansteuern wollten, dies beim Bundesverkehrsministerium beantragen müßten. Am 21. September 1990 fand die letzte Sitzung des alliierten Luftfahrtkomitees statt, das in den letzten 40 Jahren den Berlin-Flugverkehr koordiniert hatte. Mit dem 3. Oktober 1990 ging alle Verantwortung an die deutsche Seite über.

Das Ende der innerdeutschen PanAm-Flüge

Für die acht alliierten Linienfluggesellschaften in Berlin hatte das Jahr 1990 noch ganz normal begonnen. Frühzeitig wurden bereits die Sommerflugpläne genehmigt, die täglich bis zu 143 Flugpaare vorsahen. An der Spitze stand British Airways mit täglich bis zu 45 Flugpaaren, gefolgt von der PanAm mit 38, der Euroberlin France mit 20, PanAm Express mit bis zu 19, Tempelhof Airways mit zehn, der Dan-Air mit fünf, der Air France mit vier und der TWA mit bis zu zwei Flugpaaren. Die Flughafen-Bilanz hatte bereits für Januar einen Zuwachs von 13 Prozent gegenüber dem Vergleichsmonat des Vorjahres verzeichnen können. Da die Zahl der Flugbewegungen kaum erhöht worden war, hatte sich demzufolge die Auslastung der Flugzeuge auf einen Durchschnitt von 65 Prozent verbessert. Am 15. Februar 1990 verkündete British Airways, daß sie an eine starke Ausweitung ihrer Berlin-Dienste denke und bei der britischen Zivilluftfahrtbehörde Linienflüge von Berlin nach Moskau, Mailand, Kopenhagen, Wien und Zürich beantragt habe.

Am 28. Februar 1990 schlug die Nachricht wie eine Bombe ein, daß die Lufthansa Übernahmeverhandlungen mit der PanAm geführt habe. Diese habe ihre innerdeutschen Dienste für 350 Millionen Dollar angeboten, weil sie sich wieder einmal in finanziellen Schwierigkeiten befand.

Am 21. März 1990 gab die kleine Berlin European UK ihre letzte Linie nach Kopenhagen auf und engagierte sich nur noch im Ferienflugverkehr. Am 28. April verkündete die Euroberlin France, daß sie ihre Berlin-Flotte um sieben auf

Zum Tag der deutschen Einheit am 3. Oktober 1990 landete eine DC-3 des deutschen Unternehmens Classic Wings als erstes deutsches Flugzeug nach dem 2. Weltkrieg auf dem Flughafen Tempelhof. *Foto: BFG*

Zeitweise setzte die Dan-Air auf ihren Berlin-Strecken auch das »Flüsterflugzeug« BAe 146 ein, das 70 Passagiere über Distanzen von 3 000 Kilometern befördern kann. Der Prototyp war am 3. September 1981 zum Erstflug gestartet, die Spannweite beträgt 26,3 Meter, die Länge 26,1 Meter, die Startmasse 33, 5 Tonnen und die Geschwindigkeit 800 km/h. *Foto: A. Kuhnt*

insgesamt zwölf Maschinen vergrößern werde. Bereits am 26. März hatte die Dan-Air eine Linie von Tegel nach London eröffnet, und am 16. Mai beantragte sie Verkehrsrechte nach Moskau, Bukarest, Budapest, Warschau, Prag, Madrid, Innsbruck, Manchester, Teeside und Newcastle. Die Rückgabe der Souveränität verurteilten sowohl die Pläne der Dan-Air als auch jene der British Airways zum Scheitern.

Am 3. September war das Ende der selbständigen innerdeutschen Flüge der PanAm gekommen, die in den 40 Jahren 67 Millionen Passagiere unfallfrei befördert hatte. Die Lufthansa kaufte die Dienste, die Slots und alle notwendigen Einrichtungen für 150 Millionen Dollar und verpflichtete sich, das PanAm-Personal mit Ausnahme der amerikanischen Cockpitbesatzungen zu übernehmen. Der Vertrag sah vor, daß die Lufthansa

Nach der vollen Inbetriebnahme des Flughafens Tempelhof im Winter 1990 wurde auch die große Abfertigungshalle wieder aktiviert und modern hergerichtet. *Foto: Gründer*

Am Mauerwerk des Flughafens Tempelhof ist diese Erinnerungstafel an die Gründung der Deutschen Lufthansa am 6. Januar 1926 angebracht. Die Lufthansa hat sich indessen längst aus Tempelhof zurückgezogen und auch ihren Hauptsitz nicht wieder nach Berlin verlegt. *Foto: Gründer*

beginnend mit dem Winterflugplan neun Boeing 727-200 mit ihren Cockpitbesatzungen leiht und diese auf den innerdeutschen Strecken unter LH-Flugnummern einsetzt. Schrittweise sollten die Maschinen dann durch moderne Lufthansa-Flugzeuge ersetzt werden. Das Leihverfahren sollte Mitte 1991 beendet werden, und die Operationen des Tochterunternehmens PanAm Express wurden von den Vereinbarungen nicht berührt. Sie führte ihre Operationen weiter selbständig durch. Von der Übernahme waren allein in Berlin 650 Mitarbeiter der PanAm sowie rund 200 Stewardessen betroffen. Geradezu ein Schicksalsschlag war die Übernahme jedoch für die 160 Piloten der PanAm, die mit ihren Familien zum größten Teil bereits Jahrzehnte in Berlin lebten. Sie alle mußten nach und nach Berlin verlassen, vergeblich baten sie die Lufthansa, auch übernommen zu werden.

British Airways begrüßte am 17. September 1990 ihren 40-millionsten Fluggast im Berlin-Verkehr und erklärte, sie wolle hier auch in Zukunft eine aktive Rolle spielen. Die Vereinbarungen mit der Bundesregierung machten ihr jedoch einen Strich durch die Rechnung. Die alliierten Airlines wurden nämlich verpflichtet, beginnend mit dem Sommerflugplan 1991 ihre innerdeutschen Dienste von Halbjahr zu Halbjahr um jeweils zehn Prozent zu vermindern. Das führte dazu, daß als erste die Tempelhof Airways, dann aber auch die Dan-Air, die TWA und PanAm Express ihre innerdeutschen Flüge einstellten.

Der Ansturm neuer Fluggesellschaften

Die sich abzeichnenden politischen Veränderungen um Berlin und in ganz Deutschland wurden von den ausländischen Fluggesellschaften mit steigendem Interesse beobachtet. Erstmals sahen sie nun die Möglichkeit, endlich selbst nach Berlin fliegen zu können, wobei nahezu alle Airlines in Tegel landen wollten. Den Reigen eröffnete ausgerechnet die sowjetische Aeroflot, die in Schönefeld einen dichten Flugplan unterhielt, und noch bei den alliierten Luftfahrtattachés Verkehrsrechte nach Tegel anmeldete. Im März 1990 verhandelte die Swissair zunächst mit der DDR-Regierung über einen Anflug Schönefelds, doch nachdem sich abzeichnete, daß Deutschland zu Beginn des Winterflugplans souverän sein würde, beantragte sie beim Bundesverkehrsministerium eine Landeerlaubnis in Tegel. Am 25. Mai folgte die österreichische AUA, die bereits seit 1972 Schönefeld anflog und nunmehr bei den Alliierten eine Landeerlaubnis für Tegel beantragte. Hier ist einzufügen, daß die noch bei den Attachés eingereichten Anträge schließlich dem Bundesverkehrsministerium zur formellen Genehmigung weitergeleitet wurden, wo man angesichts der schnellen Entwicklung entschied, alle Anträge »wie eingereicht« zu bestätigen.

Die Alitalia hatte zunächst am 2. Juni 1990 den Flugverkehr nach Schönefeld eröffnet, wechselte jedoch zum Winterflugplan nach Tegel. Anfang Juli beantragte die SAS, die zwischen 1972 und 1982 nach Schönefeld geflogen war, Verkehrsrechte nach Tegel. Die Iberia wandte sich zunächst an die DDR und erbat am 4. September 1990 Landerechte in Schönefeld. Als sie jedoch erfuhr, daß ohnehin alle Anträge an das Bundesverkehrsministerium zur Entscheidung gingen, wollte auch sie lieber nach Tegel fliegen.

Auf einem Sonderflug in die Sowjetunion landete am 5. August erstmals eine Lufthansa-Maschine in Schönefeld. Das erste Flugzeug einer deutschen Airline, das nach dem Kriege in Tempelhof landete, war indessen ein Oldtimer DC-3 der Classic Wings.

Mit dem Tag der deutschen Einheit wurden die Winterflugpläne der alten und der neuen Fluggesellschaften vom Bundesverkehrsministerium nun auch formell genehmigt. Beginnend mit dem 28. Oktober 1990 sah der Plan für Tegel und Tempelhof – dieser Flughafen war inzwischen in vollem Maße reaktiviert worden – täglich bis zu 400 Flüge vor, und zwar beteiligten sich an den Berlin-Flügen in Tegel neun Fluggesellschaften, in Tempelhof sieben neue Airlines. Während die alliierten Gesellschaften täglich bis zu 208 Flüge anboten, legte die Lufthansa allein täglich bis zu 102

Mit Beginn des Winterflugplans am 28. Oktober 1990 flog die Lufthansa wieder planmäßig von und nach Berlin, zusammen mit zahlreichen anderen in- und ausländischen Fluggesellschaften. Das Foto zeigt eine Boeing 737-300 vor dem Hauptgebäude in Tegel. *Foto: Lufthansa*

Der erste planmäßige Lufthansa-Flug nach Tegel mit Beginn des Winterflugplans 1990.
An Bord des Airbus befand sich die LH-Führungsspitze,
die in Berlin mit »großem Bahnhof« empfangen wurde.
Foto: vP

Flüge auf. Ein Teil davon wurde im Auftrag der Lufthansa von den PanAm-Maschinen, aber auch von Flugzeugen der Euroberlin France durchgeführt.

Heftige Turbulenzen in Tegel

Der 28. Oktober 1990, der Tag, an dem der Winterflugplan wirksam wurde, begann auf dem Flughafen Tegel mit heftigen Turbulenzen. 16 Jahre nach seiner Einweihung mußte der Flughafen erstmals den Ansturm der vielen neuen Fluggesellschaften und ihrer Passagiere verkraften, doch dafür war er nicht gerüstet, denn der Senat hatte bis zum Sommer 1990 alle Ausbaupläne blockiert. Die Zeche hatten die Passagiere, aber auch das Personal der Fluggesellschaften zu zahlen. Bis zuletzt hatte sich der Senat auch gegen die stärkere Inbetriebnahme von Tempelhof ausgesprochen, bis die Bundesregierung schließlich den Flughafen für den Regionalverkehr öffnete. Peinlich wurden auch wiederholte Äußerungen von Verkehrssenator Wagner empfunden, der mehrfach die Fluggesellschaften kritisierte, die es abgelehnt hatten, in Schönefeld zu landen. Mit der Rückgabe der vollen Souveränität und dem Ende der alliierten Verantwortung war die Flughafen-Politik des Senats in Trümmer gelegt worden.

Dennoch hatte der 28. Oktober 1990 bei strahlendem Sonnenschein ganz feierlich begonnen. Der erste Linienflug der Lufthansa wurde mit einem Festakt auf dem Flughafen-Vorfeld begangen. Den Eröffnungsflug hatte die A310-300 »Donaueschingen« ausgeführt, und an Bord befand sich der Vorstandsvorsitzende Heinz Ruhnau, der diesen 28. Ok-

Gleich zu Beginn ihres Engagements im Berlin-Verkehr setzte die Lufthansa den großen Airbus A300-600 auf den innerdeutschen Hauptstrecken ein. Die Weiterentwicklung des A300 flog erstmals am 8. Juli 1983, hat 285 Plätze und kann 865 km/h schnell über 6 800 Kilometer weit fliegen. Sie hat eine Spannweite von 44,8 Metern, eine Länge von 54,1 Metern und eine Startmasse von 165 Tonnen.
Foto: Lufthansa

Die Entwicklung des Berliner Luftverkehrs von 1948 bis 1993

Jahr	Flugz.-bewegungen		Passagiere		Fracht in kg		Post in kg	
	An – Ab	%	An – Ab	%	An – Ab	%	An – Ab	%
1948	1 098	-	21 556	-	3 030 989	-	193 728	-
1949	2 340	+113,1	41 253	+91,4	4 665 124	+53,9	385 196	+98,8
1950	3 943	+68,5	110 886	+168,8	2 731 181	-41,5	909 635	+136,1
1951	17 624	+347,0	320 176	+188,7	19 506 247	+614,2	1 760 069	+93,5
1952	25 982	+47,4	483 315	+51,5	31 243 700	+60,2	2 007 717	+14,1
1953	42 791	+64,7	833 718	+72,5	51 369 855	+64,4	2 197 051	+9,4
1954	29 840	-30,3	671 680	-19,4	39 353 818	-23,4	2 432 969	+10,7
1955	28 859	-3,3	834 349	+24,2	34 093 819	-13,4	2 452 400	+0,8
1956	30 492	+5,7	979 945	+17,5	26 526 240	-22,2	2 565 138	+4,6
1957	29 613	-2,9	1 002 510	+2,3	17 746 771	-33,1	2 766 788	+7,9
1958	30 163	+1,9	1 127 235	+12,4	8 141 062	-54,1	2 884 288	+4,2
1959	32 081	+6,8	1 264 809	+11,8	9 401 604	+16,8	3 227 517	+11,6
1960	36 354	+19,0	1 532 035	+21,1	10 390 568	+8,1	3 569 393	+11,4
1961	40 561	+11,6	1 593 887	+4,0	12 041 359	+15,9	4 686 852	+30,3
1962	42 068	+3,7	1 957 491	+22,8	10 959 407	-9,0	6 443 882	+37,5
1963	52 106	+23,9	2 395 640	+22,4	11 631 208	+6,1	6 804 242	+5,6
1964	63 755	+22,4	2 718 189	+13,5	12 197 640	+4,9	7 284 112	+7,1
1965	71 009	+11,4	3 158 914	+16,2	14 680 057	+20,4	7 800 641	+7,1
1966	71 475	+0,7	3 351 969	+6,1	17 709 681	+20,6	7 561 098	-3,1
1967	72 237	+1,1	3 554 192	+6,0	19 144 437	+8,1	8 272 799	+9,4
1968	72 903	+0,9	4 128 743	+16,2	20 816 845	+8,7	8 715 000	+5,3
1969	73 703	+1,1	4 921 804	+19,2	23 731 416	+14,0	9 465 150	+8,6
1970	78 417	+6,4	5 549 298	+12,7	27 193 761	+14,6	10 122 442	+6,9

tober als den wichtigsten Tag in der Nachkriegsgeschichte der Gesellschaft bezeichnete. Auf die etwas säuerlich klingenden Begrüßungsworte des Verkehrssenators Wagner, der zwar die Lufthansa lobte, aber wiederum verlangte, daß mehr Flugverkehr nach Schönefeld verlagert werden müsse, antwortete Staatssekretär Knittel vom Bundesverkehrsministerium, bis zur Inbetriebnahme eines neuen Großflughafens sei es die Pflicht der Regierung, in Tempelhof und Tegel die notwendige Kapazität vorzuhalten.

Noch bevor die Feier beendet war, trafen die ersten Hiobsbotschaften ein. Die PanAm-Piloten, frustriert, daß sie nicht auch von der Lufthansa übernommen wurden, aber auch andere Mitarbeiter der PanAm, die inzwischen von der LH eingestellt worden waren, begannen einen Bummelstreik: Die Flugzeuge blieben zu lange an den Fluggastbrücken, die vielen einschwebenden Flugzeuge der neuen Airlines aus dem In- und Ausland konnten nicht anlegen, ihre Passagiere mußten lange warten, bis sie mit den wenigen vorhandenen Bussen vom Vorfeld abgeholt werden konnten, die Abfertigungsräume waren überfüllt, auf dem Vorfeld fehlte es an Treppen und Zugstangen. Die Passagiere mußten stundenlang auf die Abfertigung und ihr Gepäck warten, es kam zu erheblichen Verspätungen. Aber es waren nicht nur die Streikaktionen, die das Chaos her-

Jahr	Flugz.-bewegungen An – Ab	%	Passagiere An – Ab	%	Fracht in kg An – Ab	%	Post in kg An – Ab	%
1971	89 625	+14,3	6 121 406	+10,3	26 187 231	-3,7	10 413 811	+2,9
1972	84 794	-5,4	5 521 803	-9,8	21 926 709	-16,3	11 107 920	+6,7
1973	76 753	-9,5	4 779 411	-13,4	19 724 314	-10,0	11 006 096	-0,9
1974	67 806	-11,6	4 267 302	-10,7	17 304 112	-12,3	10 712 948	-2,7
1975	55 464	-18,2	3 992 578	-6,4	13 528 675	-21,8	9 150 533	-14,6
1976	53 069	-4,3	3 985 064	-0,2	12 796 929	-5,4	8 650 750	-5,5
1977	53 892	+1,6	4 042 292	+1,4	11 572 763	-9,6	8 961 843	+3,6
1978	54 721	+1,5	4 029 360	-0,3	11 315 762	-2,2	9 323 395	+4,0
1979	57 866	+5,7	4 528 288	+12,4	11 703 328	+3,4	10 137 345	+8,7
1980	57 415	-0,8	4 491 101	-0,8	11 014 829	-5,9	10 912 604	+7,6
1981	53 706	-6,5	4 414 802	-1,7	10 616 000	+0,4	10 955 517	+0,3
1982	51 176	-4,7	4 068 927	-7,8	9 748 274	-8,2	10 418 620	-4,9
1983	50 706	-0,9	4 138 615	+1,7	8 696 641	-10,8	10 247 448	-1,6
1984	55 011	+8,5	4 293 440	+3,7	8 839 263	+1,6	11 051 865	+7,8
1985	57 230	+4,0	4 562 922	+6,3	10 952 700	+23,9	11 779 946	+6,6
1986	58 578	+2,4	4 600 637	+0,8	13 843 527	+26,4	13 599 327	+15,4
1987	67 338	+15,0	5 287 545	+14,7	14 154 426	+2,2	14 193 452	+4,4
1988	83 258	+23,6	5 603 366	+6,2	13 169 737	-7,0	14 972 134	+4,2
1989	98 878	+18,8	5 951 885	+6,2	14 119 210	+7,2	14 225 106	-3,8
1990	106 068	+7,3	6 719 684	+12,9	15 625 328	+10,7	14 551 177	+2,3
1991	179 994	-	7 980 837	-	20 133 633	-	16 556 455	-
1992	194 855	+8,3	9 024 322	+13,1	23 274 457	+15,6	21 890 935	+32,2
1993	207 353	+6,4	9 834 281	+9,0	22 557 836	-3,1	24 966 109	+14,1

(bis 1990 gelten die Angaben für die Flughäfen Tempelhof und Tegel, ab 1991 zusätzlich für Schönefeld)
Quelle: Berlin Brandenburg Flughafen Holding GmbH

beiführten, denn nun wurde deutlich, daß der Flughafen völlig überfordert war und nicht über genügend Abfertigungspositionen und Stellplätze verfügte. Auch wenn sich die Verhältnisse in den folgenden Tagen deutlich entspannten, so leidet der Flughafen noch heute an den Folgen der verfehlten Senatspolitik, und eine Besserung ist nicht in Sicht.

Mit dem 28. Oktober 1990 stiegen die Flugpreise im innerdeutschen Verkehr kräftig, denn nicht nur die Fluggast-Subvention war entfallen, auch wurde nun auf alle Inlandsflüge die Mehrwertsteuer erhoben. Aber auf Betreiben der Lufthansa führte man einen neuen, stark verbilligten Super-Flieg- und Spar-Tarif ein, denselben Tarif, der den alliierten Fluggesellschaften verwehrt worden war.

Noch im Laufe des Winterflugplans 1990/91 engagierten sich weitere Fluggesellschaften im Berlin-Verkehr. Soweit sie ihre Dienste zum Zentralflughafen Tempelhof führten, konnten sie ohne Probleme abgefertigt werden, denn zum Jahresende war die große Abfertigungshalle wieder in Betrieb genommen worden. Im selben Maße, in dem sich weitere Airlines am Berlin-Verkehr beteiligten, wurde die Aktivität der alliierten Fluggesellschaften reduziert beziehungsweise völlig eingestellt. In den

Ein herzlicher Empfang wurde dem ersten planmäßigen Flug einer Tu-154 der Aeroflot im Jahre 1990 in Tegel zuteil, wo sich Flughafendirektor Grosch mit der Besatzung den Fotografen stellte. Das Modell war im Oktober 1968 erstmals geflogen und kann 164 Passagiere 6 000 Kilometer weit befördern. Die Spannweite beträgt 37,5 Meter, die Länge 47,9 Meter, die Startmasse 86 Tonnen und die Geschwindigkeit 900 km/h.
Foto: vP

vier Jahrzehnten seit 1950 hatten sie 138 Millionen Passagiere unfallfrei von und nach Berlin befördert, eine Leistung, die in die Geschichte der zivilen Luftfahrt eingegangen ist.

Das Ende des alliierten Engagements

Nach der Rückgabe der vollen Souveränität an Deutschland wurde das Engagement der alliierten Fluggesellschaften abgebaut.

Die Air France, die am 5. Januar 1950 ihren Berlin-Verkehr eröffnet hatte, übertrug mit Beginn des Winterflugplans 1990 ihre innerdeutschen Dienste an die Euroberlin France und beschränkte sich auf die Nonstop-Route nach Paris. Am 27. Oktober 1991 wurden die Air-France-Auftragsflüge der Euroberlin nach Düsseldorf eingestellt.

British Airways, deren Vorgängerin BEA den Berlin-Verkehr am 1. September 1946 eröffnet und die hier mehr als 40 Millionen Passagiere befördert hatte, mußte vom Winter 1990 an ihr Angebot an innerdeutschen Berlin-Flügen von Flugplan zu Flugplan reduzieren. Am 24. Oktober 1992 fand der letzte Flug statt, und BA bedient seitdem nur noch die Linie nach London.

Die Dan-Air, die sich seit 1968 zunächst am Berliner Ferienflugverkehr beteiligt und später auch Linien bedient hatte, beendete im Laufe des Jahres 1991 ihre Liniendienste nach Amsterdam und Saarbrücken und stellte am 28. September 1991 auch den Ferienflugbetrieb in Tegel ein. Übrig blieb nur die Linie nach London, die am 2. November 1992 aufgegeben werden mußte, nachdem die Fluggesellschaft von der British Airways übernommen worden war.

Die Euroberlin France, von Air France und Lufthansa am 9. September 1988 gegründet, übernahm mit Beginn des Winterflugplans 1990 zusätzlich zu ihren eigenen Flügen solche im Auftrag der Air France und der Lufthansa unter deren Flugnummern und betätigte sich auch im Ferienflugverkehr. Am 31. März 1991 mußten alle eigenen Linienflüge aufgegeben werden, und es fanden nur noch Auftrags- und Charterflüge statt. Am 27. Oktober 1991 endeten die Auftragsflüge für die Air France, am 30. Oktober 1994 auch die für die Lufthansa, und alle Charterflüge wurden eingestellt. Die Euroberlin wurde aufgelöst.

Die PanAm, die am 25. September 1950 die American Overseas Airlines für 17 450 000 Dollar gekauft hatte, entwickelte sich schnell zur führenden Kraft im alliierten Berlin-Flugverkehr, wo sie allein 1971 3,5 Millionen Fluggäste beförderte. Zunehmende finanzielle Probleme führten zeitweise zu starken Belastungen des Personals, und am 3. September 1990 verkaufte das Unternehmen seine innerdeutschen Dienste an die Lufthansa mit der Maßgabe, daß neun Flugzeuge samt Besatzungen für Auftragsflüge eingesetzt würden. Am 30. April 1991 fand der letzte derartige Flug statt, und fortgeführt wurde nur noch der Nonstop-Dienst nach New York, der jedoch nach dem Verkauf der Transatlantik-Dienste an die Delta Airlines ebenfalls ein Ende fand. Kurze Zeit später brach die Fluggesellschaft zusammen.

Das Tochterunternehmen PanAm Express engagierte sich am 2. November 1987 auf Regionalstrecken im Berliner Flugverkehr, mußte jedoch im Winter 1990 die Dienste reduzieren und am 29. September 1991 ganz einstellen. Das Unternehmen beförderte im Berlin-Verkehr insgesamt 750 000 Passagiere.

Tempelhof Airways, Ende 1981 zunächst als Taxifluggesellschaft gegründet, eröffnete am 30. Oktober 1985 von Tempelhof aus Regionaldienste, stellte mit dem Winterflugplan 1990 alle eigenen Flüge ein und flog noch im Auftrag des RFG und der Sabena. Im Sommer 1991 ging die Airline in Konkurs.

Die TWA beteiligte sich vom 2. August 1987 an zunächst mit Flügen nach Brüssel und New York am Berliner Flugverkehr, und ließ ihnen vom 18. Juli 1988 an innerdeutsche Dienste folgen. Am 1. Dezember 1990 wurde der letzte dieser Flüge abgewickelt, die Brüssel–New York-Flüge wurden am 1. Juli 1994 aufgegeben.

Ohne größeres Aufsehen verschwanden so die alliierten Airlines, die über 40 Jahre Luftbrücken nach Berlin errichtet und unterhalten hatten, vom Himmel über der Stadt. Für viele ihrer Mitarbeiter, die wie alle Deutschen die politischen Veränderungen begrüßten, verlief der Abschied schmerzlich. Sorgen um den Arbeitsplatz und finanzielle Einbußen belasteten die Frauen und Männer, die zum Teil über Jahrzehnte hinweg ihren Beitrag zur Sicherung der wichtigsten Lebensader West-Berlins leisteten. Der schwierige Aufbau neuer Flugstrekken von und nach Berlin forderte vielfache Opfer, und viele der Fluggesellschaften, die seit Oktober 1990 die Berlin-Flüge übernommen haben, profitierten von den Aufbauleistungen der alliierten Airlines.

Anhang

Die alliierten Fluggesellschaften in Berlin

In den vier Jahrzehnten der alliierten Verantwortung für den Berlin-Flugverkehr beteiligten sich neben den drei »klassischen« Linienfluggesellschaften eine Reihe anderer Airlines an den Linien- und Charterflügen. Alle Unternehmen, die längere Zeit in Berlin tätig waren, werden nachfolgend in alphabetischer Reihenfolge vorgestellt:

Aeroamerica
Die 1958 in den USA gegründete Fluggesellschaft bot dort Linien- und Charterdienste an und flog vom März 1975 bis zum Herbst 1979 in Berlin im Auftrag mehrerer Reiseveranstalter. Sie verfügte über sechs Boeing 720 und eine 707, von denen drei 720 mit sieben Cockpitbesatzungen in Tegel stationiert wurden. Die Gesellschaft erwarb die Lizenzen der Modern Air, die im September 1974 ihren Betrieb hatte einstellen müssen und übernahm auch einen Teil des Personals dieser Airline. Am 27. April 1975 fand der erste Ferienflug im Auftrag des Berliner Flug Rings statt, doch auch andere Reiseveranstalter schlossen mit der Airline Verträge. 1978 geriet die Aeroamerica in finanzielle Schwierigkeiten, und da die Mittel für notwendige Triebwerksüberholungen fehlten, wurden eine Zeitlang die Triebwerke, deren Überholungszeit noch nicht abgelaufen war, unter den einzelnen Flugzeugen ausgetauscht. Aufgrund der daraus resultierenden Verspätungen kündigte der Flug Ring Ende 1978 den Vertrag, und weil auch andere Veranstalter nicht mehr mit der Aeroamerica fliegen wollten, mußte sie am 10. November 1979 den Betrieb einstellen. Gläubiger ließen die letzte noch in Berlin verbliebene Boeing 720 an die Kette legen, und acht Tage später wurde der Fluggesellschaft »wegen schwerwiegender Sicherheitsmängel und eines undurchsichtigen Finanzgebarens« von der amerikanischen Zivilluftfahrtbehörde CAB die Lizenz entzogen.

Air Berlin USA
Einzige alliierte Charterfluggesellschaft, die heute noch, nunmehr mit deutscher Kapitalmehrheit in Berlin tätig ist. Das Unternehmen wurde am 11. Juli 1978 als 100prozentige Tochter des amerikanischen Landwirtschaftskonzerns Lelco gegründet. Präsident war der Amerikaner Kim Lundgren, ein erfahrener Berlin-Pilot und Gründer der Taxifluggesellschaft Berlinair, als Generalmanager arbeitete der ehemalige Berliner Modern Air-Chef John McDonald. Der Aufbau der Airline, die zunächst zwei Boeing 707 von der TWA gekauft hatte, wurde durch die Schwierigkeiten der Aeroamerica beschleunigt, und es gelang, bereits für die Sommersaison 1979 den Berliner Flug Ring als Hauptkunden zu gewinnen. Im Frühjahr 1979 richtete man in aller Eile die Berliner Station ein und griff auf bewährtes Personal der Aeroamerica beziehungsweise der Modern Air zurück. Nachdem noch der frühere US-Administrator for Aeronautics in Berlin, Werttembaker, als Vizepräsident gewonnen werden konnte, verliefen die notwendigen Genehmigungsverfahren schneller, und am 29. April 1979 fand der erste Ferienflug statt.

1980/81 versuchte das Unternehmen eine Beteiligung am Linienverkehr, doch das Passagieraufkommen war zu gering und die veralteten Boeing 707 im Betrieb zu teuer, weshalb auch ein Versuch erfolglos bleiben mußte, in den innerdeutschen Linienverkehr einzudringen. Im Juni 1981 hatte die Airline Streckenrechte nach Frankfurt beantragt, wo sie auch ohne Fluggast-Subvention deutlich billiger als die PanAm fliegen wollte, doch der Antrag wurde abgelehnt, und die PanAm setzte zum Gegenangriff an, indem sie dem Berliner Flug Ring wiederum billigere Ferienflüge anbot. Daraufhin kündigte der Veranstalter seinen Fünf-Jahres-Vertrag mit der Air Berlin, die allerdings vor Gericht zog und in der ersten Instanz Recht erhielt. Nunmehr beteiligte der Flug Ring die Air Berlin wieder an seinem Flugprogramm.

Mit dem Ende der Linienaktivitäten schied John McDonald aus dem Unternehmen aus, die Boeing 707 wurden verkauft und der Flugbetrieb mit einer verbliebenen Boeing 737-200 fortgesetzt, die 1986 von einer 300er Version gefolgt wurde. 1989 stieß eine Boeing 737-400 hinzu, und inzwischen flog die Airline für nahezu alle Berliner Reiseveranstalter. 1991 bemühte sich das Unternehmen um eine deutsche Kapitalmehrheit, um unter den veränderten Bedingungen weiter von Berlin aus fliegen zu können, und zum 1. November 1991 wurde sie in die Air Berlin GmbH & Co. Luftverkehrs KG, Berlin umgewandelt.

Air France

Die Air France gehörte zu jenen drei alliierten Liniengesellschaften, die nach dem Krieg den Auftrag ihrer Regierungen erfüllten, die Vier-Mächte-Stadt anzufliegen. Bereits bis zu Kriegsbeginn war das 1933 gegründete Unternehmen nach Tempelhof geflogen und nahm am 5. Januar 1950 wieder den Verkehr auf der Strecke Paris-Frankfurt-Tempelhof auf. Noch im gleichen Jahre wurde das Netz erweitert und zunächst mit viermotorigen »Languedoc« bedient, die man aber noch im gleichen Jahr durch DC-4 ersetzte. Während die Airline 1950/51 das dichteste Flugnetz von Berlin aus unterhielt, wurden die Dienste in den folgenden Jahren eingeschränkt. Mit der Eröffnung des zivilen Teils des Flughafens Tegel zog die Air France dorthin um und flog zunächst mit der »Super-G-Constellation«, die jedoch nach und nach durch die »Caravelle« abgelöst wurde. Dadurch war die Air France die erste Fluggesellschaft, die im Berlin-Verkehr Strahlflugzeuge einsetzte. Der isolierte Verkehr in Tegel war jedoch recht erfolglos, so daß man von 1969 bis 1972 gemeinsam mit der British Airways einen Gemeinschaftsdienst einrichtete, und später flog die Gesellschaft nur noch auf zwei, dann auf drei Linien. 1988 setzte die Air France als erste den Airbus A320 ein, und als sich im Frühsommer 1988 ein Massenansturm amerikanischer Fluggesellschaften in Berlin andeutete, beantragte die Air France kurzerhand eine Million Sitze jährlich auf den Berlin-Strecken. Wie sich später herausstellte, war das der erste Schritt zur Gründung der Euroberlin France unter Beteiligung der Lufthansa, und mit der Rückgabe der Souveränität an Deutschland übertrug die Air France ihre Düsseldorf-Flüge diesem Unternehmen, während man selbst nur noch nach Paris flog. Mit Beginn des Winterflugplans 1991/92 gab man auch die Düsseldorf-Route auf, und seitdem bietet die Air France nur noch Nonstop-Dienste nach Paris an.

Berlin Regional UK/Berlin European UK

Die Airline wurde 1985 in Großbritannien vom früheren BA-Deutschlanddirektor Twomey gegründet, der nach seinem Abschied mit zwei »Jetstream 31« ein Berliner Regionalflugnetz aufbauen wollte. Er beantragte Rechte nach Kopenhagen, Genf, Basel, Friedrichshafen, Zürich und Brüssel, doch er erhielt nicht die Linie nach Münster/Osnabrück. Da zudem die großen Airlines die meisten seiner angestrebten Ziele selbst beflogen, stand das Unternehmen von Anfang an unter keinem guten Stern, zumal die »Jetstream« mit ihre geringen Kapazität nur schwer rentabel einzusetzen war. Nach und nach mußten alle Dienste bis auf den nach Kopenhagen eingestellt werden, doch Twomey reorganisierte das nunmehr umbenannte Unternehmen, lieh sich von der Germania zwei Boeing 737-300 und engagierte sich im Ferienflugverkehr. Während eine Maschine in Großbritannien im Auftrag der Monarch flog, die wiederum mehrere Flugzeuge an die Euroberlin France verliehen hatte, wurde die zweite in Tegel stationiert. Die Linie nach Kopenhagen stellte man ein, und nach der Rückgabe der Souveränität mußte die an Monarch verliehene Boeing an die Germania zurückgegeben werden, im Februar 1991 auch das zweite Flugzeug. Germania kaufte schließlich die Fluggesellschaft und übernahm auch einen Teil ihrer Mitarbeiter.

British European Airways/British Airways

Die im August 1946 gegründete staatliche BEA, die 1974 mit der Überseefluggesellschaft British Overseas Airways Corp. (BOAC) zur später privatisierten British Airways zusammengefaßt wurde, veranstaltete am 1. September 1946 ihren ersten Linienflug nach Berlin. 1951 zog die Airline vom britischen Militärflugplatz Gatow nach Tempelhof um und bot bereits Mitte der 50er Jahre den stärksten Berlin-Flugplan aller alliierten Fluggesellschaften. Zunächst flog sie mit DC-3 und Vickers »Viking«, zusätzlich kamen DC-4 zum Einsatz, und 1954 wurde die Flotte auf die zweimotorige »Elizabethan« umgestellt. 1959 übernahm Patrick Gillibrand die Deutschland-Direktion und prägte bis zu seinem Ausscheiden im Mai 1972 wesentlich das Gesicht der Airline, die in Berlin ihre größte Station auf dem Kontinent unterhielt. Engpässe in der Beschaffung und Ausbildungsprobleme der Piloten führten zu teilweise erheblichen Flugplan-Beschränkungen, doch nach Umrüstung der Flotte auf die Vickers »Viscount« im Jahre 1959 ging es wieder bergauf. 1966 scheiterte der Versuch, mit dem luxuriösen Silver Star Service konkurrenzfähig zu den Strahlflugzeugen der PanAm und der Air France zu bleiben, und die BEA rüstete nun selbst auf die BAC 111-500 um, die speziell auf den Bedarf des Berlin-Verkehrs zugeschnitten war. Der starke Passagierrückgang nach dem Berlin-Abkommen erzwang 1975 eine Streckenaufteilung mit der PanAm, die jedoch nicht nur Vorteile für die BA brachte. Im Sommer 1982 wurden neue Boeing 737-200 eingeführt, und 1986 setzte das Unternehmen auf den Kurzstrecken erstmals Turbopropflugzeuge ein.

Am 17. September 1990 begrüßte die BA ihren 40-millionsten Berlin-Passagier und entwickelte fortan umfangreiche Pläne zur Entwicklung Berlins zu einem europäischen Drehkreuz. Jedoch erfüllten sich diese Hoffnungen wegen der politi-

CERTIFICATE

This is to confirm that the holder of this certificate was a passenger on the last flight of British Airways' Internal German services (IGS).

Berlin – Cologne
Flight BA 3023 on 24th October 1992

Dieses Zertifikat bestätigt dem Inhaber, daß er Fluggast auf dem letzten Flug der British Airways im innerdeutschen Flugverkehr war.

Berlin – Köln
Flug BA 3023 am 24. Oktober 1992

Paul Giblin
Area Manager Germany

24th October 1992

BRITISH AIRWAYS

schen Entwicklung nicht mehr; beginnend mit dem Sommerflugplan 1991 mußte die Zahl der innerdeutschen Flüge verringert werden, und im Herbst gab man auch die Regionalstrecken auf. Da Bonn versäumt hatte, dem alliierten Charterverkehr eine Zukunft in Berlin zu sichern, mußten auch die Ferienflüge eingestellt werden.

Zusammen mit der PanAm bildete die BA über vier Jahrzehnte hinweg die stärkste Stütze des Berlin-Flugverkehrs und warb mit erheblichem finanziellem Aufwand weltweit für Berlin, wo das Unternehmen zuletzt 500 deutsche Mitarbeiter beschäftigte. Auf eine Würdigung ihrer Leistungen wartete man vergeblich. Bereits im Dezember 1990 hatte die Fluggesellschaft versucht, mit der Gründung einer Airline mit deutscher Kapitalmehrheit ihre Aktivitäten in Berlin zu sichern, doch die Verhandlungen mit den Gewerkschaften zogen sich bis zum März 1992 hin. Beide Seiten waren wohl dafür verantwortlich, daß die deutschen Mitarbeiter nicht in die neue Gesellschaft übernommen werden konnten, die im März 1992 als Deutsche BA aktiv wurde und alle Anteile an der deutschen Regionalfluggesellschaft Delta Air übernahm. Mit zunächst vier in Dänemark geliehenen Boeing 737-300 wurde am 29. Juni 1992 der Linienbetrieb aufgenommen und später stark erweitert. Am 24. Oktober 1992 fand dann der letzte innerdeutsche Flug der British Airways statt, und ihre letzten Linien wurden von der Deutschen BA übernommen. Für viele der deutschen Stewardessen bedeutete das den Abschied vom Berufsleben. BA zog sich indessen auf ihre klassischen Auslandslinien von Berlin nach London und Birmingham zurück.

Capitol Airways

Diese amerikanische Fluggesellschaft zählte Mitte der sechziger Jahre zu den größten Charterfluggesellschaften der USA und verfügte über eine Flotte von 55 Flugzeugen. Einer der Hauptkunden war das Militärische Lufttransport-Kommando (MATS), für das vorwiegend Transatlantik-Flüge veranstaltet wurden. 1965 verpflichtete der Berliner Flug Ring die Airline für sein Programm, wofür in Tempelhof zwei »Super-G-Constellations« sowie eine Reservemaschine in Frankfurt stationiert wurden. 1966 waren es schon drei Maschinen in Tempelhof, denen ein Jahr später eine vierte folgte. Neben dem Flug Ring bediente die Fluggesellschaft auch einige kleinere Veranstalter, und durch die Bereitstellung des Reserveflugzeuges konnte der Ferienflugbetrieb mit vorbildlicher Zuverlässigkeit durchgeführt werden. Dennoch wurde der Vertrag nicht verlängert, weil die Berliner Flugtouristik auch mit Strahlflugzeugen fliegen wollte, über die die Capitol Airways jedoch nicht verfügte.

Dan-Air

Die 1953 in Großbritannien gegründete Dan-Air zählt zu den größten privaten britischen Fluggesellschaften und begann 1968 ihr Engagement in Berlin, wo sie ihre Station ständig weiterentwickelte. Ende der siebziger Jahre veranstaltete sie hier die meisten Ferienflüge und beteiligte sich schließlich auch am Linienverkehr, wofür sie bis zur Aufgabe ihrer Position allein in Berlin 140 Mitarbeiter beschäftigte.

Die Dan-Air begann in Berlin mit einer »Comet« für das Sommerprogramm 1968 des Reiseveranstalters NUR und modernisierte beziehungsweise ergänzte ständig ihre Flotte, die 1978 mit fünf Maschinen ihre größte Stärke erreichte. In Spitzenzeiten wurden von Tegel aus wöchentlich 55 Starts zu allen bekannten Ferienzielen veranstaltet. 1981 erhielt die Dan-Air nach zähen Verhandlungen auch ihre ersten Streckenrechte im Linienverkehr und war unter anderem die vierte Gesellschaft, die sich an der Saarbrücken-Route versuchte, als einzige bis 1991 mit Erfolg. Im Mai 1990, als sich die Deutsche Wiedervereinigung immer deutlicher abzeichnete, beantragte die Airline vorsorglich Rechte nach zahlreichen osteuropäischen Städten sowie nach Madrid, Innsbruck und Großbritannien. Dennoch wurde die Dan-Air von der Rückgabe der Souveränität an Deutschland besonders hart betroffen und mußte bereits zum Winter 1990/91 die meisten Flüge an deutsche Airlines abtreten. Nach und nach wurden alle Routen eingestellt, und am 29. September 1991 fand dann auch der letzte Ferienflug statt. Die Linie nach London mußte im November 1992 aufgegeben werden, nachdem die Airline von British Airways übernommen worden war.

DirectAir

Auf Initiative des deutschen Luftverkehrskaufmanns Fritzweiler wurde diese Fluggesellschaft im Herbst 1981 in den USA mit dem Ziel gegründet, ein Regionalflugnetz von Berlin aus aufzubauen. Das Unternehmen beantragte am 2. Oktober 1982 umfangreiche Streckenrechte und wollte 19-sitzige »Metroliner« für die Dienste einsetzen. Die Pläne riefen ein höchst zwiespältiges Echo hervor, denn die etablierten Airlines befürchteten ein Abwandern ihrer Passagiere von den Hauptstrecken, während die Bundesbahn ihre Anschlußstrecken in Gefahr sah. Indessen zeigten sich die angesprochenen Regionalflughäfen natürlich begeistert, doch legten die Luftfahrtattachés den Antrag zunächst zu den Akten. Nichtsdestoweniger begann bei den etablierten Airlines ein Nachdenken über die Einführung des Regionalverkehrs, den sie für sich selbst reservieren wollten, doch ein Jahr später meldete sich die DirectAir erneut zu Wort, und am 16. August 1983 erhielt sie endlich eine Betriebserlaubnis, jedoch nur für Auslandslinien nach Brüssel und Zürich und innerdeutsch nach Mannheim und Friedrichshafen, womit Air France und BA ihre Interessen wahrten. Heute ist es müßig darüber zu spekulieren, ob die eingeschränkte Betriebserlaubnis zum Scheitern der Airline beitrug, aber offensichtlich verfügte sie auch nicht über genügend Kapital, um so mehr dafür über hausgemachte Schwierigkeiten, die die Aufnahme des Flugbetriebs immer wieder verzögerten. Im September 1984 stellte die DirectAir fest, daß mit nur einem Flugzeug kein rentabler Dienst durchzuführen sei, weitere Maschinen könnten jedoch wegen fehlender Genehmigungen nicht nach Berlin gebracht werden. Mit einem Kredit und einer Senatsbürgschaft konnten Anfang 1985 doch noch zwei weitere Flugzeuge beschafft werden, aber am 1. März mußte die DirectAir ihren Betrieb einstellen - der Senat hatte die Bürgschaft zurückgezogen, und die Bank stellte fest, daß die Anschaffungskosten viel zu hoch angegeben waren. Fritzweiler und ein zweiter Geschäftsführer wurden später zu Haftstrafen verurteilt, die DirectAir war gescheitert. Ihre Idee eines Regionalverkehrs jedoch sollte noch auf fruchtbaren Boden fallen.

Euroberlin France

Die französisch-deutsche Fluggesellschaft wurde am 9. September 1988 in Paris als Tochterunternehmen der Air France und der Lufthansa gegründet, Generaldirektor war der frühere Air-France-Deutschlanddirektor Jean Signoret. Vier Boeing 737-300 samt Cockpitbesatzungen wurden von der Monarch Airlines geliehen, 101 Mitarbeiter, darunter 71 Stewardessen eingestellt. Air France sah in dem Unternehmen die Chance eines stärkeren Engagements im Berlin-Verkehr, ohne dafür eigene Flugzeuge abstellen zu müssen, und die Lufthansa sah einen Einstieg in diesen Verkehr unter Wahrung der alliierten Verantwortlichkeit.

Die Gründung der Airline hatte sich bereits nach dem Massenansturm von US-Fluggesellschaften im Frühsommer 1988 abgezeichnet, als Air France für den Winterflugplan 100 zusätzliche Berlin-Flüge wöchentlich beantragte und nach zähen Verhandlungen sogar 210 zugeteilt bekam. Am 9. Oktober legte die Euroberlin France ihren Winterflugplan vor, doch die Luftfahrtattachés hatten dazu erhebliche Differenzen, vor allem die USA waren verärgert über die offensichtliche Bevorzugung der Airline bei den Slots und sprachen von einer Wettbewerbsverzerrung, zumal die Lufthansa die Airline in ihrer Flüsterpropaganda ungeniert als eigenes Unternehmen deklarierte. Schließlich gaben die Amerikaner nach, und die Euroberlin France begann am 7. November 1988 mit dem Flugbetrieb. Die Sowjets protestierten am 15. November offiziell gegen die neue Gesellschaft und bezeichneten deren Existenz als Verstoß gegen die Viermächtevereinbarungen, doch wiesen die westlichen Alliierten den Protest zurück. Bereits am 17. Oktober 1989 konnte das Unternehmen seinen 500 000. Passagier begrüßen, denn es hatte sich dank des guten Service sowie der Unterstützung von Reiseagenturen und des Senats schnell am Markt durchgesetzt. Nach der Rückgabe der Souveränität flog die Airline mehrere innerdeutsche Linien »im Auftrag« der Lufthansa, mußte jedoch zur Enttäuschung der Mitarbeiter ihre Dienste zu Beginn des Sommerflugplanes 1991 einstellen. Kurios war, daß im Auftrag der Lufthansa deren Bordservice angeboten werden mußte, im Auftrag der Air France jedoch deren deutlich besserer Service, was nicht nur bei den Passagieren, sondern auch bei den Mitarbeitern zu Frustrationen führte. Mit Beginn des Winterflugplans 1991 stellte die Euroberlin (nunmehr ohne den Zusatz »France«) die Auftragsflüge der Air France ein, und die vorwiegend an den Wochenenden durchgeführten Ferienflüge wurden zur Zitterpartie, weil manche Länder die Airline noch immer als alliiertes Unternehmen betrachteten und deren Verkehrsrechte infrage stellten. Am 30. Oktober 1994 endeten auch die Auftragsflüge für die Lufthansa, und der Betrieb wurde eingestellt.

Laker Airways
Freddy Laker, einst als Privatpilot Teilnehmer an der kommerziellen Luftbrücke und später Generalmanager der British United, gründete im Februar 1966 die Laker Airways, die später mit Billig-Flügen über dem Nordatlantik für Aufsehen sorgte, schließlich aber doch in die Knie gezwungen wurde. Nach der Kündigung des Vertrages zwischen der Flug-Union und der Modern Air verpflichtete das Unternehmen im Herbst 1968 die Laker Airways, die eine BAC 111 in Berlin stationierte, später sogar eine zweite, nachdem weitere Veranstalter für das Programm gewonnen worden waren. Im Herbst 1978 bestellte Laker zehn Airbusse nicht nur für den Charterverkehr, sondern auch für umfangreich geplante innereuropäische Liniendienste. Nachdem Laker versprochen hatte, einen dieser Airbusse mit Beginn der Sommersaison 1981 in Tegel zu stationieren, gründete er Laker Holidays als eigenes Touristik-Unternehmen, was ihm den Verlust des Vertrages mit der Flug-Union einbrachte. Er hoffte, mit seinem eigenen Unternehmen genügend Passagiere für das Großraumflugzeug gewinnen zu können, doch dazu sollte es nicht kommen. Im Herbst 1982 verdichteten sich Gerüchte über finanzielle Schwierigkeiten, denn die etablierten Fluggesellschaften hatten den von Laker initiierten Preiskampf über dem Nordatlantik für sich entschieden. Laker geriet in Verzug mit den Zinszahlungen für die auf Kredit gekauften Airbusse, mußte am 5. Februar 1982 den Betrieb einstellen und Konkurs anmelden. Am 18. Februar entzog ihm die britische Luftfahrtbehörde die Lizenz, was auch das Ende für Laker Holidays bedeutete.

Modern Air
Die 1946 als Tochter der US-Immobilienfirma General Acceptance Corp. gegründete Fluggesellschaft setzte neue Maßstäbe für die Berliner Flugtouristik, als sich die großen Berliner Veranstalter für die Sommersaison 1968 für Strahlflugzeuge entschieden und die Airline für ihre Dienste verpflichteten. John McDonald, der vorher für Saturn Airways tätig war, hatte die Gesellschaft empfohlen, die zunächst zwei »Coronados« in Berlin stationierte und mit diesen seinerzeit schnellsten Flugzeugen die Rennstrecke nach Mallorca in nur 135 Minuten absolvierte.

Obwohl sich die Flug-Union bereits 1969 wieder von der Modern Air trennte, gelang es weitere Berliner Veranstalter zu gewinnen, so daß die Berlin-Flotte nach und nach auf sieben Maschinen aufgestockt werden konnte, womit das Unternehmen zeitweise die größte Flotte einer Bedarfsfluggesellschaft in der Stadt unterhielt. Im Februar 1970 erwarb sie eine deutsche »Hansa Jet« für Bedarfsflüge, hatte aber weitere Pläne und beantragte nunmehr auch Linienrechte nach Saarbrücken (siehe auch »Die unendliche Saarbrücken-Geschichte«).

Mit der weltweiten Treibstoffkrise kam im Frühjahr 1974 überraschend schnell das Aus für die Modern Air, deren superschnelle »Coronados« erheblich mehr Treibstoff als andere Maschinen verbrauchten. Mit dem Ende der Sommersaison mußte sich das Unternehmen aus Berlin zurückziehen, wo es in den sieben Jahren seiner Dienste zwei Millionen Passagiere mit größter Zuverlässigkeit befördert hatte. Ein großer Teil der 300 hier beschäftigten Mitarbeiter wurde zunächst von der Aeroamerica und später von der Air Berlin übernommen.

Monarch Airlines
Im Juni 1967 gründete der britische Reiseveranstalter Cosmos Tours die Fluggesellschaft Monarch Airlines, die im Herbst 1980 von der Flug-Union für das Ferienflugprogramm 1981 verpflichtet wurde. Monarch stationierte zwei Boeing 737-200 in Tegel und führte am 30. März 1981 den ersten Flug durch, doch endete die Zusammenarbeit abrupt bereits im Juni 1983, als die Flug-Union überraschend in Konkurs ging. Die Flugzeuge wurden wieder aus Berlin abgezogen, doch fünf Jahre später feierte die Airline ein denkwürdiges come-back, als vier ihrer modernen 737-300 - allerdings in den Farben der Euroberlin France - nach Tegel zurückkehrten.

Overseas Aviation
Die 1957 in Southend gegründete britische Fluggesellschaft operierte europaweit mit zahlreichen Flugzeugen im Bedarfsflugverkehr und stationierte bereits 1958 eine erste »Viking« in Tempelhof. Ein Jahr später beteiligte sich die Airline am Berliner Flug Ring und setzte dafür die damals sehr moderne »Argonaut« ein, die kanadische Ableitung der bewährten DC-4 mit wassergekühlten Motoren und Druckkabine, was zu dieser Zeit noch nicht die Regel war. 1961 ging die Flugge-

sellschaft in Konkurs, ihre Anteile am Flug Ring übernahmen die übrigen Gesellschafter.

PanAmerican Airways

Mit der Zahlung von exakt 17 450 000 Dollar übernahm am 25. September 1950 die amerikanische Fluggesellschaft PanAm die American Overseas Airlines (AOA), womit das Engagement in Berlin begann, denn die AOA hatte als erste zivile Fluggesellschaft nach dem Zweiten Weltkrieg am 18. Mai 1946 den Liniendienst in die Stadt eröffnet. Bald folgte der Aufbau eines dichten innerdeutschen Liniennetzes, das die PanAm an die Spitze im Berlin-Verkehr brachte. Bereits 1960 flogen bis zu neun DC-4, gefolgt von für den Kurzstreckenverkehr modifizierten DC-6. Die Flotte wuchs rasch auf 17 Flugzeuge, und 1966 wurde die Boeing 727-100, danach die 200er in Dienst gestellt. 1984 vergab PanAm einen großen Auftrag an Airbus Industrie und bestellte unter anderem die kleine A320 für die Berlin-Dienste, doch zunehmende wirtschaftliche Schwierigkeiten, die veränderten politischen Verhältnisse und die Neuzulassung weiterer alliierter Airlines führten dazu, daß die Optionen auf diese Flugzeuge wieder verkauft werden mußten. Jedoch wurden ab Sommer 1985 Großraumflugzeuge A310 in Berlin stationiert und vor allem nach Frankfurt eingesetzt.

Bereits 1962 hatte die PanAm auf ihren Berlin-Diensten die Millionengrenze erreicht, 1967 die Zwei-Millionen-Grenze überschritten, und 1971 kam der Rekord mit 3,5 Millionen Passagieren. In Krisenzeiten reagierte die Airline stets unbürokratisch, doch wirtschaftliche Schwierigkeiten hatten auch Folgen für den Berlin-Verkehr. Der Zwang zur Sparsamkeit setzte die Mitarbeiter starken Belastungen aus, die sich wiederum auf den Service auswirkten, worüber sich die Passagiere beschwerten - mancher, der die Amerikaner allgemein treffen wollte, schlug auch auf die PanAm ein.

Angesichts ihrer finanziellen Probleme und der sich abzeichnenden Veränderungen in Deutschland sah die PanAm in Berlin keine Existenzgrundlage mehr und verkaufte am 3. September 1990 ihre innerdeutschen Dienste an die Lufthansa. Jedoch wurden für den Winterflugplan noch neun Flugzeuge mit amerikanischen Besatzungen verpflichtet. Am Abend des 30. April 1991 traf die letzte Boeing 727-200 aus Frankfurt in Tegel ein, und damit endeten die Auftragsflüge für die Lufthansa, wogegen die Nonstop-Flüge nach New York fortgesetzt wurden. Doch auch diese wurden am 30. Oktober 1991 eingestellt, nachdem die PanAm ihre gesamten Europa-Dienste sowie den Transatlantik-Verkehr hatte an Delta Air Lines verkaufen müssen. Kurze Zeit später ging die einst so berühmte Fluggesellschaft in Konkurs, und auf dem Flughafen Tegel erinnert nur noch eine Gedenktafel des Senats an ihre Aktivitäten in Berlin. Für die Lebensfähigkeit der Stadt hat die PanAm in vierzig Jahren einen entscheidenden Beitrag geleistet und allein im Berlin-Verkehr 67 Millionen Fluggäste unfallfrei befördert.

PanAm Express

Aufgeschreckt durch die Aktivitäten neuer Regionalfluggesellschaften stellte die PanAm eigene Studien über solche Dienste ab Berlin an und gab am 22. Dezember 1986 bekannt, daß sie mit Tempelhof Airways einen Vorvertrag über den gemeinsamen Aufbau eines Regionalflugnetzes geschlossen habe. PanAm wollte sich zu 51 Prozent am kleinen Partner beteiligen und die Flüge unter dem Namen Tempelhof Airways PanAm Express durchführen. Vier Monate später wurden jedoch die Verhandlungen als gescheitert erklärt, wobei Tempelhof Airways der Verlierer war, da PanAm während der Gespräche genaue Kenntnis über deren Studien zum Regionalverkehr erhalten hatte. Am 9. Juli 1987 gab die PanAm den Aufbau eines Berliner Regionalflugnetzes durch ihre neue Tochter PanAm Express bekannt, die durch Kauf der US-Regionalfluggesellschaft Ransome Airlines entstanden war. Die Dienste begannen am 2. November 1987 und wurden zunächst mit zwei ATR 42 durchgeführt, später sogar mit vier Maschinen. Nach dem Verkauf der innerdeutschen PanAm-Linien an die Lufthansa setzte das Tochterunternehmen seine Dienste zunächst fort und offerierte auch nach der Wiedervereinigung im Winterflugplan 1990 noch bis zu 50 Flüge täglich. Sie wurden eingeschränkt im Sommerflugplan 1991 fortgesetzt, doch wurde die Airline mehr und mehr zur Verlagerung nach Tempelhof gedrängt, was jedoch aus Kostengründen und wegen der unsicheren Zukunft nicht möglich war. Noch im Laufe des Sommers 1991 wurden die Dienste reduziert, und am 29. September 1991 fand der letzte Flug statt. PanAm Express hatte in den vier Jahren ihres Berliner Engagements auf 30 000 Flügen

750 000 Passagiere unfallfrei befördert und sich bei ihrem Stammpublikum viele Freunde geschaffen.

Saturn Airways

Die große amerikanische Charterfluggesellschaft wurde von der Flug-Union Berlin für das Ferienflugprogramm 1964 verpflichtet und stationierte zunächst eine DC-7 in Tempelhof. Berliner Manager war John McDonald, der später der Modern Air und dann der Air Berlin vorstand. 1965 wurden zwei Flugzeuge nach Berlin gebracht, und 1967 wuchs die Flotte auf drei DC-7. Das Unternehmen plante eine eigene Wartungsstation in Tempelhof, doch machte der Übergang der Berliner Flugtouristik zu Strahlflugzeugen diesen Plänen ein Ende. Mit dem Auslaufen der Saison 1967 zog sich Saturn Airways aus Berlin zurück.

TAT

Gegründet 1968 als Touraine Air Transport und später in Transport Aerien Transregional umbenannt, bediente diese Airline mit 32 Flugzeugen zahlreiche innerfranzösische Routen und flog grenzüberschreitend weitere 39 Ziele an. Im Sommer 1978 bewarb sie sich um die Streckenrechte von Berlin nach Saarbrücken, für die sie am 12. November 1978 die Genehmigung erhielt und bereits einen Tag später den Dienst aufnahm. TAT operierte mit einer Fokker F.27 zunächst erfolgreich auf dieser Strecke, doch änderte sich die Situation mit der Einführung verbilligter Wochenend-Tarife auch an Werktagen bei den Liniengesellschaften. Da die TAT diese Tarife nicht übernahm, büßte sie immer mehr Passagiere ein und flog schließlich am Rande des Existenzminimums. Am 16. Dezember 1983 beschloß das Unternehmen die Einstellung der Flüge zum 1. Januar 1984, und obwohl die Luftfahrtattachés ihre Zustimmung dazu verweigerten, blieb die TAT dabei, denn inzwischen hatte das Saarland seine finanzielle Unterstützung für die Strecke gestrichen. Andererseits erhielt die Dan-Air einen Fünf-Jahres-Vertrag, wenn sie sich verpflichtete, eine BAe 748 in Saarbrücken zu stationieren. Sie erhielt im Schnellverfahren eine Zulassung der Attachés, weil sich keine andere französische Airline für diese Route gefunden hatte.

Tempelhof Airways

Die kleine Airline wurde Ende 1981 von Knut Kramer in Fort Lauderdale als Taxifluggesellschaft für Berlin mit Sitz in Tempelhof gegründet, erhielt auch eine Betriebserlaubnis und stationierte eine »Conquest« auf dem damals nur von der US Air Force genutzten Flughafen. Am 15. Mai 1982 nahm sie den Betrieb auf und bemühte sich nach dem Zusammenbruch der DirectAir um die Genehmigung, als Regionalfluggesellschaft arbeiten zu dürfen. Am 30. Oktober 1985 eröffnete sie mit einer Nord 262 die Strecke nach Paderborn, womit der Zentralflughafen nach zehn Jahren wieder eine Linienverbindung hatte, und ließ ihr am 20. Oktober 1986 die Linie nach Dortmund folgen. Nach dem Scheitern des Vorvertrages mit der PanAm über gemeinsame Regionaldienste beantragte Tempelhof Airways weitere Streckenrechte, von denen die nach Braunschweig jedoch wegen technischer Probleme mit den Flugzeugen bald wieder eingestellt werden mußte. Verhandlungen mit starken Partnern zur Weiterführung der Dienste scheiterten, und trotz der Einführung einer modernen Saab 340 waren auch weitere Linien nicht von Erfolg gekrönt, nicht zuletzt weil beantragte Linien nach Italien und Belgien von den dortigen Behörden verweigert wurden. Die Airline hatte zwar inzwischen drei Saab 340 in Berlin, mußte aber dennoch mit Beginn des Winterflugplans 1990 aufgeben, vercharterte zunächst ihre Maschinen an die RFG und die Sabena und mußte im Sommer 1991 endgültig Konkurs anmelden, weil alle Bemühungen, eine deutsche Mehrheitsbeteiligung zu finden, vergeblich geblieben waren.

TWA

Die 1926 gegründete amerikanische Fluggesellschaft Trans World Airways (TWA) war in den ersten Jahrzehnten nach dem Kriege gemeinsam mit der PanAm beauftragt, den Übersee-Flugverkehr der USA durchzuführen. Das Unternehmen, das einst zu den größten Fluggesellschaften der USA zählte, engagierte sich ab Juni 1987 im Berlin-Flugverkehr, nachdem der Berliner Senat mehrfach die alliierten »Monopolgesellschaften« kritisiert und die Beteiligung einer zweiten großen Airline am Berlin-Verkehr gefordert hatte. Die TWA stationierte zunächst eine dreistrahlige Boeing 727-100 in Tegel, mit der sie am 2. August 1987 eine Linie nach Brüssel mit direktem Anschluß nach New York eröffnete. Jedoch fand der

Betrieb wegen des unmodernen Flugzeugs nur mäßigen Beifall, was sich auch nicht änderte, als die TWA vom Juli 1988 an auch innerdeutsche Berlin-Strecken beflog. Die täglichen 16 Flüge hatten trotz niedriger Einführungstarife eine nur geringe Passagiernachfrage. Mit Beginn des Winterflugplanes reduzierte die TWA überraschend ihr Angebot, und nach der Wiedervereinigung gab sie noch am 1. Dezember 1990 ihre innerdeutschen Linien auf. Sie verkehrte weiter auf der Route nach New York, zog sich aber im Juli 1994 ganz aus Berlin zurück.

Personenregister

Typenregister